# CPTPP 对中国农产品贸易的影响及对策研究

李慧 ◎ 著

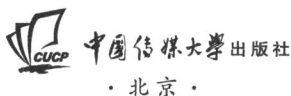
·北京·

图书在版编目（CIP）数据

CPTPP 对中国农产品贸易的影响及对策研究 / 李慧著 . -- 北京：中国传媒大学出版社，2023.12

ISBN 978-7-5657-3535-6

Ⅰ. ①C… Ⅱ. ①李… Ⅲ. ①自由贸易—国际贸易—贸易协定—影响—农产品贸易—研究—中国 Ⅳ. ① F724.72

中国国家版本馆 CIP 数据核字 (2024) 第 008132 号

## CPTPP 对中国农产品贸易的影响及对策研究
### CPTPP DUI ZHONGGUO NONGCHANPIN MAOYI DE YINGXIANG JI DUICE YANJIU

| | |
|---|---|
| 著　者 | 李　慧 |
| 责任编辑 | 王　硕 |
| 责任印制 | 李志鹏 |
| 封面设计 | 蒋凯瑞 |

出版发行　中国传媒大学出版社

| | | | | |
|---|---|---|---|---|
| 社　　址 | 北京市朝阳区定福庄东街 1 号 | 邮　编 | 100024 |
| 电　　话 | 86-10-65450532　65450528 | 传　真 | 65779405 |
| 网　　址 | http://cucp.cuc.edu.cn | | |
| 经　　销 | 全国新华书店 | | |
| 印　　刷 | 天津鑫恒彩印刷有限公司 | | |
| 开　　本 | 710mm×1000mm　1/16 | | |
| 印　　张 | 15.75 | | |
| 字　　数 | 205 千字 | | |
| 版　　次 | 2024 年 12 月第 1 版 | | |
| 印　　次 | 2024 年 12 月第 1 次印刷 | | |
| 书　　号 | ISBN 978-7-5657-3535-6/F · 3535 | 定　价 | 88.00 元 |

本社法律顾问：北京嘉润律师事务所　郭建平

# 前言

多哈回合谈判停滞，全球经贸摩擦加重，世界农产品贸易风险增加，经济全球化进程阻力重重，而区域经济一体化蓬勃发展，旨在推动亚太区域国家之间贸易自由化的TPP就是在这样的背景下产生的。美国退出后，在日本主导下，"跨太平洋伙伴关系协议"（TPP）演变成"全面与进步跨太平洋伙伴关系协定"（CPTPP）并生效。CPTPP是亚太地区大型自贸协定，代表了全球贸易区域化和集团化未来发展趋势，改变了世界贸易的原始格局，也标志着新的全球贸易规则即将形成。作为世贸组织核心成员的中国被CPTPP排除在外，失去了参与制定规则的主动权，这势必给中国贸易发展尤其是农产品贸易发展带来了一系列挑战。

近年来，中国农业对外开放程度不断提升，与世界市场的一体化程度大大提高，对外经济贸易能力日益增强，中国农产品贸易发展正面临着全新的机遇和挑战。此外，中国的农产品贸易关系到诸如中国农业产业结构、农村人口就业、农民收入等民生健康安全问题。CPTPP的一些成员国是中国农产品贸易的主要合作伙伴，与中国在农产品贸易方面有着密切的关系，然而没有中国的CPTPP协议将使中国农产品出口面临严重威胁。就CPTPP对中国农产品贸易的影响进行研究，全面、客观、理性、准确地把握CPTPP对中国农产品贸易发展带来的影响并提出综合应对的有效策略，这对中国农产品竞争力的提升具有重要的现实意义。中国与CPTPP成员国农产品贸易如何波动？竞争性与互补性怎样？中国出口、进口和进出口CPTPP成员国的农产品贸易额的影响因素有哪些？中国加入CPTPP或者中国不加入CPTPP，对中国农业部门的产出影响如何？对中国农产品价格会产生怎样的影响？对中国农业部门的贸易平衡会产生怎样的影响？如何预测中国与CPTPP成员国及美国的农产品贸易额？中国应如何最大限度地避免CPTPP引起的可能性损失呢……对以上问题的探究是CPTPP对中国农产品贸易的影响研究的关键所在。

本书首先在相关理论分析和文献梳理的基础上构建CPTPP对中国农产品贸易的影响研究的分析框架；分析中国与CPTPP成员国农产品贸易发展现状和结构变化趋势，使用产业内贸易指数（Grubel-Lloyd指数，简称G-L指数）分析中国和CPTPP成员国之间的农产品贸易形式；运用CMS模型（恒定市场份额模型）实证分析中国进口和出口CPTPP成员国农产品贸易波动因素；其次，选取测算指标来分析中国与CPTPP成员国农产品贸易的竞争性与互补性关系；接着，构建修正引力模型，就CPTPP对中国出口、进口和进出口CPTPP成员国农产品贸易额的影响因素进行分析；第三，基于GTAP模型（全球贸易分析模型）模拟分析美国退出、美国重新加入、美国退出后中国加入等不同方案下（CPTPP成员国、CPTPP成员国+美国、CPTPP成员国+中国、CPTPP成员国+中国+美国），CPTPP对中国农产品贸易的影响；第四，引入时间序列自回归滑动平均模型（ARMA）和人工智能方法标准粒子群优化算法（PSO），基于改进的PSO算法定阶ARMA（r, m）模型，优化r与m，预测中国与CPTPP成员国和美国农产品进出口贸易额；最后，得出主要研究结论与政策建议。

第一，测算并评价中国和CPTPP成员国的农产品贸易规模、演变、结构和变化趋势；使用产业内贸易指数分析中国和CPTPP成员国的农产品贸易形式。

第二，测算并评价中国进口和出口CPTPP成员国农产品贸易额以及中国与CPTPP成员国农产品进口需求的变化，比较中国与CPTPP成员国农产品出口结构的调整能力；利用CMS模型对中国进口和出口CPTPP成员国农产品贸易额波动因素进行实证分析。

第三，计算中国与CPTPP成员国的MS（国际市场占有率）、RCA（显性比较优势指数）、TSC（贸易专业化指数）、TCI（科技竞争力水平指数）、ESI（出口相似度指数）和TII（贸易密集度指数）指数来分析中国与CPTPP成员国农产品贸易的竞争与互补关系。

第四，选择中国和11个CPTPP成员国为样本国家，以2001—2018年的数据构造面板数据，并构建修正的引力模型，就CPTPP对中国出口CPTPP成员国、中国进口CPTPP成员国和中国进出口CPTPP成员国农产品贸易额的影响分析贸易额影响因素。

第五，基于GTAP模型模拟分析不同方案即在"CPTPP成员国""CPTPP成员国+美国""CPTPP成员国+中国""CPTPP成员国+中国+美国"的情境下，CPTPP对中国农产品贸易的影响。

第六，引入时间序列自回归滑动平均模型（ARMA）和人工智能方法标准粒子群优化算法（PSO），基于改进的PSO算法定阶ARMA（r，m）模型，优化r与m，进行农产品贸易额预测研究。

提出政策建议：第一，扩大农产品贸易开放程度并致力于提高农产品的国际竞争力；第二，推进与CPTPP成员国双边经济合作框架下的农业合作发展；第三，完善中国—东盟自贸区建设和积极推动RCEP、促进区域经济一体化；第四，持续密切关注CPTPP，并对加入CPTPP持积极开放的态度。

创新点主要体现在三个方面：

第一，已有多数研究主要关注TPP，而且集中在TPP谈判期间和TPP谈判刚结束的阶段，CPTPP协议达成仅一年多的时间，由于时间较短，目前学术界对CPTPP和中国农产品贸易的研究成果比较少。农产品问题是TPP谈判和CPTPP谈判的重要议题，CPTPP与农产品有关的政策条款将对中国农产品贸易产生重大影响。本书测算并评价中国进口和出口CPTPP成员国农产品贸易额以及中国与CPTPP成员国农产品进口的需求变化，比较中国与CPTPP成员国农产品出口结构调整能力，利用CMS模型对中国进口和出口CPTPP成员国农产品贸易额波动因素实证分析，全面考察中国与11个CPTPP成员国农产品贸易波动问题，这在国内属于较新的尝试，丰富了CPTPP协议下农产品贸易的研究。

第二，构建修正引力模型，就CPTPP对中国出口、进口和进出口CPTPP成员国农产品贸易额的影响分析中国与CPTPP成员国农产品贸易额的影响因素。基于GTAP模型模拟分析美国退出、美国重新加入、美国退出后中国加入等不同方案，即在"CPTPP成员国""CPTPP成员国+美国""CPTPP成员国+中国""CPTPP成员国+中国+美国"情境下，CPTPP对中国农产品贸易的影响。与已有研究相比，本书有助于对CPTPP对中国农产品贸易的影响形成更为全面的认识。

第三，现有研究鲜有关注中国与CPTPP成员国农产品进出口贸易预测问题，本书尝试使用人工智能方法即PSO算法来定阶时间序列ARMA，该算法通过种群的局部历史和全局通信来寻找最优目标。根据1992—2018年农产品贸易数据，构建ARMA模型并进行模型实例验证，对中国进口和出口CPTPP成员国及美国的农产品贸易额进行短期（2019—2022年）预测研究，为中国今后应对CPTPP提供决策依据。

2020年3月

**特别说明：**

本书截止时间为2020年上半年，所有的研究数据也截止这一时间。

由于笔者水平有限，不足之处在所难免，欢迎专家批评指正。

# 目录 ——————— Contents

### 第一章　绪　论　　◂001
第一节　研究背景与问题提出 / 002
第二节　研究目标与意义 / 003
第三节　国内外研究综述 / 006
第四节　研究内容与技术路线 / 026
第五节　数据来源与研究方法 / 029
第六节　创新与不足之处 / 031

### 第二章　理论基础与分析框架　　◂035
第一节　理论基础 / 036
第二节　CPTPP 的主要内容及农产品相关规定 / 047
第三节　CPTPP 对中国农产品贸易影响的理论分析 / 056

### 第三章　中国与 CPTPP 成员国农产品贸易发展分析　　◂063
第一节　中国与 CPTPP 成员国农产品进出口贸易现状 / 064
第二节　中国与 CPTPP 成员国农产品贸易结构及变化趋势 / 069
第三节　中国与 CPTPP 成员国农产品贸易形式 / 074
第四节　研究结果及讨论 / 076

## 第四章 中国与 CPTPP 成员国农产品贸易波动分析 ◂ 079

第一节　研究方法与数据来源 / 080
第二节　中国与 CPTPP 成员国农产品贸易波动状况 / 083
第三节　影响中国与 CPTPP 成员国农产品贸易因素 / 086
第四节　中国与 CPTPP 成员国农产品贸易波动影响因素分析 / 090
第五节　研究结果及讨论 / 093

## 第五章 中国与 CPTPP 成员国农产品贸易竞争性与互补性分析 ◂ 095

第一节　相关指标测定 / 096
第二节　研究对象的选取 / 097
第三节　计算结果及分析 / 098
第四节　研究结果及讨论 / 110

## 第六章 中国与 CPTPP 成员国农产品贸易额影响因素研究 ◂ 113

第一节　研究方法与数据来源 / 114
第二节　实证结果及分析 / 118
第三节　研究结果及讨论 / 130

## 第七章 不同情境下CPTPP对中国农产品贸易影响的比较分析 ◂133

第一节 模型构建 / 134
第二节 GTAP模拟方案设计 / 143
第三节 模拟结果及分析 / 144
第四节 研究结果及讨论 / 172

## 第八章 中国与CPTPP成员国和美国的农产品贸易额预测 ◂175

第一节 模型构建 / 176
第二节 中国进口CPTPP成员国和美国的农产品贸易额的模型验证 / 182
第三节 中国出口CPTPP成员国和美国的农产品贸易额的模型验证 / 193
第四节 研究结果及讨论 / 203

## 第九章 研究结论及政策建议 ◂205

第一节 主要研究结论 / 206
第二节 政策建议 / 214

## 参考文献 ◂221

## 致 谢 ◂237

# 第一章

# 绪 论

## 第一节 研究背景与问题提出

近年来,世界贸易组织多哈回合谈判停滞,全球经贸摩擦和争端加剧。TPP就是在这样的背景下产生的,并旨在推动亚太区域国家之间的贸易自由化。多个国家先后加入TPP谈判,随后TPP成员国数量和经济规模不断增长。2018年12月30日,除美国外的11个TPP成员国签订了CPTPP。CPTPP在已有的TPP规则上有针对性地进行了修改,它是对TPP协定的继承和进一步发展。尽管美国退出使得CPTPP与TPP相比,经济规模和贸易规模总体衰退,但CPTPP对环太平洋地区的影响仍然不容忽视。CPTPP以其庞大的经济总量、蓬勃发展的经贸投资增长态势,促进了国际经贸区域化,成为亚太最大自由贸易区。CPTPP已经生效,将对全球经济格局产生巨大影响。

中国的农产品贸易关系着诸如农业产业结构、农村人口就业、农民收入等民生问题。我国主动扩大各行业对外开放的力度,对外经济贸易的能力日益提升。中国是许多CPTPP成员国的第一大或第二大贸易伙伴国,很明显,中国与CPTPP成员国之间的贸易合作具有巨大的发展潜力。为减少CPTPP对中国农业的负面影响,就CPTPP对中国农产品贸易的影响做深入研究是十分必要的。

## 第二节　研究目标与意义

### 一、研究目标

研究CPTPP对中国农产品贸易的影响，探讨中国加入CPTPP的可能性，深入理解我国与CPTPP成员国农产品贸易发展的现状与趋势，充分认识CPTPP对我国农产品贸易发展的影响，为应对当前局势提出政策建议。

揭示中国和CPTPP成员国的农产品进出口贸易状况、贸易结构和趋势，并计算双边农产品产业内贸易水平；分析影响中国与CPTPP成员国农产品双边贸易的因素以及中国与CPTPP成员国农产品贸易波动；分析中国与CPTPP成员国农产品贸易的竞争与互补；利用修正引力模型就CPTPP对中国出口CPTPP成员国、中国进口CPTPP成员国、中国进出口CPTPP成员国的农产品贸易总额的影响进行分析；利用GTAP模型模拟分析美国退出、美国重新加入、美国退出后中国加入等方案下，CPTPP对我国农产品贸易的影响；利用PSO算法定阶ARMA模型，短期预测中国与CPTPP成员国和美国农产品进出口贸易额；提出我国应对CPTPP的对策和建议。

本书将有助于为促进中国与CPTPP成员国之间农业区域经济合作的开展提供决策依据和参考。

## 二、研究意义

本书从CPTPP和中国农产品贸易的视角探讨中国应对CPTPP的策略，源于目前国内外学者对TPP展开了大量的研究，但由于CPTPP正式生效至今不足一年半的时间，目前学术界对CPTPP的研究成果还比较少，特别是专门研究CPTPP对中国农产品贸易影响的成果尚未公开出版。

在我国果蔬等传统优势产品出口充满不确定性、粮棉油糖等大宗农产品"易进难出"仍将持续、中美贸易战导致国际贸易环境变化、世界农产品贸易风险增加使我国农产品贸易面临着巨大压力和挑战的情况下，为了扩大对外贸易，减少不必要的损失，本书就CPTPP对中国农产品贸易的影响进行深入研究，深刻理解中国与CPTPP成员国农产品贸易的现状与未来发展趋势，全面、客观、理性、准确地把握CPTPP对中国农产品贸易发展带来的影响并提出综合应对的有效策略，具有重要的参考价值。

第一，构建的理论分析框架能够为CPTPP协议下的农产品贸易相关研究提供理论支撑，既是对现有理论在实践应用方面的一次佐证，也是对CPTPP协议下农产品贸易问题研究的一次有益的尝试。

第二，分析中国与CPTPP成员国农产品贸易波动；构建修正引力模型分析中国与CPTPP成员国农产品贸易额影响因素；基于GTAP模型，模拟分析不同方案下CPTPP对中国农产品贸易的影响；引入时间序列ARMA和PSO算法，基于改进的PSO算法定阶ARMA（r，m）模型优化r与m，预测中国与CPTPP成员国和美国农产品进出口贸易额。这些研究方法能为CPTPP协议下的农产品贸易等方面的研究提供一定参考。

第三，中国应对CPTPP的政策建议不仅有助于提升中国农产品的竞争力，而且对未来中国与CPTPP成员国的农产品贸易合作具有重大现实意义，因为CPTPP的一些成员国是中国农产品贸易的主要合作伙伴，与中国在农产品贸易方面有着密切的关系。

本书将有助于深入了解CPTPP在未来全球经济格局变化中的影响和作用，将有助于进一步改善中国与CPTPP成员国农产品贸易合作水平，并开拓中国与CPTPP成员国农业区域的经济合作，为今后对CPTPP进行深入研究和客观评价提供理论依据，为我国应对CPTPP挑战并落实中央的农业对外合作战略部署提供借鉴。

 ## 国内外研究综述

对国内外研究进展的综述主要包括农产品贸易相关研究和CPTPP相关研究两方面。由于CPTPP是通过纳入TPP文本的方式制订,保留了超过95%的原始TPP内容,为了研究CPTPP对中国农产品贸易的影响,有必要从TPP相关研究开始。

### 一、农产品贸易相关研究

#### 1. 农产品贸易竞争性及互补性研究

国外学者的研究成果丰硕。其中,Katrakilidis、Constantinos & Mardas为了明确农产品产业内贸易的主要决定因素,测算1973—2005年的贸易数据,得出结论:无论是长期还是短期,农产品产业内贸易的主要决定因素是价格支持机制和结构改革政策[①]。Serrano & Pinilla测算了60组农产品贸易的价格

---

① Katrakilidis, Constantinos, Mardas, et al. Intra-industry Trade in Agricultural Products at intra-EC level: The Impact of the Common Agricultural Policy(CAP) Funds[J]. Agricultural Economics Review, 2011, 12(2).汉译为:Katrakilidis, Constantions,马达斯等.欧盟内部共同农业政策基金对农产品产业内贸易的影响研究[J].农业经济观察,2011, 12(2).

指数，发现大多数农产品的贸易条件并未持续恶化；基于1998—2009年生效的一项协定，使用74个国家的农产品贸易数据来评估区域贸易协定对该国的贸易影响程度，结果显示，区域贸易协定使合作伙伴的双边农产品和粮食出口平均增加了30%—40%，协议之间存在很大的异质性；即使区域贸易协定带来的影响很小，但它还是增加了将某一特定产品出口到伙伴国家的可能性；非关税条款对贸易没有明显的影响[1]。Akhmadjon, Luboš等基于1995—2015年农产品贸易数据分析亚洲国家、欧盟以及其他欧洲国家农产品的比较优势，研究表明，乌兹别克斯坦农产品出口竞争力相对于亚洲国家和独联体国家而言比较强，而相对于其他地区的比较优势十分有限[2]。Natalia & Smutka以俄罗斯农产品贸易为例研究了农产品显性比较优势问题，旨在分析俄罗斯农业部门的专业化和竞争绩效，并确定俄罗斯比较优势模式在1998—2010年是否发生了重大变化，分析使用了几种显示比较优势的测量方法如RCA指数，研究显示竞争优势农产品如植物油等数量在此期间在稳步增长[3]。

国内学者分析农产品贸易竞争性与互补性会选取不同的研究方法和研究对象。其中，中国农业科学院农业经济与发展研究所研究员厉为民计算了1985—

---

[1] Serrano, Pinilla. The terms of trade for agricultural and food products, 1951—2000[J]. Revista de Historia Económica/Journal of Iberian and Latin American Economic History, 2011, 29(2). 汉译为：塞拉诺，皮尼拉.农产品和食品贸易条件变化研究（1951—2000）[J].经济史杂志/伊比利亚和拉丁美洲经济史杂志, 2011, 29(2).
[2] Akhmadjon, Luboš, Irena. Competitiveness of Uzbek agrarian foreign trade-different regional trade blocs and the most significant trade partners[J]. Journal of International Studies, 2019, 12(4). 汉译为：艾哈迈德·乔恩，卢博斯，伊雷纳.乌兹别克斯坦农业国际贸易与不同区域贸易集团和重要贸易伙伴的竞争力比较[J].国际研究杂志, 2019, 12(4).
[3] Natalia, Smutka. Revealed comparative advantage of Russian agricultural exports[J]. Acta Universitatis Agriculturae et Silviculturae Mendelianae Brunensis, 2013, 61(4). 汉译为：伊什丘科娃，斯穆特卡.俄罗斯农产品出口的比较竞争优势，孟德尔农业与林业大学学报, 2013, 61(4).

1996年期间中国农产品显性比较优势指数RCA的变化以及1980—1988年期间中国谷物及肉类农产品显性比较优势指数RCA的变化，研究发现中国农业的国际竞争力在此阶段呈逐渐下降的趋势[1]。国务院研究室原副主任杨雍哲着重强调了转变观念以增强中国农产品国际竞争力的重要性并提出突出民族特色产品的比较优势、创新并完善农业管理体制等措施[2]。复旦大学学者杨希燕、王笛通过TI指数、RCA指数和TCI指数等分析了中国和俄罗斯两国的贸易互补性[3]。对外经贸大学教授蒋德恩认为显性比较优势指数的使用应考虑影响贸易量的诸多因素[4]。学者李建平、刘现武、刘冬梅研究中国、智利两国的农产品贸易[5]。云南财经大学学者龚志超、孙磊根据2010—2012年中国和泰国之间11种水果产品的贸易数据计算了RCA指数，研究发现中国在0805、0806和0808类水果产品方面相对泰国具有明显的竞争优势，而泰国在0804和0810类水果产品方面比中国具有明显的竞争优势[6]。对外经济贸易大学学者庄芮、郑学党根据中国和日本两国1990—2012年农产品贸易数据测算RCA指数发现，中国具有较强竞争力和弱竞争力的农产品种类[7]。华中科技大学学者钟熙维、高蓉、常悦认为中国与阿根廷两国应深度挖掘两国农产品的贸易潜力[8]。

---

[1] 厉为民.21世纪初的我国农业：挑战与机遇[J].未来与发展，1999(05):27—30.
[2] 杨雍哲.观念创新与农业国际竞争力的提高[J].求是，2003(14):35—37.
[3] 杨希燕，王笛.中俄贸易互补性分析[J].世界经济研究，2005(07):71—77.
[4] 蒋德恩.显性比较优势指数的适用条件分析[J].国际商务.对外经济贸易大学学报，2006(05):46—50.
[5] 李建平，刘现武，刘冬梅.中国与智利农产品贸易分析[J].农业技术经济，2007(02):42—47.
[6] 龚志超，孙磊.中泰水果贸易互补性研究[J].经济研究导刊，2014(10):236—239.
[7] 庄芮，郑学党.中日农产品贸易发展动态与互补性分析[J].国际经济合作，2014(03):70—74.
[8] 钟熙维，高蓉，常悦.中国和阿根廷农产品贸易互补性与竞争性研究[J].世界农业，2014(11):142—147+204.

## 2. 农产品贸易波动与 CMS 模型的相关研究

近年来，CMS模型除了在国际经济学中有所应用，如Chen、Simonis和Memedovic & Iapadre，在区域经济学中也有应用，如Esteban和Blien & Wolf，CMS模型还成为研究外贸变化的影响因素或出口产品竞争力的主要模型。其中，Ahmadi-Esfahani & Jensen通过对20世纪80年代中国小麦进口数据应用CMS模型进行分析，旨在衡量欧洲共同体和美国对中国提供的小麦补贴以及其他出口商向中国提供的颇具吸引力的信贷政策对每个出口商在中国市场份额的总体影响，研究结果显示，自中国获得美国小麦出口补贴以来，美国的表现一直优于其他出口国[1]。Kevin Chen &Yufeng Duan使用CMS模型以及1980—1997年的农产品贸易额进行研究并认为政策导致农产品出口竞争力下降[2]。Imre利用CMS模型对20世纪90年代匈牙利与欧盟之间的农产品贸易模式进行了研究，认为匈牙利是一个主要的农业出口国，它在此期间的贸易格局相当稳定，然而经济和政策的变化可能导致出口前景恶化，研究结果表明，匈牙利在欧盟市场的整体竞争力下降，在牲畜和耕地产品方面具有比较优势，但也显示出全面下降的迹象。匈牙利和欧盟之间农产品产业内贸易的小幅增长，无论是从产品组还是从欧盟成员国的角度来看，都不是统一的也不是长期的，这反映了双边一体化的不同模式。Turkekul & Gunden研究土耳其

---

[1] Ahmadi-Esfahani, Jensen. Impact of the US-EC price war on major wheat exporters' shares of the Chinese market[J]. Agricultural Economics, 1994, 10(1). 汉译为：Ahmadi-Esfahani, Jensen.美欧贸易战对小麦出口中国市场份额的影响[J].农业经济学，1994, 10(1).

[2] Kevin Chen, Yufeng Duan. Competitiveness of Canadian agri-food exports against competitors in Asia: 1980-1997[J]. Journal of International Food & amp; Agribusiness Marketing, 2000, 11(4). 汉译为：陈凯文，段玉锋.加拿大农产品出口与亚洲竞争对手的比较：1980—1997[J].国际食品杂志，农贸市场营销，2000, 11(4).

橄榄油竞争力，分析表明，意大利是最具竞争力的目的地市场，希腊和土耳其紧随意大利之后，虽然西班牙对目的地市场的出口有所增加，但由于市场份额下降，竞争力受到不利影响，研究认为土耳其能否在橄榄油领域取得持续和持久的国际竞争力取决于生产、组织和贸易政策。Lowe et al.使用CMS模型分析拉加经委会经济增长并且探索竞争力概念的理论和经验，从而为有关竞争力的研究做出贡献。Durham & Lee通过CMS模型分析1971—1981年科威特家禽进出口市场份额的变化，结果显示，除了相对价格变动之外，巴西与欧盟出口的国内政策对市场占有率变动有重要影响。

国内学者利用CMS模型开展农产品贸易相关研究，研究成果体现在四个领域。一是农产品国际竞争力分析。例如，黄祖辉、王鑫鑫、宋海英研究认为浙江省与其他省份相比，在农业方面的投入明显不充分，浙江省的消费者对农产品市场需求较高，但需求总量较少，农业物流系统存在薄弱环节有待改进和改善[1]。赵亮、穆月英使用CMS模型以及农产品出口额比较农产品竞争力[2]。二是分析农产品贸易波动因素。余鲁、范秀荣利用CMS模型以及1992—2006年中国畜产品的出口贸易额做影响因素分析[3]。王贝贝、肖海峰利用CMS模型以及1997—2012年贸易数据做农产品总贸易和分类贸易增长分析，得出结论：增长效应影响最重要并建议中国应该积极调整农产品出口结构[4]。三是影响

---

[1] 黄祖辉，王鑫鑫，宋海英.浙江省农产品国际竞争力的影响因素——基于双钻石模型的对比分析[J].浙江社会科学,2010(09):19—27+125—126.DOI:10.14167/j.zjss.2010.09.016.

[2] 赵亮，穆月英.东亚"10+3"国家农产品国际竞争力分解及比较研究——基于分类农产品的CMS模型[J].国际贸易问题,2012(04):59—72.DOI:10.13510/j.cnki.jit.2012.04.014.

[3] 余鲁，范秀荣.基于CMS模型的中国畜产品出口波动影响因素分析[J].农业经济问题,2008(10):79—83+112.

[4] 王贝贝,肖海峰.基于动态偏离——份额模型的广东省农业产业结构和竞争力研究[J].科技管理研究,2015,35(19):41—46.

农产品贸易逆差分析。其中，钟钰、黄军利用CMS模型进行实证分析，研究发现，国家进口需求能显著影响中国农产品贸易进口逆差，建议我国应注重出口结构调整，加快优势农产品产业带建设，加快农业"走出去"战略[1]。宗成峰、赵霞利用CMS模型进行进口波动的影响因素分析、进口波动的影响因素模型分解以及贸易逆差形成因素分解[2]。四是研究农产品出口波动。其中，陆文聪、梅燕利用CMS模型以及1996—2001年和2002—2005年的农产品贸易数据进行出口总量和分类贸易的增长分析，认为中国与欧盟应不断促进农产品贸易结构调整以适应进口需求变化[3]。张金艳、范雯利用CMS模型实证分析金融危机前后中国出口欧盟农产品的变化原因，认为欧盟农产品进口需求变化是最重要的影响因素[4]。

### 3. 农产品贸易与引力模型的相关研究

引力模型表明更高的收入往往会带来更多的生产、更高的出口以及更高的进口需求，从而促进贸易。有关引力模型的形式和理论基础一直是学者们研究的重点。Alexis Jacquemin & André Sapir认为，运输成本是贸易的一个重要障碍，而且它往往会导致国际贸易的减少[5]。Eric Peree & Alfred Steinherr

---

[1] 钟钰，黄军.我国农产品贸易逆差成因及诱发因素分析[J].农业技术经济，2005(06):12—17.
[2] 宗成峰，赵霞.我国对美国农产品出口增长及其影响因素分析[J].国际经贸探索，2007(11):4—6.
[3] 陆文聪，梅燕.中国—欧盟农产品贸易增长的成因：基于CMS模型的实证分析[J].农业经济问题，2007(12):15—19+110.
[4] 张金艳，范雯.金融危机下中国对欧盟农产品出口变化的成因分析[J].国际经贸探索，2013，29(05):17—26.DOI:10.13687/j.cnki.gjjmts.2013.05.009.
[5] Alexis Jacquemin, André Sapir. International trade and integration of the European Community: An econometric analysis[J]. European Economic Review, 1988, 32(7). 汉译为：Alexis Jacquemin, André Sapir.欧盟一体化和国际贸易：计量经济学分析[J].欧洲经济评论，1988，32(7).

研究发现，汇率不确定性对两国贸易额产生负面影响，但他们也发现这些影响可能会因国家的结构性特征有所不同，认为研究结果的异质性就不难解释①。为了了解人口因素如何影响双边贸易，学者们通过引入出口国和进口国的人口变量来扩展引力模型。Milesi-Ferretti et al.研究发现人口通过创造专业化而产生的收益对贸易有积极的影响。Ariccia研究表明，进口和出口是资本密集型的②。Bacchetta & Wincoop研究表明，汇率制度对贸易额没有显著或稳定的影响，而且他们没有发现，汇率制度产生任何重大影响，可能是因为他们关注的是短期措施③。Lane & Maria Ferretti研究发现汇率不确定性和波动对国际贸易有显著的负向影响④。MinKyoung & Koo提出了用替代理论解释自由贸易协定生效后美国和加拿大之间的不对称产业内贸易模式并且利用时间序列数据建立了一个引力方程，认为如果要解释产业内不对称贸易模式则必须将这三种效应综合起来，其中汇率对双边贸易的影响最为显著，研究表明，美元升值导致的农产品贸易模式比大规模制造业产品贸易模式更加不对称。Cho et al.旨在探讨与其他产业部门相比汇率失调是否会对农业贸易产生负面

---

① Eric Peree, Alfred Steinherr. Exchange rate uncertainty and foreign trade[J]. European Economic Review, 1989, 33(6).汉译为：Eric Peree, Alfred Steinherr.国际贸易与汇率的不确定性[J].欧洲经济评论, 1989, 33(6).

② Milesi-Ferretti, Detragiache Matyas, Tweedie Ariccia, et al. La libéralisation des mouvements de capitaux: Aspects analytiques[J]. Economic Issues,1999,2005(002).汉译为：Milesi-Ferretti, Detragiache Matyas, Tweedie Ariccia, 等.自由流动的资本分析部分[J].经济问题, 1999, 2005(002).

③ Bacchetta, Wincoop. Does Exchange-Rate Stability Increase Trade and Welfare?[J]. The American Economic Review, 2000, 90(5).汉译为：Bacchetta, Wincoop. 贸易和福利会稳定增长吗？[J].美国经济评论, 2000, 90(5).

④ Lane,Maria Ferretti. External Wealth, the Trade Balance, and the Real Exchange Rate[R]. International. Monetary Fund and CEPR, 2002-12-20.汉译为：Lane,Maria Ferretti. 对外财富, 贸易平衡与实际汇率[R].国际货币基金组织与经济政策研究中心（CEPR）, 2002.12.20.

影响，名义汇率失调是根据购买力平价理论从实际汇率与长期均衡的百分比偏差中得出的，为了探讨这一问题，构建了一个包含10个发达国家之间贸易流的双边贸易矩阵并利用面板数据分析方法。Clark et al.研究发现贸易波动增加或减少的时间段贸易的减少可能不仅仅是由于汇率波动的增加，例如，在危机中即使波动增加，国内需求的下降是导致进口减少的一个更为重要的因素。Huang认为两个国家或地区之间的距离越远则运输成本越高，而且贸易中出现的信息障碍等也会导致双边贸易减少。Ghironi Frank & Melitz Bernanke认为汇率的不确定性在灵活的汇率制度下使得人们更难预测出口商的利润，因此企业家更不愿意出口，这导致贸易总额减少。Melitz使用引力模型实证分析[1]。Bodvarsson & Berg使用引力模型分析了1991—2000年全球移民对16个经合组织国家贸易额的影响，得到的结论是受教育程度因素将对贸易额有积极的影响[2]。

引力模型在国内的研究与应用也很广泛，研究成果体现在三个领域。一是研究贸易潜力影响因素。赵雨霖、林光华认为中国东盟潜力巨大而且有很好的合作空间[3]。张文城、孙月玲、王哲瑞认为从产品层面看OECD国家的GDP对金砖四国的不同产品产生的影响不同，提出中国应加大开拓日本和欧洲市场并深度挖掘北美市场潜力[4]。二是中国加入的贸易协定的效果分

---

[1] Ghironi Frank, Melitz Bernanke. Trade Flow Dynamics with Heterogeneous Firms[J]. The American Economic Review, 2007, 97(2).汉译为：Ghironi Frank, Melitz Bernanke. 异质企业的贸易流动力学研究[J].美国经济评论，2007, 97(2).
[2] Örn Berg, Bodvarsson, et al. Measuring immigration's effects on labor demand: A reexamination of the Mariel Boatlift[J]. Labour Economics, 2008, 15(4).汉译为：Örn Berg, Bodvarsson 等.衡量移民对劳动力需求的影响：对马列尔偷渡事件的重新审视[J].劳动经济学，2008, 15(4).
[3] 赵雨霖，林光华.中国与东盟10国双边农产品贸易流量与贸易潜力的分析——基于贸易引力模型的研究[J].国际贸易问题，2008(12):69—77.
[4] 张文城，孙月玲，王哲瑞."金砖四国"对OECD国家出口研究——基于引力模型的比较研究[J].亚太经济，2010(03):20—25.

析。其中，蔡鑫根据引力模型以及中国和拉丁美洲贸易伙伴国农产品贸易额进行实证分析[①]。李理、张斌基于引力模型和贸易数据分析中国—秘鲁自贸协定的贸易创造效应，研究结果显示，自贸协定对中国和秘鲁两国农产品贸易有显著正影响，建议中国可以不断开拓与拉美贸易大国的贸易合作[②]。三是对双边贸易流量的影响因素分析。田东文、王方明探讨了有关引力模型外生变量的关系问题并用引力模型对中国适用性进行检验，得到的结论是引力模型可以对加入中国的贸易数据进行分析[③]。赵小明、冷洛对构建的引力模型的结果进行分析并提出中国可积极改善贸易结构和产业结构的建议[④]。龚江洪、陈旭华分析中国和中东欧贸易现状以及中国和中东欧贸易的影响因素[⑤]。尚宇红、崔惠芳认为文化距离是能产生负面影响的主要因素[⑥]。田珍、王红红发现金砖五国的产业结构相似度、平均工资水平对贸易量都有显著的正向影响，而金砖五国的人均GDP对贸易量有负面影响[⑦]。

---

① 蔡鑫.基于引力模型的中国—拉丁美洲农产品贸易影响因素及贸易潜力实证研究[J].对外经贸，2013(12):17—20.
② 李理，张斌.中国—秘鲁自由贸易区贸易创造效应评估——基于引力模型的实证分析[J].时代金融，2019(06):104—105+113.
③ 田东文，王方明.基于引力模型的双边贸易流量计量研究——对包含中国数据样本的适用性检验[J].国际贸易问题，2005(12):26—31.
④ 赵小明，冷洛.贸易引力模型对中国双边贸易的实证检验及贸易潜力分析[J].云南财贸学院学报(社会科学版)，2006(04):12—13.
⑤ 龚江洪，陈旭华.基于引力模型的中国—中东欧贸易实证研究[J].价格月刊，2012(11):62—67.
⑥ 尚宇红，崔惠芳.文化距离对中国和中东欧国家双边贸易的影响——基于修正贸易引力模型的实证分析[J].江汉论坛，2014(07):58—62.
⑦ 田珍，王红红."金砖五国"对美投资的引力模型分析[J].世界经济研究，2014(07):55—60+73+88—89.

### 4. 农产品贸易与GTAP模型的相关研究

目前，国外学者运用GTAP模型对国家或地区间的经济效应进行分析，大多数是关于贸易协定对区域影响效应的研究。

国内学者的研究成果体现在两个方面。一是贸易协定对区域影响效应的研究。其中，彭支伟、张伯伟基于GTAP模型模拟评估TPP和FTAAP对中韩两国的影响，结果表明，加入TPP或FTAAP将导致中国农业等贸易增加，从而汽车行业将遭受损失；TPP和FTAAP将增加几乎所有美国行业的产量和进口量；在倡导逐步推进自由贸易协定的同时，中国更切合实际的战略是深化东亚的经济合作[①]。程中海、袁凯彬认为，如果自贸协定达成则减少非关税壁垒可以显著改善中国与EAEU成员国的经济福利和实际收入[②]。张裕仁、郑学党分析不同路径选择对福利水平、实际GDP、贸易条件变化等带来的经济影响，得到的结论是就成员国和非成员国的整体利益和损失而言，RCEP可以取代TPP；如果TPP和RCEP放开货物贸易对区域成员的积极经济效果显而易见，而区域以外的成员将遭受不同的损失；如果同时开放货物贸易则RCEP成员的经济效果将高于TPP成员；仅通过RCEP进行商品贸易自由化，中国获得的经济影响就比建立TPP和RCEP获得的更大；提出中国应积极建立面向世界的高标准自由贸易区网络[③]。石敏俊、美丽古丽、黄文、李娜研究发现上合组织的国家贸易自由化可以有效应对俄罗斯—白俄罗斯—哈萨克斯坦关税同

---

[①] 彭支伟，张伯伟.TPP和亚太自由贸易区的经济效应及中国的对策[J].国际贸易问题，2013(04):83—95.

[②] 程中海，袁凯彬.中国—欧亚经济联盟FTA的经贸效应模拟分析——基于GTAP模型及偏效应分解[J].世界经济研究，2017(01):96—108+137.

[③] 张裕仁，郑学党.TPP与RCEP贸易自由化经济效果的GTAP模拟分析[J].重庆大学学报(社会科学版)，2017，23(05):1—9.

盟对中国及相关国家经贸的影响并有助于提升相关国家经贸合作[①]。二是对区域农产品贸易影响研究。其中，周曙东、胡冰川、崔奇峰从农产品贸易价格和农产品在区域内进出口量两个方面分析影响效应，认为中国市场会受到东盟各国比较优势农产品的冲击，并提出中国应关注产业结构调整，同时还应注重提升我国农产品国际竞争力[②]。周向阳、肖海峰使用GTAP模型并设计了两种模拟方案，提出在建立中澳FTA时应关注保护羊毛产业的政策[③]。陈晓娟基于GTAP模型并设计部分自由贸易和完全自由贸易两种模拟方案，探讨中国农产品总量的影响效果，认为该协定对中国农业有正效应，并提出协定生效后的建议[④]。朱智洺、丁丽红基于GTAP模型模拟分析两种方案下中韩FTA对两国农产品带来的经济效益。研究显示，从短期来看，中国与韩国两国农产品的需求不完全一致，从长期来看，在中韩农产品贸易中，中国农产品相比韩国农产品体现出较强的议价能力，并提出深化两国农业领域合作、促进两国农产品贸易多元化、调整农产品生产以满足韩国消费者对农产品的需求的建议[⑤]。王伶基于GTAP模型模拟两种冲击方案即部分自由贸易和完全自由贸易，从农产品出口量、农产品进口量、农产品总量和宏观经济四个方面分析中、日、韩FTA对农产品贸易的影响，并且得出中、日、韩FTA对三国农产品影响的不同结论，建议中、日、韩应加强农业领域的合作并选择有优势

---

[①] 石敏俊，美丽古丽，黄文等.丝绸之路经济带背景下上海合作组织国家贸易自由化的经济效应——基于GTAP模型的政策模拟分析[J].管理评论，2018，30(02):3—12.

[②] 周曙东，胡冰川，崔奇峰.多哈回合农产品关税减让谈判与中国的谈判方案选择——基于CGE模型的视角[J].中国农村经济，2006(09):4—12.

[③] 周向阳，肖海峰.中澳自由贸易区建立对中国羊毛产业的影响分析[J].中国农村经济，2012(03):35—43.

[④] 陈晓娟.中韩FTA对我国农产品贸易的影响研究[D].中国农业大学，2014.

[⑤] 朱智洺，丁丽红.基于GTAP模型的中韩农产品贸易效应研究[J].江西农业学报，2016，28(06):119—122.

的城市或地区作为中、日、韩自贸区试行点①。

### 5. 农产品贸易预测相关研究

预测常用时间序列法如灰色系统模型、ARMA模型等。其中，G.U.Yule第一次提出时间序列随机性这个概念，Wiener & Kolemogoner改进了时间序列法。Box & Jenkins之后，许多学者完善时间序列并将它广泛运用到相关研究中。研究学者认为，时间序列模型和其他方法比较而言精度较高。

ARMA模型的使用范围越来越广，最开始它更多地用于金融股票，之后也用于贸易预测中。其中，石自忠根据ARMA模型预测我国牧草进出口贸易。王丽娜、肖冬荣根据ARMA模型对某商品月度销售额做预测分析，研究发现模拟值比较接近真实值②。汪艳涛、王记志利用ARMA模型预测2009—2012年中国农产品进出口量，研究结果表明ARMA模型能达到最佳预测效果，中国农产品虽然存在贸易逆差，但逆差不断下降③。孟懿靖根据ARMA模型预测中国东盟贸易差额趋势，研究发现中国东盟贸易逆差递减，对中国与东盟加强贸易合作提出建议④。刘鑫在介绍时间序列模型的基础上，对我国2002—2008年一般贸易进出口额进行平稳性分析以及模型检验、模型预测与分析，认为该模型对中国进出口贸易的预测可行，适合短期预测但做长期趋势预测不够准确。赵杰利用ARMA模型对1978—2010年中国进出口数据做

---

① 王伶.中、日、韩建立FTA的农产品贸易效应——基于GTAP模型的研究[J].世界农业，2017(04):48—55.
② 王丽娜，肖冬荣.基于ARMA模型的经济非平稳时间序列的预测分析[J].武汉理工大学学报(交通科学与工程版)，2004(01):133—136.
③ 汪艳涛，王记志.中国农产品贸易ARIMA模型的建立及预测:2009—2012年[J].经济与管理，2009，23(07):11—15.
④ 孟懿靖.中国与东盟贸易差额趋势研究——基于ARMA模型的实证分析[J].西安财经学院学报，2009，22(03):110—116.

预测分析，研究表明，2011年我国贸易顺差减少。王允介绍了中印农产品贸易发展趋势并预测中印农产品贸易总额。刘妍等根据ARMA模型以及1966—2013年农产品贸易数据，分析中国食用菌出口贸易波动。

ARMA模型最大的挑战是确定阶数和估计参数，因此有关的计算过程冗长而且限制条件多，所以ARMA模型在实际使用过程中遇到的挑战也比较大。为了解决这一问题，许多学者开始尝试借助人工智能的方法，例如粒子群算法。与其他进化优化方法不同，PSO算法中的粒子在搜索过程中不会在个体之间直接重组遗传物质，而是在群体行为下工作。因此，只需简单地调整每个个体的运动矢量即可得到理想的全局解。PSO实现简单，并且能够快速地为科学和工程中的许多问题找到一个合理的、可接受的解决方案，所以它变得越来越流行。在粒子群算法中，每个粒子根据新的速度从之前的位置移动到一个新的位置，将其与之前的粒子在代价函数中产生的最佳位置进行比较后保留最佳解。一个粒子发现一个新解，而后其他粒子就会靠近那个点，并且能更深入地探索这个区域。该算法通过种群的局部历史和全局通信来寻找最优目标。首先随机生成第一个种群，然后根据给定的更新速度将每个粒子移动到下一个步骤，生成新的粒子群，因此，最优点的寻优速度在粒子群优化算法中明显能够加快。罗航、黄建国、龙兵等学者研究认为，改进的粒子群算法定阶ARMA模型显示了其优良特性[1]。南京工业大学自动化与电气工程学院研究人员孙汝儒、肖迪提出改进的粒子群算法定阶ARMA模型，研究发现，该算法不仅可以得到最佳ARMA模型，而且该算法还具有有效性[2]。李怀俊、谢小鹏、李军学者提出改进粒子群算法的估计方法，研究结

---

[1] 罗航,黄建国,龙兵等.用PSO方法搜索基于MLE的ARMA模型参数[J].电子科技大学学报,2010,39(01):65—68.
[2] 孙汝儒,肖迪.基于改进PSO算法对ARMA模型定阶新方法[J].计算机应用与软件,2013,30(12):140—143.

果显示该算法预测效果良好①。

## 二、从 TPP 到 CPTPP 的相关研究

国内外学者们的相关研究成果体现在五个方面。

一是TPP的基础性研究。TPP在国外的研究起步较早，研究主要集中在美国积极推进TPP的原因和TPP对世界经济的影响两个方面。Schott、Barfield & Levy、Bergsten等学者强调TPP的推进有助于美国巩固其亚太地区的霸主地位。国内对TPP的研究起步较晚，关于TPP的基础研究主要是TPP的主要内容和特征。其中，海南大学刘晨阳认为，美国推进TPP是因为TPP是美国在合作战略中区域贸易谈判模式和合作方式的重要部分。东北财经大学刘昌黎对TPP的研究尤其关注其主要内容与特点、建立过程、发展进程和可能的挑战并预测TPP的前景②。对外经济与贸易大学中国WTO研究院李杨、黄宁认为TPP谈判将是一个复杂的过程，我国在关注TPP发展形势的同时，还应考虑如何处理与东盟四国的战略外交关系③。吉林大学庞德良、吕铀分析TPP协议的主要内容与特点，探析TPP的成长性以及对中国未来的影响，认为美国的积极推进可能使得TPP发展为主流贸易协定，中国应未雨绸缪并且积极应对TPP的机遇及挑战④。

二是TPP对中国的战略影响研究。其中，李向阳分析了TPP和美国"回归

---

① 李怀俊，谢小鹏，李军.基于自适应变异PSO的ARMA模型参数寻优及预测应用[J].计算机应用研究，2015，32(04):1004—1006+1015.
② 刘昌黎.TPP的内容、特点与日本参加的难题[J].东北亚论坛，2011，20(03):12—19.
③ 李杨，黄宁.东盟四国加入TPP的动因及中国的策略选择[J].当代亚太，2013(01):101—124+159—160.
④ 庞德良，吕铀.泛太平洋战略性经济合作协定(TPP)与中国的选择[J].东北师大学报(哲学社会科学版)，2013(02):203—205.

亚太"战略、日本与东亚国家对TPP的不同态度、TPP和FTAAP的发展前景以及TPP对亚洲区域经济合作新格局的影响，认为TPP实质是美国"回归亚太"战略的重要构成。田海在介绍了TPP的发展历程和特点的基础上剖析了TPP和APEC后的中美博弈，认为TPP与中国主导的东亚区域一体化为对立关系并且给出三种应对策略选择：其一是静观其变；其二是完善FTA；其三是尽快加入TPP谈判[1]。全毅介绍了TPP的产生与发展历程并深度剖析，认为TPP有牵制中国主导的东亚区域一体化的作用，而且它的实质是美国制定贸易规制的平台之一[2]。

三是研究如何应对TPP的策略。学者们对"如何应对TPP"这一问题的态度主要分为以下几种：刘晨阳、徐长文、赵晋平、盛斌与宗伟等学者认为中国应该采取开放和接纳的态度对待TPP，并主张中国在合适的时候可以选择加入TPP。刘晨阳认为中国在加入TPP受到阻碍时应该加强与日本和东盟等东亚成员国的合作以促进东亚区域经济一体化[3]。徐长文深度剖析国际媒体对TPP的评论后认为中国不必急于加入TPP，因为中国正面临着国际方面的不确定性，因此从长远来看，可以观察几年再决定是否加入TPP[4]。赵晋平分析了TPP的特点以及它的影响效应之后展望了中国自贸区战略的进展和发展方向，认为中国在短时期内加入TPP的难度太大，应采取开放、接纳的态度对待TPP并主张在合适的时候加入TPP[5]。盛斌、宗伟在深度分析TPP对中国

---

[1] 田海.我国应对TPP的策略思考——基于多边贸易体制的视角[J].中国国情国力，2012(11):34—36.

[2] 全毅.TPP对东亚区域经济合作的影响：中美对话语权的争夺[J].亚太经济，2012(05):12—18.

[3] 刘晨阳.中国参与双边FTA的新进展与策略选择[J].国际经济合作，2010(09):34—37.

[4] 徐长文.TPP的发展及中国应对之策[J].国际贸易，2011(03):36—40.

[5] 赵晋平.在开放条件下深入思考农业发展问题[J].中国发展观察，2011(12):13—15.

影响的基础上认为，中国可以借助"一带一路"建设构建全方位区域合作框架，同时应积极参与贸易和规则制定，并开拓经贸合作①。沈铭辉、关权和刘中伟、沈家文等学者认为中国应暂时观望情势，短时间内不要加入TPP。沈铭辉描述了TPP的发展历程、分析了TPP潜在成本和收益并提出建议：中国与TPP成员国一起开发投资项目并与日本推动东亚合作②。关权介绍了东亚的经济和贸易发展情况后，将东亚的经济一体化与TPP进行了比较，分析了中日之间的竞争与合作，认为中国应密切关注TPP的发展并及时回应③。刘中伟、沈家文介绍了TPP的发展历程和主要内容，分析了美国和东亚国家对TPP的战略意图，认为TPP发展态势不明确，仍将面临诸多不确定性④。余楠认为中国加入或不加入TPP都各有利弊⑤。综上所述，反对加入者认为TPP发展态势不明朗，中国没有必要加入TPP。赞成者表示中国应积极应对TPP并参与制定新的条款，破除其对中国的贸易壁垒并积极开拓新兴市场。中立者认为中国加入或不加入TPP都有利有弊。

四是TPP与其他区域一体化组织的研究。其中，刘晨阳剖析了TPP对亚太地区的发展潜力和东亚经济一体化进程的影响，认为中国加入TPP尽管面临着阻力，但应该以积极的状态应对TPP的发展，此外，中国为了获得更多的

---

① 盛斌，宗伟.中国如何应对TPP[J].中国外资，2016(05):14—18.
② 沈铭辉.跨太平洋伙伴关系协议(TPP)的成本收益分析：中国的视角[J].当代亚太，2012(01):5—34.
③ 关权.东亚经济一体化和TPP——中日之间的博弈[J].东北亚论坛，2012，21(02):3—10.
④ 刘中伟，沈家文.跨太平洋伙伴关系协议(TPP):研究前沿与架构[J].当代亚太，2012(01):35—59.
⑤ 余楠.当前国内TPP研究述评[J].上海海关学院学报，2012，33(03):99—105.

合作,应该加强和东亚其他成员,诸如日本与东盟的沟通和协作①。Capling & Ravenhill分析TPP、WTO和PTA三者的一体化组织层次,得出结论:TPP较WTO和PTA而言组织层次更高,对亚太地区一体化经济的发展有着积极作用②。陈淑梅研究美国的单边主义和RCEP的潜在挑战,描述了亚太经济一体化未来发展态势,并比较了选择不同路径后的经济效果,认为中国一方面应该积极推进并参与RCEP谈判,另一方面应该支持TPP与RCEP的对话③。

五是关于CPTPP的研究。张珺、展金永利用GTAP模型衡量6种情境下CPTPP与RCEP对区域GDP、出口规模、进口规模、部门产出的不同影响,提出中国的策略:积极参与和推动RCEP谈判,并且加强与美国的交流与合作,创造更多的经济利益,从而促进亚太区域贸易谈判、加速中国经济改革以应对挑战④。王孝松、武皖介绍CPTPP的发展背景以及日本推动CPTPP的原因和日本面临的困难,从经济规模和协议内容两个方面比较CPTPP和TPP,分析CPTPP各成员国的外贸情况、CPTPP贸易商品结构特征以及中国和CPTPP的贸易情况,采用GTAP模型模拟CPTPP生效且CPTPP成员国之间的进口关税在所有区域和部门降为零,由此得出结论:CPTPP的经济规模与TPP相比大大减小而且对世界的影响也减少了;CPTPP降低了标准但保留了一些规定,它仍然是一项全面且高标准的FTA;中国和CPTPP成员国是彼此的重要贸易

---

① 刘晨阳."跨太平洋战略经济伙伴协定"发展及影响的政治经济分析[J].亚太经济,2010(03):10—14.
② Capling, Ravenhill. Multilateralising regionalism: what role for the Trans-Pacific Partnership Agreement?[J]. The Pacific Review, 2011,24(5).汉译为: Capling , Ravenhill.多边区域主义:《跨太平洋伙伴关系协定》发挥什么作用? [J].太平洋评论,2011.24(5).
③ 陈淑梅.世界经济多极化、贸易红利与经济增长——以美国力主TPP和TAP谈判为例[J].现代经济探讨,2013(10):25—29.
④ 张珺,展金永.CPTPP和RCEP对亚太主要经济体的经济效应差异研究——基于GTAP模型的比较分析[J].亚太经济,2018(03):12—20.

伙伴；CPTPP的签署对中国影响有限。提出政策建议：促进RCEP等东亚经济合作并且加快建立双边和多边贸易合作体系；深化产业结构调整并优化出口产品结构；完善家庭劳动和环境法律制度的同时深化国有企业改革；与发展中国家合作从而增加它们的话语权，并积极参与制定代表发展中国家权益的新贸易规则[①]。孙玥分析了美国退出TPP的影响，认为TPP成员的经济利益会受到损害，而非TPP的成员会受益，介绍CPTPP产生的背景与存在的问题，认为CPTPP规模小、标准低，成员国内部的矛盾仍然存在。苏庆义对比当前有关中国是否应该加入CPTPP以及2015年中国是否应该加入TPP两种情形下中国面临的国际和国内形势变化，分析中国加入CPTPP的必要性，得出结论：中国应该尽快加入CPTPP，因为加入CPTPP后有利于中国经济收入、深化改革开放体系和参与建设全球贸易管理体系，此外，美国重返CPTPP的可能性很大，中国应积极抓住美国退出TPP的机会加入CPTPP[②]。白洁、苏庆义介绍CPTPP的由来和前景的演变，解析CPTPP与TPP的主要区别（包括CPTPP对TPP条款的修改内容、CPTPP暂停条款的内容）以及从经济层面、策略层面和规则层面三个方面分析CPTPP对中国的影响，认为中国应深入改革并不断完善国内规章制度以便尽可能地对接CPTPP规则，还应该积极争取加入CPTPP以打破美国在贸易规则方面对中国的限制，并且积极推动RCEP谈判以及建设"一带一路"，从而为CPTPP谈判预留空间[③]。刘欣悦、尤宏兵采用GTAP模型分析中美贸易战8种不同情境下CPTPP与RCEP的影响，建议中国

---

[①] 王孝松，武皖.CPTPP建立的影响及中国的应对策略探究[J].区域与全球发展，2018，2(03)：46—71+155—156.
[②] 苏庆义.中国是否应该加入CPTPP?[J].国际经济评论，2019(04):107—127+7.
[③] 白洁，苏庆义.CPTPP的规则、影响及中国对策：基于和TPP对比的分析[J].国际经济评论，2019(01):58—76+6.

应该积极推动区域经济一体化、重视保护脆弱产业以及实现产业结构升级优化①。吴立鸿介绍了CPTPP的起源和形成、CPTPP与其他国际贸易体系之间的差异以及CPTPP对世界贸易格局的变化，认为在制定亚太地区经贸规则时中国的声音将会降低；在推进东亚和亚太经济一体化进程中，中国存在变数；CPTPP完全成熟后，中国加入CPTPP将更加困难。因此，提出了对策建议：我国应尽快与CPTPP成员国签署双边贸易协定、坚定不移地深化改革并扩大经济总量、推动区域FTA的建设并考虑尽快加入CPTPP②。

## 三、文献述评

综上所述，目前国内外关于农产品贸易和TPP的研究内容十分丰富，其中包括对农产品贸易问题、TPP及CPTPP的演变、特点、影响的研究，这些成果为进一步研究CPTPP对中国农产品贸易的影响奠定了良好的理论基础，由于CPTPP生效时间距今（2020年7月）不足一年半，因此学术界对CPTPP的研究成果比较少，尤其是针对CPTPP对中国农产品贸易影响的成果尚未形成公开出版物（2021年前）。

本书关注中国与CPTPP成员国农产品贸易发展态势如何；中国和CPTPP成员国的农产品贸易结构将呈现怎样的变化趋势；中国与CPTPP成员国农产品贸易如何波动；竞争性与互补性怎样；影响中国出口CPTPP成员国农产品贸易额、中国进口CPTPP成员国农产品贸易额以及中国进出口

---

① 刘欣悦，尤宏兵.CPTPP和RCEP背景下中国应对区域经济一体化策略研究[J].江苏第二师范学院学报，2019，35(01):64—71.

② 吴立鸿.CPTPP正式生效后我国对外贸易面临的挑战及应对之策[J].广西农学报，2019，34(01):65—68+76.

CPTPP成员国农产品贸易总额的因素有哪些；中国加入CPTPP或者中国不加入CPTPP，将对中国农产品价格产生怎样的影响；对中国农业部门的贸易平衡将会产生怎样的影响；如何预测中国与CPTPP成员国农产品贸易额；中国应如何最大限度地避免CPTPP引起的可能性损失；如何根据目前形势提出应对策略等。

本书在已有文献的基础上，分析中国和CPTPP成员国农产品贸易发展现状和波动以及竞争性和互补性关系，运用修正的引力模型分析中国和CPTPP成员国农产品贸易额的影响因素，利用GTAP模型分析CPTPP对中国农产品贸易的影响，采用改进的PSO算法对ARMA（r，m）模型定阶，对中国进出口CPTPP成员国和美国的农产品贸易额进行预测研究，推断CPTPP发展趋势并探讨中国加入CPTPP的可能性，最后根据目前形势提出应对的政策建议，深化对CPTPP和中国农产品贸易相关问题的研究，从而填补CPTPP对中国农产品贸易影响的理论空白。

## 第四节　研究内容与技术路线

### 一、研究对象界定

参考世贸组织（WTO）《农业协定》农产品范围（HS编码），农产品分类为：第一大类：活动物及动物产品（第1—第5章）；第二大类：植物产品（第6—第14章）；第三大类：动、植物油、脂、蜡、精致食用油脂（第15章）；第四大类：食品、饮料、酒及醋、烟草及制品（第16—第24章）；其他类。

### 二、研究内容

本书旨在就CPTPP对中国农产品贸易的影响进行深入分析并在此基础上提出有效对策。根据研究内容的逻辑性和完整性要求，本书有九个部分，详细内容如下。

第一章：绪论。阐述选题背景与提出问题，确定研究目标与意义。

从农产品贸易相关研究以及从TPP到CPTPP的相关研究两方面分析国内外的研究动态。明确研究内容、技术路线、数据来源、研究方法和可能的创新与不足。

第二章：理论基础与分析框架。介绍CPTPP协议的主要内容、机制特征及CPTPP协议中农产品的相关规定，从静态和动态两个维度分析CPTPP对中国农产品贸易产生的影响，构建分析框架。

第三章：分析中国与CPTPP成员国农产品贸易的发展。从中国农产品贸易现状出发分析中国和CPTPP成员国农产品贸易规模和演变以及中国进出口CPTPP成员国农产品的贸易状况、贸易结构和变化趋势；使用G-L指数计算中国与CPTPP成员国双边农产品产业的贸易水平，分析中国与CPTPP成员国的农产品贸易形式。

第四章：中国与CPTPP成员国农产品贸易的波动分析。介绍CMS模型并分析中国出口和进口CPTPP成员国农产品波动情况；将影响中国与CPTPP成员国农产品贸易的因素及其变化进行分析；实证分析中国出口和进口CPTPP成员国农产品的波动因素。

第五章：通过计算MS、RCA和TSC来分析中国与CPTPP成员国农产品贸易的竞争关系。通过计算TCI、ESI和TII来分析中国与CPTPP成员国农产品贸易的互补关系。

第六章：中国与CPTPP成员国农产品贸易额影响因素的研究。选择中国和11个CPTPP成员国，以2001—2018年，数据构造面板数据，构建修正引力模型就CPTPP对中国出口、进口和进出口CPTPP成员国农产品贸易额的影响，分析贸易额影响因素。

第七章：基于GTAP模型模拟分析美国退出、美国重新加入、美国退出后中国加入等不同方案，即在"CPTPP成员国""CPTPP成员国+美国""CPTPP成员国+中国""CPTPP成员国+中国+美国"情境下,CPTPP对中国农产品贸易的影响。

第八章:引入ARMA和PSO算法,基于改进PSO算法定阶ARMA(r,m)模型优化r与m,进行预测研究。

第九章:总结研究结论并提出政策建议。

## 三、技术路线

此部分为方便说明,用图1-1展示。

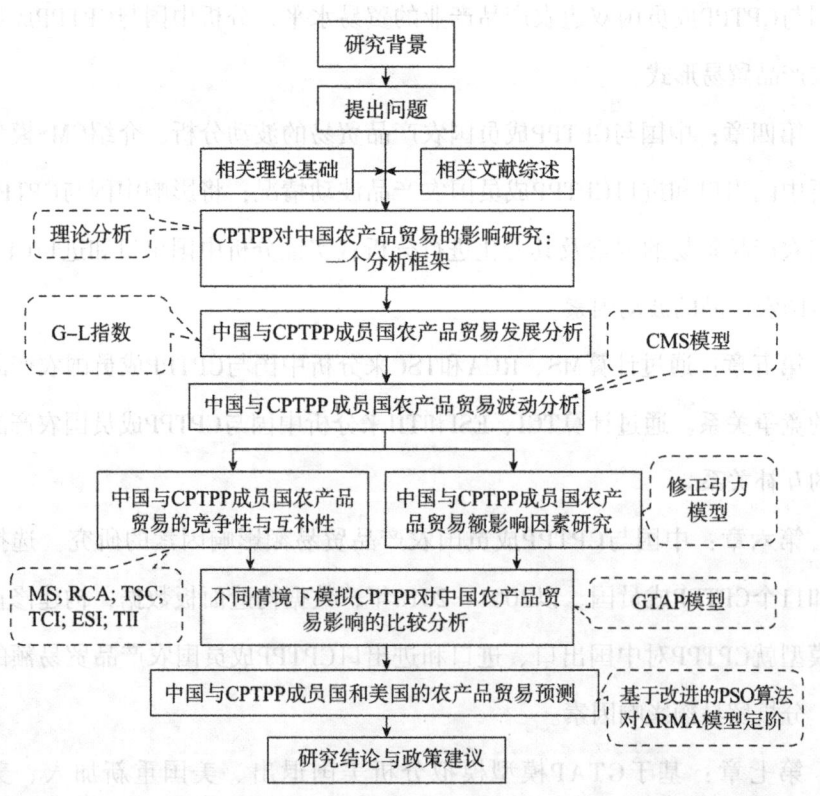

图1-1 技术路线图

## 第五节 数据来源与研究方法

### 一、数据来源

本书数据来源于联合国粮农组织数据库、联合国贸易数据库、世界银行数据库以及各类统计年鉴等。

### 二、研究方法

#### 1. 文献分析法

使用文献计量工具Bibexcel与Citespace,检索WOS核心库中研究"农产品贸易""TPP""CPTPP"的文献,这是本书第一阶段使用的主要方法之一。此外,后续实证章节的研究工作也离不开文献资料梳理的基础性工作。

### 2. 比较分析法

中国与CPTPP成员国农产品贸易波动、竞争与互补分析、贸易额影响因素研究、不同模拟情境下CPTPP对中国农产品贸易影响的比较分析以及中国与CPTPP成员国及美国的农产品贸易额预测研究。

### 3. 实证分析法

第三章运用G-L指数分析中国与CPTPP成员国农产品产业内的贸易水平以及贸易形式。第四章利用CMS模型分析中国与CPTPP成员国农产品的贸易波动。第五章运用相关测定指标研究中国与CPTPP成员国农产品贸易关系的竞争性和互补性。第六章构建修正引力模型就CPTPP对中国出口、进口和进出口CPTPP成员国农产品贸易额的影响因素分析。第七章基于GTAP模拟分析不同方案下CPTPP对中国农产品贸易的影响。第八章引入时间序列ARMA和人工智能PSO算法，基于改进的PSO算法定阶ARMA（r，m）模型优化r与m，进行农产品贸易额预测研究。

## 第六节 创新与不足之处

### 一、创新

第一,已有多数研究工作主要关注TPP而且集中在TPP谈判期间和TPP谈判刚结束的阶段,CPTPP协议达成距今(2020年3月)仅一年多的时间,由于时间较短,目前学术界对CPTPP和中国农产品贸易的研究成果比较少。农产品问题是TPP谈判和CPTPP中的重要议题,CPTPP协议与农产品有关政策条款将对中国农产品贸易产生重大影响。本书测算并评价中国进口和出口CPTPP成员国农产品贸易额以及中国与CPTPP成员国农产品进口需求变化,比较中国与CPTPP成员国农产品出口的结构调整能力,利用CMS模型对中国进出口CPTPP成员国的农产品贸易额波动因素实证分析,全面考察中国与11个CPTPP成员国农产品贸易波动问题,这在国内属于较新的尝试,丰富了CPTPP协议下农产品贸易的研究。

第二,构建修正引力模型,就CPTPP对中国出口CPTPP成员国、中国进口CPTPP成员国和中国进出口CPTPP成员国农产品贸易额的影响,分析中国与CPTPP成员国农产品贸易额的影响因素。基于GTAP模拟分析不同方案即在"CPTPP成员国""CPTPP成员国+美国""CPTPP成员国+中国""CPTPP成员国+中国+美国"情境下，CPTPP对中国农产品贸易的影响。与已有研究相比，本书有助于对CPTPP对中国农产品贸易的影响形成更为全面的认识。

第三，现有研究鲜有关注中国与CPTPP成员国农产品进出口贸易预测问题，本书尝试使用人工智能方法即PSO算法来定阶时间序列ARMA，该算法通过种群的局部历史和全局通信来寻找最优目标。根据1992—2018年农产品贸易数据，构建ARMA模型并进行模型实例验证，对中国进口和出口CPTPP成员国和美国的农产品贸易额进行短期（2019—2022年）的预测研究，为中国今后应对CPTPP提供决策依据。

## 二、不足之处

本书围绕CPTPP对中国农产品贸易的影响展开了一系列研究，取得了一定的成果和研究结论，也存在如下不足：

大规模的数据收集与数据处理以及相关测算指标选择的局限性。由于数据受限，缺乏2019年以来的数据和分析，因此，可能无法将CPTPP最新情况进行分析描述。

部分研究内容还存在深入挖掘的空间。本书大部分内容分析的是中国与CPTPP成员国之间的农产品贸易，结合CPTPP主要因素的分析有明显不足。在今后的研究中，可结合CPTPP发展的最新动态，对需要研究的问题进行深入挖掘和探索。

从CPTPP成员国之间的博弈进行思考与研究，可能会得出更多有意义和价值的研究结论。

综上所述,在未来的研究过程中,将结合CPTPP最新进展不断进行修正,逐步完善有关CPTPP的细节,尽可能更加细化,力求弥补不足。本书关注的是CPTPP对中国农产品贸易的影响研究,今后可以尝试从经济、政治等多角度切入,对CPTPP的贸易效应、生产效应、投资效应等方面进行进一步的全面研究。

# 第二章

# 理论基础与分析框架

## 第一节 理论基础

### 一、比较优势理论

CPTPP是TPP演化的结果，在国际经济学理论领域，CPTPP是区域经济一体化的一种体现形式，本质上是一个面向21世纪的亚太地区的自由贸易协定。CPTPP要求全面的零关税，因此CPTPP的建立将不可避免地对非成员国产生贸易影响。为了更好地了解CPTPP对中国农产品贸易的影响，有必要梳理与CPTPP相关的基本理论以获得CPTPP对中国农产品贸易影响的形成逻辑与实施依据。本章将回顾相关理论脉络并描述CPTPP的发展历程、协议内容以及农产品相关规定，并构建分析框架。

《国富论》中亚当·斯密不仅强调了国际贸易的重要性，还强调一个国家的"绝对优势"产品是随着历史的变迁、区域特色以及资源禀赋而产生的，并且亚当·斯密还将国际贸易理论融入市场经济理论之中。对亚当·斯密来说，国际贸易与各种贸易有着相同的根本原因。贸易是人类"以物易物"的结果，但这并不意味着贸易没有自私的动机，相反，当人们互相交易时，他们追求的是自己的利益，他们必须从贸易中受益，否则就不会追求贸易。因此商人进行国际贸易并从中赚取利润。亚当·斯密强调，不仅是单一的商人，整个社会都会从国际贸易中受益。亚当·斯密关于分工的思想构成了其理论的基础，他认为劳动分工导致了"劳动生产力的最大提高"，因为分工导致质量和数量上的生产改进，这意味着产出增加而且技术发展受到刺激，工人的技能和生产力得到提高，因此经济增长得到促进，使得国家财富增加，这可以概括为"越专业化，越增长"。对分工的唯一限制是"交换的权力"即"市场的范围"，因此，如果市场扩大，分工就会增加。根据亚当·斯密的说法，国际贸易对国家有利是因为它赋予了更多的价值，而且要用其他的东西进行交换以满足他们的需要。亚当·斯密将国家贸易与分工思想联系起来，一个国家如果与另一个国家建立贸易关系，就有可能扩大劳动分工，因为国际市场比国内市场大。国际贸易的方向是由目前绝对生产成本优势决定的，即生产一种产品并将其推向市场所产生的成本。如果贸易不受限制，各国将根据各自的优势自动专业化，这意味着如果一个国家能够以较低的成本生产某种产品并以比其他国家更低的价格销售，那么它就具有绝对优势。绝对优势可以是更好的生产技术或更好的要素禀赋。一个国家国际竞争力的决定方式与国内竞争力的决定方式相同，即价格优势。那么，这些优势的来源有哪些呢？亚当·斯密认为产生专业化的国家之间存在一些差异，其中包括一个国家的"土壤、气候和形势""法律和体制"及其通信和运输手段。国际贸易与国内经济发展之间存在着相互关系，它们彼此相互依赖但又各自影响着贸易格局。一国的生产成本优势是由其发展道路决定的，而发展道路又受其贸易模式的影响。国际贸易和国内发展都影响着劳动分工，因此一个国家的绝对生产成本优势是不固定的，它们往往因贸易而扩大，也可能随着时间而改变。例如，一个国家可能在生产某种商品方面获得绝对优势，也可能失去这种优势，就像一个国内市场上的生产者一样。国际贸易理论是动态的，因为它被纳入了更广泛的分工经济框架，而且它考虑了由国际贸易产生并影响国际贸易的经济增长。绝对生产成本优势和贸易利益的分割不是一劳永逸的，相反它们的发展和出现是贸易的内生结果。绝对优势理论是以两个国家和两种商品的例子来说明的，每个国家都可以用比另一个国家更少的人力消耗来生产一种商品，从而更便宜。

比较优势理论以绝对成本理论为基础发展形成了相对成本理论，主要代表人物是大卫·李嘉图。该理论阐述了当一国生产力不足无法生产成本绝对低的商品时，可以生产成本相对低的商品，那么即使两国生产力存在着一定的差距，也可以进行贸易，从而使得双方都从中获利。他认为每个国家都不能生产所有的产品，各类商品的生产应以最小的商品生产最大的优势或劣势，在国际贸易资本和劳动力不变的情况下，总产量将促进国际劳动分工形成以及增加贸易的往来。

H-O理论（赫俄理论）由俄林和赫克歇尔提出，各国应集中生产和出口富足资源生产的产品，进口稀缺资源生产的产品。林德（Staffan B. Linder）提出的需求相似理论，认为在以自然资源为基础的产业中贸易确实是由生产的相对成本和要素禀赋决定的，但他对"制成品贸易是由各国产品需求的相似性决定的"这一观点有争议。林德理论的两个假设是消费者的偏好取决于人均收入水平以及企业家相比国外市场更了解国内市场。随着人均收入的增长，国家对产品的复杂度和质量要求越来越高，而居民人数也在增加。最先在国内获得成功和市场份额的企业可以扩展到需求或偏好相似的国外市场。他认为最密集的贸易将存在于收入或工业化水平相同的国家之间，该理论暗示了国际贸易的很大部分将由相似或略有差别的货物交换组成。

## 二、竞争优势理论

波特（Michael E.Porter）提出了竞争优势理论和"钻石模型"

（如图2-1所示）。第一个因素是"生产要素"，它是一个国家在知识资源和基础设施等方面的情况，这些都可能成为一个国家赢得国际竞争地位的条件。第二个因素是"相关产业及支持产业"。第三个因素是"需求条件"。第四个因素是"企业战略、结构和同业竞争"，它与企业目标以及组织文化有关。文化可以为公司在另一个国家设立分公司的特定情况下展现出优势。波特认为企业不断寻求竞争优势可以帮助企业在竞争中获得优势。关于外部因素，波特提到了影响公司之间竞争的"政府和机会"。

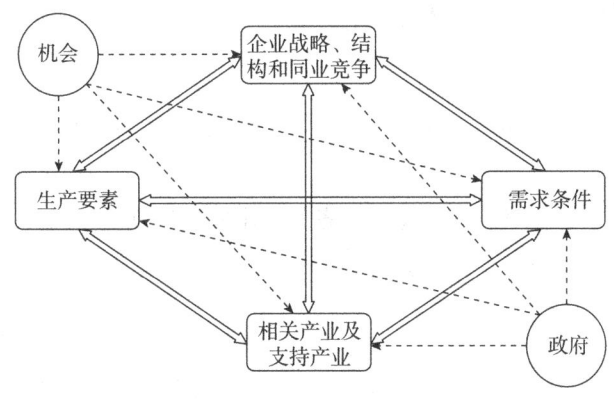

图2-1 波特的"钻石模型"

比较优势理论和竞争优势理论是贸易应用研究的理论支撑。翁鸣从农产品贸易和竞争的角度分析TPP和TPSEP（跨太平洋战略经济伙伴关系）的特征。采用RCA指数和TCI指数的学者有宣善文、李慧、祁春节、李婷婷、梁丹辉、药泽琼、姜徐宁、黄和亮。采用TSC指数、ESI指数和TCI指数的学者有吕宏芬、俞涔、张跃、刘恩财；运用RCA指数、ESI指数和TCI指数的学者有余妙志等；孟庆子、刘李峰采用CR指数和RTA指数；耿仲钟采用RCA指数、TCI指数、ESI指数和TII指数。佟光霁采用RCA指数、NRCA指数、TCI指数和CI指数；王晓英、王嘉铭采用ESI指数、CI指数、TII指数以及RTA指数；别诗杰、祁春节采用RCA指数、G-L指数、TCI指数和TII指数。耿仲钟、肖海峰采用出口市场特化指数,包括ES、GL、BI和HI在内的产业内贸易指数。

根据前文启发,本书分析中国与CPTPP成员国农产品贸易发展时使用测算指标分析农产品贸易形式;比较中国与CPTPP成员国农产品出口结构调整能力时使用计量模型对中国进口和出口CPTPP成员国农产品贸易额波动因素进行实证分析;选择相关测定指标分析中国与CPTPP成员国农产品贸易关系的竞争性与互补性。

## 三、区域经济一体化理论

区域经济一体化问题一直是国内外学者研究的重点,如表2-1所示。

表2-1 区域经济一体化的理论来源

| 理论 | 代表人物 | 主要贡献 |
| --- | --- | --- |
| 关税同盟理论 | Viner | 从定量的角度研究关税同盟的静态效应,关注更多的是它的生产效应而忽略了它的消费效应 |
| 自由贸易区理论 | Robson | 提出在自由贸易区运用关税同盟理论 |
| 共同市场理论 | Tinbergen | 引入理想要素,建立最佳的国际经济结构 |
| 大市场理论 | Scitovsky Deniau | 从动态视角分析区域经济一体化的经济效益,并强调整合小市场形成大市场。通过市场内部竞争和资源整合,实现大批量生产以及规模经济效益 |
| 协议性国际分工原理 | 小岛清 | 国家之间签订互为对方提供市场的协议 |
| 综合发展战略理论 | Boris Sezelki | 认为国家采取宏观调控或市场干预是形成经济一体化的重要因素,这也影响着世界经济格局和经济新秩序的变革 |

资料来源:作者整理所得。

一是区域经济一体化的理论研究。Viner提出了关税同盟理论,它是指国家之间签订在规定的关境内减免关税的协议。关税同盟成员之间消除货物和服务贸易的壁垒，针对非成员国的共同贸易政策通常采取共同对外关税的形式。由此可见，这种形式显然是带有歧视性的，因为它们代表着集团内部的自由贸易，他还从定量的角度研究关税同盟的静态效应，而且他关注更多的是它的生产效应，却没有过多关注它的消费效应。Lipsey & Viner持不同意见，他回顾了自Viner以来的关税同盟理论的发展历程，其理论主要局限于研究关税同盟对福利的影响。事实上福利的收益和损失可能有许多不同的来源[①]。关税同盟的理论几乎完全局限于"根据比较优势的生产专业化"，因为这是贸易收益的基础，而且对"规模经济"和"贸易条件的变化"略有注意，但对"经济增长速度的变化"则根本没有涉及。学者们如Lancaster、Tinbergen等完善了关税同盟理论。关税同盟动态效果有三种效应：规模经济效应，指建构区域性的、统一的大市场，从而形成经济集团和规模经济效益；投资刺激效应，指建构自由贸易区所引发的投资吸引力增强所带来的效应；竞争刺激效应，指规定的关境内因关税的取消引发的贸易量的增长，使得更多企业在享受自由贸易带来效益的同时，也必须参与到与别国的竞争之中而带来的效应。

二是学者们会聚焦经济效应的研究。研究它的投资创造与投资转移效应的学者有Baldwin、Forslid、Baldwin、Blomström、Francois、Rombout、Dee。其中，Baldwin研究EU92的投资创造和投资转移效应，其研究发现，EU92可能导致EFTA的投资转移和欧盟经济体的投资创造。Dee研究认为优惠贸易安排并不像当代经验评估显示的那样只有好效果，并测算PTA形成

---

① Lipsey, Viner. A Symposium on Monetary Theory: Monetary and Value Theory: Further Comment[J]. The Review of Economic Studies, 1960, 28(1). 汉译为：李普西，维纳.货币理论研讨会：货币与价值理论深评[J].经济研究评论, 1960, 28(1).

后的贸易和投资效应与以前相比是否有显著差异,研究发现贸易投资协定也可能对投资产生不利影响,找到净投资创造的证据以应对新时代的PTA非贸易条款,投资方面的结果比贸易方面的结果更为积极,但也不是没有条件的,因为新的投资仍然可能造成贸易转移。Baldwin & Forslid、Blomström和Francois & Rombout实证分析区域经济一体化带来FDI的增加。研究它的经济增长效应的学者还有Brada、Mendez、Melo、Montenegro、Goto、Junichi、Henrekson、Torstensson、Vamvakidis、Hartono等。Vamvakidis估算和比较了完全自由化的国家和加入区域贸易安排的国家的增长效应,研究表明,在完全的自由化后经济增长都是较快的,但在参与区域贸易协定后则较慢。在完全自由化后,各经济体的投资份额也较高,但加入RTA后降低了。政策影响支持完全自由化。Hartono讨论自由贸易协定对印度尼西亚经济的影响,通过GTAP模型,设置18个情境对不同框架中或潜在的自由贸易协定进行模拟分析[1]。

三是关注区域贸易协定。其中,Henrekson & Magnus讨论了欧洲经济共同体和欧洲自由贸易区的一体化对经济增长的影响。Karras探讨亚洲、欧洲和拉丁美洲的经济一体化和融合[2]。Fernández & Portes探讨了区域贸易协定可能给其合作伙伴带来的诸如信誉、议价能力、保险和协调等方面的影响。Venables研究了自由贸易区的收益和成本如何在成员国之间分配,他们认为分配结果取决于成员国的相对优势,低收入国家之间的自由贸易协定往

---

[1] Widodo, Hartono, et al. Optimization of Farming System Towards Sustainable Agriculture in North Coastal Plain Bali[J]. Jurnal Manusia dan Lingkungan, 2007,14(3).汉译为:Hartono等.巴厘岛北部沿海平原农业可持续发展体系优化[J].法律与环境, 2007,14(3).
[2] Karras. On the Optimal Government Size in Europe: Theory and Empirical Evidence[J]. The Manchester School, 1997, 65(3).汉译为:卡拉斯.欧洲最优政府规模的理论与实证研究[J].曼彻斯特学院学报, 1997, 65(3).

往导致成员国收入的差异，而高收入国家之间的协定往往导致趋同，因为比较优势带来的变化可能会被集聚效应放大，研究结果表明"南北"自由贸易协定可能更好地服务于发展中国家，因为"南北"协定增加了它们与自由贸易区高收入成员趋同的前景，在"南北"自由贸易协定中可能会有更多的力量发挥作用[①]。例如这些协议可以被用作锁定经济改革的承诺机制，自由贸易协定还可能通过其对贸易的影响和外国直接投资向低收入成员转让技术。Francois & Joseph用特惠贸易安排、引导性投资和国民收入的H-O-R模型探讨区域一体化的长期一般均衡效应，重点关注与资本存量调整、贸易模式的长期变化以及对长期（稳定）国民收入变化的影响有关的积极机制上，并且还讨论了相对国家规模的重要性以及对第三国的动态影响。Sucharita & Ajay Ghosh从一体化程度和实施程度两个方面构建了区域贸易安排成员的新措施，研究发现，无论何种类型的区域贸易安排都会产生集团内贸易，而一体化程度更高的区域贸易安排则会产生更大的贸易创造总量[②]。Tsurumi旨在评估影响出口流量的因素并全面分析出口国使用的贸易促进和抵制因素对世界贸易的影响，利用引力模型对1996—2001年两国间93个商品的贸易流量进行了评价，研究表明，北美自由贸易协定在增加出口流量方面比欧盟更有效，而区域经济一体化对农业商品的影响比非农业商品更有效。

---

① Venables. Agglomeration and Economic Development: Import Substitution vs. Trade Liberalisation[J]. The Economic Journal, 1999, 109(455).汉译为：Venables.集群与经济发展：进口替代与贸易自由化[J].经济杂志, 1999, 109(455).
② Sucharita, Ajay Ghosh. Frequency response characteristics of a birefringent lens with off-axis aberrations.[J]. Applied optics, 2004, 43(19).汉译为：Sucharita, Ajay Ghosh.具有离轴像差的双折射透镜的频率响应特性[J].应用光学, 2004, 43(19).

四是关注新区域主义现象。Burfisher et al回顾了关于新区域主义的讨论，重点是用于评估区域贸易协定的工具，研究发现，许多分析使用维纳-米德（Viner-Meade）这个传统的旧贸易理论工具并且重点关注贸易创造、贸易转移和贸易条件效应，这些工具足以消除商品贸易壁垒的影响（浅层一体化），但维纳-米德框架忽略了与新区域主义相关的许多影响。分析新区域主义的框架应包括动态变化，如贸易生产率联系和内生增长理论、国际要素流动、不完全竞争的作用、寻租行为以及政治经济影响，如区域主义和多边主义之间的潜在冲突。由于高关税、使用国内补贴和根深蒂固的特殊利益集团，农业给新的区域主义带来了新问题，但贸易自由化对其生产力的作用往往被忽视。对于发展中国家来说，一个关键的问题是区域主义能否以及如何成为成功发展战略的一部分。虽然新贸易理论涉及与新区域主义有关的若干问题并正在提供新的工具，但其工作是折中的，远远没有为新区域主义的实证分析提供框架。

国内学者对区域经济一体化的作用和影响因素进行了分析。其中，李皖南分析东盟自由贸易区的投资成效；魏丹、许培源关注区域经济一体化的投资效应；曹吉云、佟家栋探讨区域经济一体化的影响因素；张军分析自贸区的经济效应。有的学者则关注亚太区域经济合作，其中，竺彩华认为中国面临东亚经济合作的两种抉择TPP和RCEP，应注重加快转换经济发展方式[①]；盛斌、果婷分析未来亚太区域经济一体化的四种不同方式，并建议中国应统筹兼顾[②]；孟夏、陈立英认为亚太自贸区可以通过TPP和RCEP之间的竞合

---

① 竺彩华.东亚经济合作的新抉择:TPP还是RCEP? [J].和平与发展，2013(02):13—28+106—107+125—142.
② 盛斌，果婷.亚太区域经济一体化博弈与中国的战略选择[J].世界经济与政治，2014(10): 4—21+154.

作用获益[①]；沈铭辉研究认为亚太区域合作面临TPP和RCEP两种路径的背景下，中国应积极应对[②]；王金波认为亚太自贸区可以通过TPP和RCEP的拓展融合[③]；张裕仁、郑学党利用GTAP模型对比分析亚太区域经济合作两个重要路径TPP和RCEP实现贸易自由化对成员国和非成员国带来的经济效果，研究表明，从整体来看RCEP能代替TPP，而且TPP和RCEP的经济效果不同[④]。

区域经济一体化贸易效应实证方法：以引力模型为代表的局部均衡分析法。王萍萍、韩一军、刘乃郗利用引力模型分析TPP对中国贸易的影响尤其关注了中国不加入TPP受到的影响[⑤]；谢雨欣、孙军、魏景赋利用引力模型分析中国和TPP成员国农产品产业内的贸易水平以及未来发展趋势受哪些因素的影响[⑥]；夏薇、王黎明、谢众民利用引力模型分析美国退出TPP后TPP未来进程的不确定性产生的影响。以GTAP模型为代表的一般均衡分析方法[⑦]；Silarat利用GTAP模型分析泰国加入RCEP和TPP两种情境下所受到的影响；Jackson利用GTAP模型全面分析TPP成员国之间的贸易与经济状况；吕越、

---

[①] 孟夏，陈立英.深化亚太区域经济一体化的路径选择——FTAAP问题分析[J].南开学报（哲学社会科学版），2014(06):95—104.

[②] 沈铭辉.构建包容性国际经济治理体系——从TPP到"一带一路"[J].东北亚论坛，2016，25(02):75—86+128.DOI:10.13654/j.cnki.naf.2016.02.008.

[③] 王金波.亚太区域经济一体化的路径选择——基于经济结构的分析[J].国际经济合作，2016(11):33—41.

[④] 张裕仁，郑学党.TPP与RCEP贸易自由化经济效果的GTAP模拟分析[J].重庆大学学报（社会科学版），2017，23(05):1—9.

[⑤] 王萍萍，韩一军，刘乃郗.TPP对中国农产品贸易的影响分析[J].世界农业，2016(06):25—30.

[⑥] 谢雨欣，孙军，魏景赋.中国与TPP国家农产品产业内贸易走向研究——基于2001—2015年面板数据的预研分析[J].哈尔滨商业大学学报（社会科学版），2017(01):50—58.

[⑦] 夏薇，王黎明，谢众民.TPP协定及其不确定性对中国农产品出口的潜在影响分析[J].现代管理科学，2017(06):103—105.

李启航利用GTAP模型对比分析TPP和RCEP这两种亚太区域经济合作的重要路径对成员国和非成员国的经济效应[①]；赵灵翡、郎丽华基于GTAP模型分析TPP、CPTPP、CPTPP吸纳中国和英国成为CPTPP13国和RCEP四种方案对各国经济等产生的影响[②]；张为付、王原雪、张晓磊和关兵、梁一新基于GTAP模型模拟分析中国与CPTPP成员国选择两种不同合作方式情境下受到的影响，并探讨中国是否应该加入CPTPP[③]。

CPTPP是亚太地区第一个大型自贸协定，结合前文分析可以借鉴局部均衡和一般均衡方法评估CPTPP协议对农产品贸易的影响，前者的视角是关注CPTPP协议对区域内外成员贸易创造与贸易转移的福利变化；后者的视角是关注CPTPP协议对整个世界经济体福利的改变。前者是后者分析的基础，后者是对前者分析的完善。具体来说，本书尝试采用局部均衡方法——引力模型来分析中国与CPTPP成员国农产品的贸易额影响因素；采用一般均衡分析方法——GTAP模型来模拟分析不同情境下，CPTPP对中国农产品贸易的影响。

---

[①] 吕越，李启航.区域一体化协议达成对中国经济的影响效应——以RCEP与TPP为例[J].国际商务(对外经济贸易大学学报)，2018(05):37—48.

[②] 赵灵翡，郎丽华.欧日EPA生效对宏观经济和制造业发展的影响研究——基于GTAP模型分析方法[J].国际经贸探索，2020，36(02):72—89.

[③] 张为付，王原雪，张晓磊.中国与原TPP成员国不同合作方式的经济效应研究——基于GTAP模型的分析[J].南京财经大学学报，2018(01):11—19.

# 第二节 CPTPP的主要内容及农产品相关规定

## 一、CPTPP的主要内容

CPTPP包含一部分TPP谈判要素,但与TPP相比,两者存在一些差异。2018年1月23日,CPTPP谈判结束后暂停原协议中的22个项目。CPTPP的具体内容可分为导言部分和30个章节的内容以及补充协议(如表2-2)。CPTPP是一项自由贸易协定,涉及亚太地区的11个国家。它之所以被称为进步是因为它不仅能降低企业成本,同时还保留了制定法律保护人民和环境的权利①。

CPTPP涵盖的经济体占全球GDP的13.5%,总价值10.6万亿美元,这对成员国具有重要的经济意义。例如,对新西兰来说,截至2018年6月底,其他10个CPTPP成员国是新西兰30%的商品出口(167亿新西兰元)和30%的服务

---

① 新西兰外交与贸易https://www.mfat.govt.nz/en/trade/free-trade-agreements/free-trade-agreements-in-force/cptpp/cptpp-overview/。

出口（73亿新西兰元）的目的地，截至2018年3月，新西兰向这四个国家出口了超过55亿新西兰元的商品和服务，该数量是新西兰65%的对外直接投资的来源。与CPTPP成员国合作对新西兰出口商来说是一个巨大的机会，新西兰总人口达4.8亿，消费了新西兰近1/3的出口。获得进入世界第三大经济体日本、加拿大、墨西哥和秘鲁的优惠，为小企业和大企业首次开拓新的出口目的地创造就业机会，增加了超过62万个就业岗位，提高了所有新西兰人的生活水准。

表2-2 CPTPP的内容

| 章节 | 内容 | 章节 | 内容 |
| --- | --- | --- | --- |
| 导言 |  | 第16章 | 竞争政策 |
| 第1章 | 初始条款和总定义 | 第17章 | 国有企业和垄断 |
| 第2章 | 货物国民待遇与市场准入 | 第18章 | 知识产权 |
| 第3章 | 原产地规则 | 第19章 | 劳工 |
| 第4章 | 纺织品 | 第20章 | 环境 |
| 第5章 | 海关监督管理以及贸易自由 | 第21章 | 合作能力建设 |
| 第6章 | 贸易救济措施 | 第22章 | 商务便利以及竞争力 |
| 第7章 | 动植物卫生检疫 | 第23章 | 发展 |
| 第8章 | 技术性贸易壁垒 | 第24章 | 企业 |
| 第9章 | 出资 | 第25章 | 监管的一致性 |
| 第10章 | 跨境服务贸易 | 第26章 | 透明度 |
| 第11章 | 金融及服务 | 第27章 | 管理和机制条款 |
| 第12章 | 商务相关人士临时入境 | 第28章 | 解决争端 |
| 第13章 | 电信服务 | 第29章 | 一般例外条款 |
| 第14章 | 电子商务 | 第30章 | 最终条款 |
| 第15章 | 政府采购 |  | 补充协议 |

资料来源：作者整理所得。

促进可持续的经济发展也是谈判的一个突出特点，即坚定地承诺在整个亚太地区维护劳工和环境的高标准。例如，CPTPP确保成员国有管理工人工资和安全的法律和实践。在新西兰的贸易协定中，这些领域的承诺将首次具有法律效力，涵盖了从CPTPP获得的80%以上的海外投资。CPTPP为新西兰多个行业的出口企业提供了重要的利益。随着时间的推移，新西兰对CPTPP经济体的出口关税将全部取消，但对日本出口的牛肉除外；出口日本、加拿大和墨西哥乳制品的部分关税削减和免税配额。每年可能节省约2.22亿美元的关税，其中9200万美元将在CPTPP生效后立即开始。据初步估计，新西兰与中国的自由贸易协定每年为其节省关税约1.15亿美元。至关重要的是这意味着与澳大利亚、智利等竞争对手相比，新西兰的出口商在日本等重要市场上并不处于劣势，尽管日本很快将与欧盟28个成员国达成FTA。CPTPP生效后新西兰猕猴桃在成员国取消关税。现有的免税通道也已锁定。这包括免关税进入日本，也就是新西兰最大的猕猴桃市场，意味着每年将减少2600多万新西兰元的关税。新西兰的苹果关税将在11年内取消。澳大利亚的出口商通过之前达成的双边贸易协定，享有进入日本市场的优惠待遇。新西兰取消了对新西兰葡萄酒的所有关税，包括立即免税进入加拿大（即新西兰第四大葡萄酒市场）。几乎所有对新西兰羊肉的关税都取消了，包括对加拿大（即新西兰第七大羊肉市场）的优惠税率。CPTPP包括对新西兰乳制品出口商的有益改进，除了取消若干产品的关税外，它们还通过优惠进入日本、加拿大和墨西哥的新配额，从总关税削减中获得约8600万新西兰元的收益[①]。新西兰所有进口日本的鱼类和鱼类制品此前都面临关税，其中99%将在11年内消除，其余的将在16年内消除。货物贸易非关税壁垒问题的解决减少了出口货物等待通关的时间，并且降低了行政成本，还增加了对其他国家流程的可预

---

① https://www.international.gc.ca/trade-commerce/trade-agreements-accords-commerciaux/agr-acc/cptppptpgp/index.a-spx?lang=eng 加拿大商务部-CPTPP有关介绍 What is theCPTPP?

见性。CPTPP保留了新西兰政府从公共利益出发进行监管的固有权利。与新西兰所有的贸易协定一样，CPTPP协定包括一项保护新西兰怀唐伊条约突出地位的具体条款。保障措施意味着投资者无法就公共教育、卫生和其他社会服务方面的措施成功起诉新西兰政府。TPP中要求药管会做出主要有利于制药业的行政变更的条款，在CPTPP中被暂停执行。TPP中包含的一些知识产权条款被暂停加入CPTPP。对于服务出口商和中小型企业的利益，CPTPP支持不断增长的服务和数字化行业，帮助各种规模的企业进行贸易，并为投标政府合同提供更多机会。CPTPP在服务领域的市场准入承诺为企业向海外客户提供服务的条件提供了更大的开放性和确定性。CPTPP成员国已经锁定了多个行业的服务提供商进入CPTPP市场，包括专业、商业、教育、环境、运输和分销服务提供商。CPTPP为成员国企业在CPTPP市场投标政府合同提供了更大的机会。CPTPP成员国在贸易协定中实行最全面的环境保护。CPTPP将有助于提高成员国的环境标准。例如，CPTPP是世界上第一个包含禁止发放或维持补贴的协定，这些补贴有助于非法、未报告或不受监管的捕捞，或对过度捕捞的鱼类产生负面影响。这是对实现联合国可持续发展目标（关于渔业补贴和在2020年前解决渔业资源问题）的一项有意义的贡献。CPTPP协定还确保缔约方有关于最低工资、工作时间和职业安全与健康的法律和做法。

TPP有哪些特征？第一，跨区域性：TPP跨区域范围较广，它是一个跨太平洋东西两岸的贸易协定，也是一个多边的贸易合作区。成员国地理区域跨度大而且政治、经济差异显著。第二，灵活性：TPP对新成员国的加入和贸易领域的扩张采取了灵活、开放的态度，其目的是提高成员国的福利，这种灵活性有利于TPP中的成员国与非成员国之间建立联系，从而更好地开拓亚太市场以及国际市场。第三，综合性：TPP涵盖范围较广，除了基本内容还包括环境、劳工合作等敏感领域。TPP打破了原有贸易协议的束缚,并且建立了一个全新的贸易协议,因此TPP的贸易自由程度较高。TPP试图建构一个绝对自由的贸易机制,因此它强调各成员国之间采取一致原则并且百分之百废除关税,然而这种贸易机制基本不太可能实现。TPP还将现今的热点议题如食品安全、全球气候、边境问题、政策透明等都纳入了国际贸易和经济一体化的范畴。

CPTPP是TPP的修订版,它具有如下主要特点:第一,内容较少,门槛较低,仍然是"全面且进步"的标准。第二,成员国横跨亚太,总体经济辐射广。据WTO和UNCTAD发布的统计数据显示,CPTPP成员国经济总量为CPTPP奠定了较强的经济辐射力。第三,生效条件相对宽松且易操作。第四,吸引力强劲且扩容前景更加乐观,亚太地区内外的一些经济体早已明确表示有兴趣加入CPTPP。

## 二、CPTPP中农产品的相关规定

CPTPP将成为亚太地区大型经济体或快速增长经济体未来贸易和投资关系的基石,缔约方的共同愿望为解释该协定提供了基础,它反映了各方致力于促进彼此之间的经济一体化和合作、保持市场开放、增加世界贸易的共同意愿,为各种收入和经济背景的人创造了新的经济机会,它提供了对包容价值的认可——包括企业社会责任、劳工权利、文化认同以及消除贿赂和腐败的重要性等,各方还决心支持中小型企业的成长和发展,提高它们参与和利用协定所创造机会的能力。全面的商品市场准入是任何自由贸易协定的关键要素。这些承诺载于CPTPP关于货物国民待遇和市场准入的章节以及随附的关税取消时间表。CPTPP通过各方承诺降低或取消其所有部门的关税,加强了商品出口的市场准入。协定生效后，86%的CPTPP缔约方将对原产货物实行免税。这一数字将在15年内通过逐步取消剩余关税的方式达到99%，但须视每一当事方的具体承诺而定。

根据CPTPP，所有缔约方均承诺取消或降低从其他缔约方进口的货物的关税，只要这些货物符合CPTPP关于原产地规则和原产地程序。CPTPP生效时，大多数关税将是被免除的，而某些货物的关税将在具体的时间内逐步取消，具体取消时间因缔约国和关税项目而异。所有关税削减的具体时间和价值载于关税取消表中。由于取消关税而获得的市场准入在日本、越南和马来西亚等国具有重要意义，这些国家之前与加拿大没有自由贸易协定，而且关税很高。加拿大出口商将受益于若干部门的关税取消。农产品是加拿大的主要出口产品之一，特别是在日本和越南，加拿大的农产品出口目前面临高关税。一旦CPTPP生效，超过3/4的加拿大农产品将立即享受免税待遇。CPTPP将给予成员国农业部门优惠的市场准入，有些国家的农业部门目前面临高关税而且没有优惠准入，一旦全面实施CPTPP相应条款，CPTPP将为成员国提供诸如肉类、谷物、豆类、枫糖浆、葡萄酒和烈酒以及加工食品免关税进入CPTPP成员国市场的机会。成员国之间将提供涵盖乳制品、家禽和蛋制品的永久性CPTPP关税配额，5年内将逐步采用这种方法直到第13年为止。CPTPP协议将为成员国农业创造重要的成果，并为农户提供重要的机会。在供应管理方面，强大的乳制品、家禽和蛋类产业以及有竞争力的农业部门对各成员国的繁荣发展有重要意义。

CPTPP协议第2章"货物的国民待遇与市场准入"中专门针对农业领域进行了界定。关于"农业出口补贴"，它禁止缔约方利用出口补贴向另一方出口农产品。关于"出口信贷、出口信贷担保或保险项目"，提交方通过世贸组织多边合作开发新学科，使用政府资金支持的形式出口信贷、出口信贷担保或保险项目提供给国外买家，协助融资购买农产品的国家出口。关于"农产品出口国有贸易企业"，承诺各方通过世贸组织共同努力解决农业领域负责出口的国有贸易企业的贸易特权。关于"出口限制—粮食安全"，允许缔约方暂时对农产品实施出口限制，以防止或缓解严重的粮食短缺，该条款概述了实施这种出口限制的标准以及时间要求。设立农业贸易委员会，按照要求处理与农产品贸易有关的所有问题，包括在执行和适用协定时所产生的问题。在CPTPP中，各缔约方承诺一旦实施特别保障措施将免除其他受优惠待遇缔约方的农产品进口关税，但是日本可以对从其他国家进口的特定农产品采取单独的保障措施即农业保障措施，这项措施必须按照一定的时间和条件实施。现代生物技术产品贸易为现代生物技术产品提供了一个更加透明并且可预测的贸易环境，它载有旨在促进管理现代生物技术农产品意外低水平存在的规定，而且为了减少这种情况发生的可能性，它还设立了一个工作组，作为农业贸易委员会的一部分，专门与现代生物技术产品、与贸易有关的事项进行信息交流与合作。关于"关税配额管理"，关税配额涉及对一定数量的进口产品实行特惠关税，对超过一定数量的进口产品实行较高的关税。CPTPP承认各缔约方根据世贸组织义务管理关税配额的权利，并将所有缔约方的关税配额纳入各自的关税减免时间表。缔约方还必须确保以透明的方式管理各自的关税配额。

CPTPP协议第6章"贸易救济措施"也会对农产品贸易产生影响。各国利用贸易救济措施保护本国产业不受其他贸易伙伴不公平的做法的影响，不受进口增加对国内企业造成损害的影响。贸易救济有三种主要类型：（1）保障措施。针对特定行业进口突然增加而征收的临时关税；（2）反倾销税：当出口商以低于国内价格或无利可图的价格向进口商出售商品时征收的税；（3）反补贴税：为保护国内生产商不受外国补贴出口的影响而征收的税。

例如，加拿大长期以来一直认为贸易救济应在国家与国家之间长期适用，WTO的多边框架最适合发展贸易救济原则。因此，CPTPP的贸易补救措施主要是重申CPTPP国家在涉及贸易补救措施的世贸组织协定方面的权利和义务。此外，本章规定了过渡性保障措施以保护国内工业不受损害，因为根据协定取消关税导致了进口激增。关键条款保障措施：对于全球保障措施，确认各方在WTO的权利和义务，在各方之间增加了一项通知要求，还规定了一方仅在例外情况下，即根据CPTPP协议降低或取消关税期间有权适用过渡性保障。

CPTPP协议第7章"动植物卫生检疫措施"涉及农产品。没有更多不必要的贸易限制将构成变相贸易限制。CPTPP有关SPS章节的内容是确保农业食品、鱼类、海鲜和林业出口的市场准入收益不会受到不必要的或不合理的与SPS有关的贸易限制的损害。与此同时，在WTO的SPS的基础上，SPS章节确立了一系列新的承诺，包括区域化、对等的承诺。此外还设立了一个SPS措施委员会以促进缔约方之间更好地沟通与合作，并建立了一个合作技术磋商机制，使缔约方能够讨论产生的任何问题。总的来说，为缔约方的SPS条例提供了更大的透明度，并增强了缔约方之间贸易的可预测性。关键条款SPS措施委员会由各缔约方负责SPS的政府代表组成，它是专家讨论与特别方案有关的问题以便促进贸易的论坛，加强各方对SPS条款的实施，并促进缔约方之间的信息共享以及交流与合作，以便及早解决问题。适应区域条件条款，承认进口方的SPS措施适应出口方不同的区域条件作为促进贸易手段的重要性，这意味着根据一个国家某一地区存在的病虫害来调整措施，而不是将其应用于整个国家，这一条例有关于各方就其确定区域情况的决策过程交流和分享信息的规定。"科学和风险分析条款"鼓励缔约方在采取以科学为基础并以透明方式采纳的SPS措施时遵守国际标准、准则和建议，该条款包括为缔约方在进行风险分析时制定程序的条款，并要求缔约方考虑和选择风险管理选项，对贸易的限制不超过满足其适当保护水平的要求。"进口检查条款"要求进口检查必须及时，进口方根据核查的结果，遇到禁止或者限制进口的情况，应当通知有关方，进口方还必须提供审查其所做决定的机会。

"透明度条款"规定各方透明，通常就建议的措施提供最少60天的意见期，通知并公布已采取的SPS措施。新的要求还包括允许有关人士（而不仅仅是各国政府）就拟议的卫生和植物检疫措施提出意见，并在有关人士要求延长期限时制定合理的最后期限。

CPTPP的第8章"技术性贸易壁垒"的相关规定（TBT）涉及农产品贸易。一缔约方向另一缔约方领土出口产品必须提交出口缔约方领土内的进口缔约方领事机构进行监管的要求，获得领事签证。在政府间协议中，成员国之间有互认协议，认可机构之间承认认可制度的等效性，对于一个或多个领域的合格评定结果予以承认。这一章补充了CPTPP缔约方做出的承诺以帮助确保协定其他部分的市场准入收益不受侵蚀。具体而言，TBT章节鼓励使用国际接受的标准，并承认这些标准在支持加强监管协调和减少不必要的贸易壁垒方面的作用，为CPTPP缔约方之间的合格评定机构提供国民待遇以简化重复检测要求，并促进各方之间的信息交流和技术讨论，以便尽快解决和处理任何潜在的贸易问题。最后，这一章还有待解决争端。CPTPP放弃了传统的自由贸易协定的单一性，成员国的贸易和经济发展制定了一套全面、综合的规定，CPTPP成员国除了遵循国家经济和贸易有关规则，也受到了非经济条件的限制。

## 第三节 CPTPP对中国农产品贸易影响的理论分析

### 一、CPTPP对中国农产品贸易的静态影响

基于贸易创造效应视角，如果中国加入了CPTPP并逐步取消与现有的11个成员国的关税和非关税壁垒，对于中国来说，农产品市场会呈现较高的自由化程度。目前已有的11个成员国之间的经济水平和资源条件存在明显的差异，各国的比较优势农产品也不尽相同，贸易创造效应更加显著；同时，我国能出口比较优势农产品，受贸易创造效应影响，其他成员国能进口比较劣势农产品，中国农产品出口量将继续增加，外贸规模将继续扩大，农产品销售渠道将继续拓宽。若中国不在CPTPP内，基于贸易创造效应，中国农产品将失去这部分经济效益和这些销售渠道。

基于贸易转移效应视角，如果中国加入CPTPP并成为其成员国之一，从农产品进口国的角度来看，中国将从CPTPP成员国进口部分农产品。从农产品出口国的角度来说，CPTPP成员国对中国比较劣势农产品需求量的不断增

加会迫使我国生产那些生产成本较高的农产品，从而导致我国资源配置结构不协调；如果中国不加入CPTPP，从农产品出口国的角度来说，中国将面临CPTPP成员国始终如一的外部保护关税的困境，受贸易转移效应的影响，CPTPP成员国减税，我国的出口量将受到波及。从农产品贸易结构的角度来说，我国对CPTPP成员国的农产品出口贸易结构和CPTPP成员国的进口贸易结构比较一致，CPTPP成员国受贸易转移的影响，会促进内部贸易使得我国的对外贸易消减，因而，就贸易转移效应而言，不加入CPTPP我国农产品整体经济收益将会下降。图2-2构建了A国农产品供给需求曲线，$P_A$表示A国的国内农产品价格，$P_B$代表A国从B国进口农产品的价格，$P_C$指A国进口C国农产品的价格，贸易创造效应包括（$S_1-S_0$）和（$D_0-S_0$）。

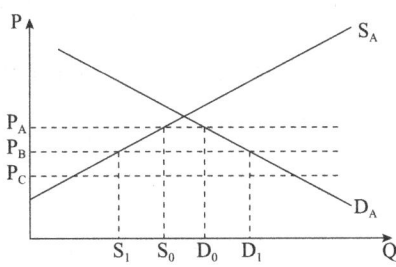

图2-2 贸易创造效应和贸易转移效应

## 二、CPTPP对中国农产品贸易的动态影响

基于规模经济效应，如果中国加入CPTPP，根据CPTPP协议的要求，农产品的零关税政策与非关税壁垒的减少将促进区域农产品的规模经济发展，带来巨大的经济效益。随着成员国之间农产品需求的增加会促进我国生产优势农产品的生产规模的扩大。同时，因各成员国之间的农业生产条件与资源

禀赋的显著差异产生了农业生产的专业化和细化分工，从而有效地提高了分配效率，形成了规模经济带来的巨大经济效益。因而，CPTPP成员国呈现正向影响。从长期来看，CPTPP将使中国增加农产品出口量，如果中国不加入CPTPP，对外贸易的农产品企业会因CPTPP而受到冲击。

基于竞争刺激效应，如果中国加入CPTPP，中国农产品企业将对其他成员国全面开放并且共同竞争，国内农业生产企业将因竞争压力和追求规模经济效益而被迫提高生产效率和自身发展水平。整体上来看，受竞争刺激效应的影响，我国农产品生产领域会不断地提高生产效率、降低生产成本、改革生产技术，这有利于我国农产品生产力和竞争力的提升，形成优势产业；如果中国不加入CPTPP，中国的农业生产领域的发展将较为缓慢。

基于投资刺激效应，如果中国加入CPTPP，会吸引大批国外投资资本，这会充实中国的投资市场，促进中国资本配置的优化和投资环境的完善，从而更加有利于CPTPP成员国形成规模经济；如果中国不加入CPTPP，CPTPP成员国受投资刺激效应影响会大量地吸引投资，那么原本投资于中国的资本容易被CPTPP成员国夺走，使得中国投资资本的减少或流失。同时，又会促进中国对外投资的发展，使得中国资本流向高回报的方向。

对中国与CPTPP成员国农产品贸易现状与波动的分析，分析中国与CPTPP成员国农产品贸易的竞争和互补。样本国家选择中国和11个CPTPP成员国，以2001—2018年的数据构造面板数据，构建修正引力模型，就CPTPP对中国出口CPTPP成员国、中国进口CPTPP成员国和中国进出口CPTPP成员国的农产品贸易额的影响进行分析。基于GTAP模型，对不同方案下，CPTPP对我国农产品贸易的影响进行模拟分析。根据1992—2018年现有中国与CPTPP成员国和美国的农产品贸易数据做预测分析。本书是典型的实证研究。

## 三、CPTPP 对中国农产品贸易影响的一般分析思路

本小节的核心内容包括：第一，相关理论在农产品贸易的实际问题上提供指导。第二，详细介绍CPTPP的主要内容及CPTPP协议中农产品的相关规定。第三，中国与CPTPP成员国农产品贸易发展分析、波动分析以及竞争性和互补性分析；从CPTPP对中国出口和进口CPTPP成员国以及中国进出口CPTPP成员国的农产品贸易额的影响等三个方面分析中国与CPTPP成员国农产品贸易额的影响因素；分析CPTPP对中国农产品贸易的影响；中国与CPTPP成员国农产品和美国的贸易额预测。第四，提出中国应对CPTPP的政策建议。

如图2-3，本书的核心研究内容的内在逻辑关系构成了本书的理论分析框架。按照"演变→关系→影响→未来→应对"深入展开，探求"是什么？怎样？为什么？将如何？该怎样做？"五个问题的答案。所谓是什么？就是要找出中国与CPTPP成员国之间的农产品贸易的现状。所谓怎样？即弄清中国与CPTPP成员国的农产品贸易波动状况以及贸易竞争性与互补性。所谓为什么？即弄清中国进口和出口CPTPP成员国的农产品贸易额以及中国进出口CPTPP成员国的农产品贸易总额的影响因素；中国加入CPTPP或者不加入CPTPP，将对中国农业部门的价格产生怎样的影响；对中国农业部门的贸易平衡产生怎样的影响。所谓将如何？即弄清中国与CPTPP成员国农产品贸易的未来趋势和方向。所谓该怎样做？即探讨我国应通过哪些政策建议来应对CPTPP。

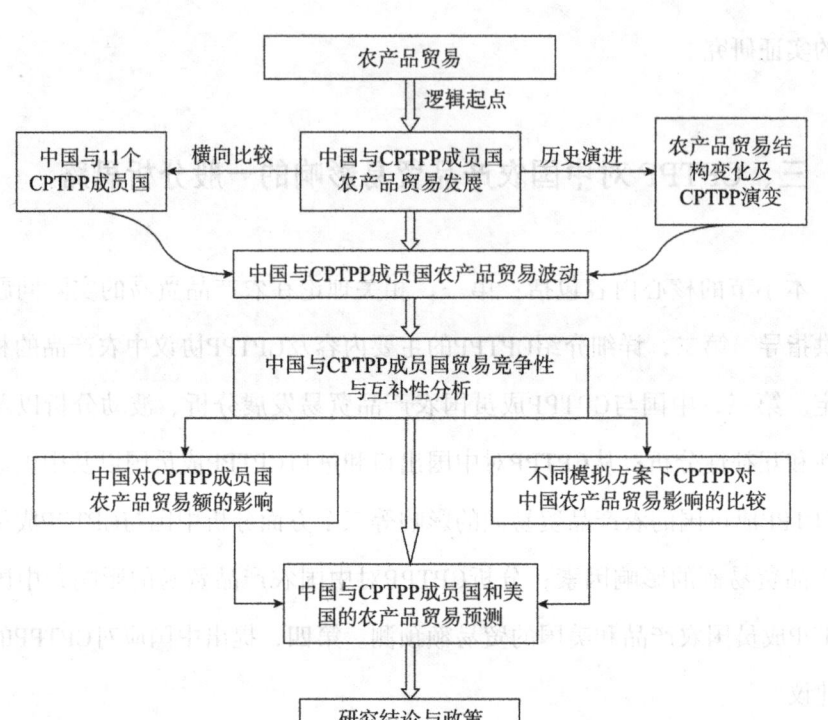

图2-3 分析框架

综上所述,结合前面的分析,可以借鉴局部均衡和一般均衡方法评估CPTPP协议对农产品贸易的影响,前者的视角是关注CPTPP协议对区域内外成员贸易创造与贸易转移的福利变化;后者的视角是关注CPTPP协议对整个世界经济体的改变。前者是后者分析的基础,后者是对前者分析的完善。具体来说,本书第六章尝试采用局部均衡方法,就CPTPP对中国出口CPTPP成员国、中国进口CPTPP成员国和中国进出口CPTPP成员国农产品贸易额的影响,分析中国与CPTPP成员国农产品贸易额的影响因素。本书第七章尝试采用一般均衡分析方法来分析。

当前,中国充分利用国内外市场与资源,开放农产品市场并且积极融入世界农业发展,实现了中国农产品贸易的稳定增长和国际市场空间的不断扩大。到目前为止，中国已经和219个国家和地区建立了农产品贸易往来，完成了涉及25个国家和地区的17项区域自由贸易协定，并正在积极洽谈其他7项自由贸易协定。中国正在积极参与农产品贸易新格局的形成，这不仅是国际学术界讨论的热点问题，也是中国农业发展面临的新的重要课题。通过回顾有关中国农产品贸易现状分析现有文献发现国内学者主要围绕农产品贸易规模、贸易模式及结构特征；农产品贸易的问题与对策；农产品贸易的潜力与影响因素；农产品贸易合作与发展展望等关键问题展开了一系列研究。学者们使用不同指标如IIT、ES、GL、BI和HI等测算农产品产业内的贸易形式。

在CPTPP不断扩容的背景下，掌握我国农产品贸易发展的总体情况，系统分析我国与CPTPP国家农产品贸易规模和结构，有助于有效处理CPTPP在我国农产品贸易发展中的问题并做出合理的战略选择。CPTPP成立时间较短，学术界对中国与CPTPP成员国农产品贸易研究较少。本书首先介绍中国农产品的贸易现状，然后从"中国和CPTPP成员国的农产品贸易规模和演变"与"中国进出口CPTPP成员国的农产品贸易状况"两个角度对中国与CPTPP成员国农产品进出口贸易的现状进行描述，接着探讨中国与CPTPP成员国农产品贸易结构及变化趋势，尝试运用G-L指数分析中国与CPTPP成员国双边农产品产业内的贸易水平及农产品贸易形式，这既是对现有理论分析的有益补充，也有助于全面了解中国与CPTPP国家农产品的贸易状况。

# 第三章

# 中国与CPTPP成员国农产品贸易发展分析

## 第一节 中国与CPTPP成员国农产品进出口贸易现状

　　首先，我国农产品进出口额稳中有涨；其次，我国农产品出口价格与贸易强国在全球市场竞争中没有优势，且国际贸易利润较低。而我国进口大宗农产品如水稻、小麦等价格相对比较高。在国际农产品市场供需关系基本稳定的状态下，尽管我国农产品贸易逆差已恢复正常，但逆差扩大趋势会改变。再次，我国与自贸区伙伴和新兴市场之间的贸易快速增长。近年来，我国不断融入世界农业发展促进贸易便利化，并且拓宽与其他国家之间的农产品贸易合作。随着我国国际市场的不断拓展，我国与贸易伙伴国之间的双边农产品贸易迅速增长，我国积极参与农产品贸易规则制订，并拥有了一定的话语权，使得农产品国际贸易秩序更加公平合理。

# 一、中国和CPTPP成员国的农产品贸易规模和演变

比较2018年中国与CPTPP成员国之间的GDP和人均GDP，如表3-1所示。

表3-1 2018年中国与CPTPP成员国及美国的经济发展水平

| | 国家 | GDP（亿美元） | 人均GDP（美元） |
| --- | --- | --- | --- |
| CPTPP 成员国 | 澳大利亚 | 14277.67 | 56352 |
| | 文莱 | 135.67 | 32414 |
| | 加拿大 | 17337.06 | 46261 |
| | 智利 | 2718.96 | 16079 |
| | 日本 | 50706.26 | 39306 |
| | 马来西亚 | 3472.90 | 10942 |
| | 墨西哥 | 11992.64 | 9807 |
| | 新西兰 | 2059.97 | 41267 |
| | 秘鲁 | 2289.44 | 7002 |
| | 新加坡 | 3466.21 | 64041 |
| | 越南 | 2414.34 | 2551 |
| 合计 | CPTPP 成员国 | 110871.12 | 326022 |
| | 美国 | 205130.00 | 62606.54 |
| | 中国 | 134572.67 | 9608.09 |

数据来源：作者计算整理所得。

从GDP总量来看，CPTPP成员国中日本的GDP最高，但也仅为中国的37.68%，中国的GDP总量（134572.67亿美元）甚至超过CPTPP 11个成员国的总和（110871.12亿美元），次于美国（205130.00亿美元）。从人均GDP来

看，CPTPP11个成员国可分为三个层级。美国如果再加入CPTPP的话，毫无疑问居于第一档次，人均GDP仅次于新加坡。

在农产品贸易上，中国与新加坡、日本、越南、墨西哥、文莱这几个CPTPP成员国一直处于顺差（见表3-2）。美国退出TPP之前，在中国与CPTPP成员国农产品贸易中占比最大。2018年，美国退出TPP后，在CPTPP的国家中，日本是中国最大的农产品出口国。

表3-2  2018年中国与CPTPP成员国及美国的农产品贸易状况（单位：亿美元）

| 国家 | 出口总额 | 进口总额 | 贸易总额 | 贸易盈余 | 贸易总额占TPP成员国的比重(%) |
|---|---|---|---|---|---|
| 澳大利亚 | 9.7640 | 59.5912 | 69.3552 | −49.8272 | 14.04 |
| 文莱 | 0.1553 | 0.0258 | 0.1811 | 0.1295 | 0.04 |
| 加拿大 | 11.1457 | 63.8161 | 74.9618 | −52.6704 | 15.18 |
| 智利 | 2.8113 | 21.1420 | 23.9533 | −18.3307 | 4.85 |
| 日本 | 100.9907 | 7.7821 | 108.7728 | 93.2086 | 22.02 |
| 马来西亚 | 23.8363 | 27.4566 | 51.2929 | −3.6203 | 10.38 |
| 墨西哥 | 7.1499 | 2.9417 | 10.0916 | 4.2082 | 2.04 |
| 新西兰 | 1.9226 | 56.4257 | 58.3483 | −54.5031 | 11.81 |
| 秘鲁 | 0.3775 | 17.3195 | 17.697 | −16.942 | 3.58 |
| 新加坡 | 1.6039 | 3.1916 | 4.7955 | −1.5877 | 0.97 |
| 越南 | 45.8263 | 28.6649 | 74.4912 | 17.1614 | 15.08 |
| 美国 | 87.7255 | 219.4954 | 307.2209 | −131.7699 | |
| 合计（不含美国） | 205.5835 | 288.3572 | 493.9407 | −82.7737 | 100% |

数据来源：作者计算整理所得。

## 二、中国进出口CPTPP成员国的农产品贸易状况

表3-3显示了2018年中国出口CPTPP成员国的农产品贸易状况，表3-4显示了2018年中国进口CPTPP成员国的农产品贸易状况。

表3-3 2018年中国出口CPTPP成员国的农产品贸易状况（单位：亿美元）

| 国家 | 第一大类 | 第二大类 | 第三大类 | 第四大类 | 其他类 | 农产品贸易总量 |
|---|---|---|---|---|---|---|
| 澳大利亚 | 1.2284 | 1.9386 | 0.1290 | 6.4679 | 0.6315 | 9.7640 |
| 文莱 | 0.0215 | 0.0784 | 0.0038 | 0.0516 | 0.0181 | 0.1553 |
| 加拿大 | 3.3309 | 2.9804 | 0.1865 | 4.6479 | 0.6808 | 11.1457 |
| 智利 | 0.4934 | 0.4345 | 0.1379 | 1.7455 | 1.0703 | 2.8113 |
| 日本 | 22.9571 | 22.6232 | 0.3117 | 55.0988 | 6.5418 | 100.9907 |
| 马来西亚 | 4.1034 | 11.3326 | 0.2964 | 8.1039 | 3.8465 | 23.8363 |
| 墨西哥 | 1.3303 | 1.1929 | 0.0143 | 4.6124 | 5.3407 | 7.1499 |
| 新西兰 | 0.2029 | 0.3461 | 0.0440 | 1.3296 | 0.2237 | 1.9226 |
| 秘鲁 | 0.0000 | 0.0621 | 0.0372 | 0.2782 | 0.6558 | 0.3775 |
| 新加坡 | 0.0099 | 0.0109 | 0.0103 | 1.5728 | 2.0615 | 1.6039 |
| 越南 | 4.3876 | 34.5236 | 0.1146 | 6.8005 | 34.3477 | 45.8263 |
| 合计 | 38.0655 | 75.5230 | 1.2859 | 90.7090 | 205.5834 | 237.652 |

数据来源：作者计算整理所得。

表3-4　2018年中国进口CPTPP成员国的农产品贸易状况（单位：亿美元）

| 国家 | 第一大类 | 第二大类 | 第三大类 | 第四大类 | 其他类 | 农产品贸易总量 |
|---|---|---|---|---|---|---|
| 澳大利亚 | 18.3276 | 24.3109 | 1.3483 | 15.6043 | 25.2918 | 84.8829 |
| 文莱 | 0.0258 | 0.0000 | 0.0000 | 0.0000 | 0.0000 | 0.0258 |
| 加拿大 | 12.5229 | 40.7328 | 5.5348 | 5.0255 | 0.0131 | 63.8291 |
| 智利 | 4.9674 | 10.6527 | 0.0383 | 5.4837 | 0.1301 | 21.2722 |
| 日本 | 1.0622 | 1.4209 | 0.1215 | 5.1774 | 3.1477 | 10.9297 |
| 马来西亚 | 0.6961 | 1.3520 | 20.5839 | 4.8247 | 1.1647 | 28.6214 |
| 墨西哥 | 0.4764 | 0.5636 | 0.0081 | 1.8936 | 0.1992 | 3.1409 |
| 新西兰 | 42.6862 | 3.9607 | 0.4423 | 9.3366 | 1.6467 | 58.0725 |
| 秘鲁 | 0.3111 | 2.3657 | 0.5447 | 14.0980 | 0.6096 | 17.9291 |
| 新加坡 | 0.0683 | 0.0352 | 0.1034 | 2.9847 | 0.0097 | 3.2013 |
| 越南 | 2.0995 | 22.3760 | 0.1020 | 4.0874 | 21.3328 | 49.9977 |
| 合计 | 83.2435 | 107.7706 | 28.8272 | 68.5159 | 53.5454 | 341.9026 |

数据来源：作者计算整理所得。

## 第二节 中国与CPTPP成员国农产品贸易结构及变化趋势

2018年,中国出口CPTPP国家的农产品贸易总额达到237.652亿美元,进口CPTPP国家的农产品贸易总额为341.9026亿美元。

如图3-1所示,2018年中国农产品贸易出口额最大的CPTPP成员国是日本。

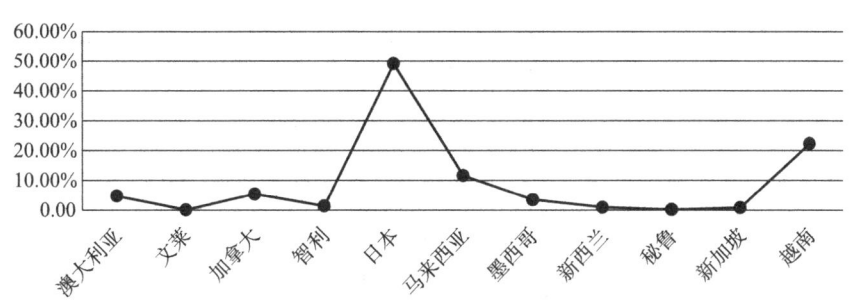

图3-1 2018年中国出口农产品贸易额CPTPP成员国占比

如图3-2所示,2018年,中国农产品贸易进口额最大的CPTPP成员国是加拿大,中国进口CPTPP成员国农产品贸易额占中国农产品贸易进口额的22.91%。

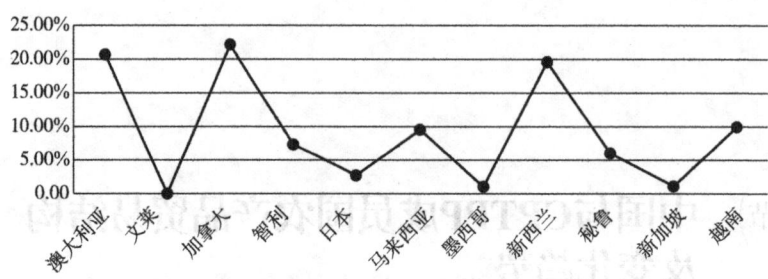

图3-2 2018年中国进口农产品贸易额CPTPP成员国占比

表3-5显示,中国出口CPTPP成员国最主要的农产品有初级农产品HS03（资源密集型农产品）以及加工农产品HS16和HS20。中国进口CPTPP成员国最主要的农产品有初级农产品HS03、HS12（土地密集型农产品）和HS08（劳动密集型农产品）。

表3-5 2018年中国与CPTPP成员国农产品贸易重要商品构成（单位：亿美元）

| 国家 | 第一大类 | 第二大类 | 第三大类 | 第四大类 | 其他类 | 农产品贸易总量 |
| --- | --- | --- | --- | --- | --- | --- |
| 澳大利亚 | 18.3276 | 24.3109 | 1.3483 | 15.6043 | 25.2918 | 84.8829 |
| 文莱 | 0.0258 | 0.0000 | 0.0000 | 0.0000 | 0.0000 | 0.0258 |
| 加拿大 | 12.5229 | 40.7328 | 5.5348 | 5.0255 | 0.0131 | 63.8291 |
| 智利 | 4.9674 | 10.6527 | 0.0383 | 5.4837 | 0.1301 | 21.2722 |
| 日本 | 1.0622 | 1.4209 | 0.1215 | 5.1774 | 3.1477 | 10.9297 |
| 马来西亚 | 0.6961 | 1.3520 | 20.5839 | 4.8247 | 1.1647 | 28.6214 |
| 墨西哥 | 0.4764 | 0.5636 | 0.0081 | 1.8936 | 0.1992 | 3.1409 |
| 新西兰 | 42.6862 | 3.9607 | 0.4423 | 9.3366 | 1.6467 | 58.0725 |
| 秘鲁 | 0.3111 | 2.3657 | 0.5447 | 14.0980 | 0.6096 | 17.9291 |
| 新加坡 | 0.0683 | 0.0352 | 0.1034 | 2.9847 | 0.0097 | 3.2013 |

续表

| 国家 | 第一大类 | 第二大类 | 第三大类 | 第四大类 | 其他类 | 农产品贸易总量 |
|---|---|---|---|---|---|---|
| 越南 | 2.0995 | 22.3760 | 0.1020 | 4.0874 | 21.3328 | 49.9977 |
| 合计 | 83.2435 | 107.7706 | 28.8272 | 68.5159 | 53.5454 | 341.9026 |

数据来源：作者计算整理所得。

## 一、中国出口CPTPP成员国农产品的结构变化

根据表3-6所示1993—2018年的农产品贸易数据，可以看出中国出口CPTPP成员国农产品贸易额的变动情况，因美国退出，中国出口CPTPP成员国农产品贸易额下降至2018年的237.652亿美元。我国出口CPTPP成员国的农产品中，第四大类农产品、第二大类农产品、第一大类农产品和其他类农产品占比最高，第三大类农产品占比最低，其中第二大类农产品和第一大类农产品年际贸易波动性明显低于第四大类农产品。关于分类农产品演变，不同农产品类别之间的差异显著。

1993—2018年，中国出口CPTPP成员国的第一大类农产品贸易额及其所占比重总体呈现增长趋势，有几个阶段呈现小幅回落的态势。

中国出口CPTPP成员国的第二大类农产品贸易额及其所占比重总体呈现增长趋势。2017—2018年，中国出口CPTPP成员国的第二大类农产品贸易额从91.1033亿美元下降到75.5230亿美元，其所占比重从29.43%上升到31.78%。中国出口CPTPP成员国的第四大类农产品贸易额呈现快速增长趋势。

其他类农产品占比自1993年的20.45%开始下降至1999年的10.08%，之后一直维持在11%左右。2011年，占比增长至12.64%，2014年占比达到峰值14.90%，之后维持在10%左右。

表3-6  1994—2018年中国出口CPTPP成员国分类农产品贸易额

（单位：亿美元）

| 年份 | 第一大类 绝对额 | 第一大类 比重（%） | 第二大类 绝对额 | 第二大类 比重（%） | 第三大类 绝对额 | 第三大类 比重（%） | 第四大类 绝对额 | 第四大类 比重（%） | 其他类 绝对额 | 其他类 比重（%） | 中国出口TPP成员国农产品 |
|---|---|---|---|---|---|---|---|---|---|---|---|
| 1994 | 13.066 | 24.71% | 17.2431 | 32.61% | 0.2447 | 0.46% | 12.1002 | 22.88% | 10.222 | 19.33% | 52.876 |
| 1995 | 17.7677 | 25.57% | 24.3977 | 35.11% | 0.2646 | 0.38% | 15.2614 | 21.96% | 11.7936 | 16.97% | 69.485 |
| 1996 | 20.8449 | 28.95% | 17.8032 | 24.73% | 0.2424 | 0.34% | 22.1033 | 30.70% | 11.0072 | 15.29% | 72.001 |
| 1997 | 19.5203 | 25.56% | 19.4239 | 25.43% | 0.631 | 0.83% | 26.3602 | 34.52% | 10.4371 | 13.67% | 76.3725 |
| 1998 | 19.272 | 25.61% | 21.0013 | 27.91% | 0.8136 | 1.08% | 24.114 | 32.04% | 10.0517 | 13.36% | 75.2526 |
| 1999 | 17.4116 | 25.35% | 20.877 | 30.40% | 0.6881 | 1.00% | 22.7828 | 33.17% | 6.9259 | 10.08% | 68.6854 |
| 2000 | 19.2175 | 26.35% | 20.8748 | 28.62% | 0.3607 | 0.49% | 24.1022 | 33.05% | 8.3738 | 11.48% | 72.929 |
| 2001 | 22.1484 | 26.33% | 21.6671 | 25.76% | 0.2588 | 0.31% | 30.5218 | 36.29% | 9.5065 | 11.30% | 84.1026 |
| 2002 | 21.7382 | 24.99% | 22.4704 | 25.83% | 0.214 | 0.25% | 34.1914 | 39.30% | 8.385 | 9.64% | 86.999 |
| 2003 | 23.4376 | 24.28% | 23.335 | 24.18% | 0.2066 | 0.21% | 39.5175 | 40.94% | 10.0286 | 10.39% | 96.5253 |
| 2004 | 24.5743 | 22.20% | 28.4078 | 25.66% | 0.3318 | 0.30% | 44.4603 | 40.16% | 12.9366 | 11.69% | 110.7108 |
| 2005 | 28.3143 | 21.99% | 29.7598 | 23.11% | 0.4885 | 0.38% | 55.8736 | 43.39% | 14.3317 | 11.13% | 128.7679 |
| 2006 | 29.7827 | 20.54% | 32.7305 | 22.57% | 0.9427 | 0.65% | 64.8713 | 44.74% | 16.6598 | 11.49% | 144.987 |
| 2007 | 29.6153 | 18.10% | 35.9907 | 22.00% | 0.9339 | 0.57% | 78.671 | 48.09% | 18.3789 | 11.23% | 163.5898 |
| 2008 | 28.0773 | 15.86% | 40.344 | 22.78% | 1.0676 | 0.60% | 89.2188 | 50.39% | 18.3602 | 10.37% | 177.0679 |
| 2009 | 29.0752 | 15.51% | 40.8473 | 21.79% | 2.0351 | 1.09% | 95.2041 | 50.78% | 20.3355 | 10.85% | 187.4972 |
| 2010 | 36.8642 | 19.78% | 44.4115 | 23.83% | 1.2204 | 0.65% | 82.986 | 44.54% | 20.85 | 11.19% | 186.3321 |
| 2011 | 47.0565 | 20.16% | 57.5527 | 24.65% | 1.5488 | 0.66% | 97.7931 | 41.89% | 29.5145 | 12.64% | 233.4656 |
| 2012 | 56.3124 | 19.52% | 71.5715 | 24.81% | 2.2188 | 0.77% | 120.003 | 41.60% | 38.3559 | 13.30% | 288.4616 |
| 2013 | 57.4589 | 19.12% | 67.0156 | 22.30% | 2.309 | 0.77% | 136.6717 | 45.49% | 37.0062 | 12.32% | 300.4614 |
| 2014 | 59.9548 | 18.97% | 73.0646 | 23.12% | 2.7458 | 0.87% | 133.1965 | 42.14% | 47.0932 | 14.90% | 316.0519 |
| 2015 | 64.6251 | 19.89% | 79.4446 | 24.45% | 2.5635 | 0.79% | 132.408 | 40.74% | 45.9489 | 14.14% | 324.9901 |
| 2016 | 57.4348 | 18.25% | 86.3455 | 27.44% | 3.0433 | 0.97% | 125.3609 | 39.84% | 42.4932 | 13.50% | 314.6777 |
| 2017 | 59.7533 | 19.31% | 91.1033 | 29.43% | 2.3792 | 0.77% | 123.9775 | 40.06% | 32.3027 | 10.44% | 309.516 |
| 2018 | 38.0655 | 16.02% | 75.523 | 31.78% | 1.2859 | 0.54% | 90.709 | 38.17% | 32.0686 | 13.49% | 237.652 |

数据来源：作者计算整理所得。

## 二、中国进口 CPTPP 成员国农产品的结构变化

中国进口CPTPP成员国的农产品分类汇总情况如表3-7所示。中国进口CPTPP成员国的分类农产品演变表明,不同种类的农产品之间的差异是显而易见的。

表3-7 1994—2018年中国进口CPTPP成员国分类农产品贸易额

(单位:亿美元)

| 年份 | 第一大类 | | 第二大类 | | 第三大类 | | 第四大类 | | 其他类 | | 中国出口TPP成员国农产品 |
|---|---|---|---|---|---|---|---|---|---|---|---|
| | 绝对额 | 比重(%) | 绝对额 | 比重(%) | 绝对额 | 比重(%) | 绝对额 | 比重(%) | 绝对额 | 比重(%) | |
| 1994 | 2.2328 | 5.73% | 10.7442 | 27.58% | 3.5917 | 9.22% | 4.1494 | 10.65% | 18.2394 | 46.82% | 38.9575 |
| 1995 | 3.7439 | 8.17% | 13.4817 | 29.42% | 8.6516 | 18.88% | 5.7774 | 12.61% | 14.1662 | 30.92% | 45.8208 |
| 1996 | 4.0667 | 5.78% | 28.6656 | 40.75% | 14.7363 | 20.95% | 7.2469 | 10.30% | 15.6357 | 22.23% | 70.3512 |
| 1997 | 4.4165 | 6.67% | 26.9254 | 40.64% | 7.3533 | 11.10% | 9.5848 | 14.47% | 17.9736 | 27.13% | 66.2536 |
| 1998 | 4.2083 | 7.36% | 16.2345 | 28.39% | 8.2583 | 14.44% | 10.0503 | 17.57% | 18.4391 | 32.24% | 57.1905 |
| 1999 | 4.2086 | 8.31% | 14.54 | 28.71% | 9.1613 | 18.09% | 7.1692 | 14.16% | 15.558 | 30.72% | 50.6371 |
| 2000 | 8.4193 | 16.11% | 14.5253 | 27.79% | 8.6928 | 16.63% | 6.124 | 11.72% | 14.5128 | 27.76% | 52.2742 |
| 2001 | 11.1673 | 16.16% | 24.1005 | 34.87% | 7.3498 | 10.63% | 9.0529 | 13.10% | 17.4417 | 25.24% | 69.1122 |
| 2002 | 11.3915 | 16.96% | 23.423 | 34.88% | 6.1689 | 9.19% | 8.8947 | 13.24% | 17.2835 | 25.73% | 67.1616 |
| 2003 | 13.9371 | 19.18% | 18.6536 | 25.67% | 9.2920 | 12.79% | 11.0570 | 15.22% | 19.4458 | 26.86% | 72.6541 |
| 2004 | 16.8121 | 17.17% | 29.7355 | 30.37% | 15.3585 | 15.69% | 10.8329 | 11.06% | 24.9229 | 25.52% | 97.9172 |
| 2005 | 16.6650 | 10.87% | 59.8730 | 39.04% | 19.5583 | 12.75% | 15.0791 | 9.83% | 41.9247 | 27.38% | 153.3739 |
| 2006 | 17.8198 | 12.77% | 48.7105 | 34.91% | 15.3640 | 11.01% | 17.1657 | 12.30% | 40.1816 | 28.86% | 139.5302 |
| 2007 | 20.4125 | 13.81% | 42.7917 | 28.94% | 18.7245 | 12.66% | 17.3806 | 11.75% | 48.2215 | 32.61% | 147.8576 |
| 2008 | 26.5514 | 14.29% | 58.0907 | 31.28% | 37.9636 | 20.44% | 19.7571 | 10.64% | 43.3766 | 23.35% | 185.7393 |
| 2009 | 35.0958 | 13.24% | 107.7990 | 40.68% | 51.2840 | 19.35% | 27.7269 | 10.46% | 43.0697 | 16.25% | 264.9754 |
| 2010 | 34.6382 | 13.04% | 130.9531 | 49.30% | 36.9147 | 13.90% | 31.5105 | 11.86% | 31.5939 | 11.89% | 265.6103 |
| 2011 | 45.0306 | 12.98% | 153.4025 | 44.22% | 48.3116 | 13.93% | 47.6312 | 13.73% | 52.5619 | 15.15% | 346.9378 |
| 2012 | 67.2515 | 14.95% | 184.0233 | 40.92% | 64.4947 | 14.34% | 49.8192 | 11.08% | 84.1219 | 18.71% | 449.7106 |
| 2013 | 75.5365 | 13.85% | 258.5413 | 47.41% | 62.0238 | 11.37% | 54.4709 | 9.99% | 94.7972 | 17.38% | 545.3697 |
| 2014 | 105.1893 | 19.11% | 247.3163 | 44.94% | 51.3312 | 9.33% | 63.0974 | 11.47% | 83.3779 | 15.15% | 550.3121 |
| 2015 | 119.4712 | 20.63% | 290.164 | 50.10% | 40.7023 | 7.03% | 66.632 | 11.50% | 62.2549 | 10.75% | 579.2244 |
| 2016 | 86.3675 | 16.71% | 267.5837 | 51.78% | 28.0738 | 5.43% | 81.0131 | 15.68% | 53.7152 | 10.39% | 516.7533 |
| 2017 | 68.9999 | 24.93% | 90.667 | 32.76% | 23.9782 | 8.66% | 48.3627 | 17.48% | 44.7227 | 16.16% | 276.7305 |
| 2018 | 83.2435 | 24.35% | 107.7705 | 31.52% | 28.8273 | 8.43% | 68.5159 | 20.04% | 53.5454 | 15.66% | 341.9026 |

数据来源:作者计算整理所得。

## 第三节　中国与CPTPP成员国农产品贸易形式

### 一、产业内贸易及其度量

衡量产业内贸易水平高低的方法有巴拉萨指数（产业内贸易指数）：

$$Ti = \frac{Xi - Mi}{Xi + Mi}$$

G-L指数：

$$Ti = 1 - \frac{|Xi - Mi|}{(Xi + Mi)}$$

$Ti$为产业内贸易指数，$Xi$为出口额，$Mi$为进口额。

## 二、中国与CPTPP成员国农产品产业内的贸易水平

产业内贸易指数一般和产品的规模和性质存在关系，计算结果见表3-8，总的来说，中国与CPTPP成员国的农产品双边贸易资源禀赋基础较弱，而且产业内的贸易指数呈波动态势。

表3-8 中国与CPTPP成员国农产品产业内贸易指数与中国的比较

| 年份 | 农产品产业内贸易指数 | |
| --- | --- | --- |
| | 中国与CPTPP成员国 | 中国 |
| 2002 | 0.7764 | 0.7744 |
| 2003 | 0.7593 | 0.7451 |
| 2004 | 0.8532 | 0.8581 |
| 2005 | 0.9855 | 0.9098 |
| 2006 | 0.8713 | 0.9799 |
| 2007 | 0.8123 | 0.9894 |
| 2008 | 0.9457 | 0.9478 |
| 2009 | 0.8593 | 0.8169 |
| 2010 | 0.8284 | 0.8593 |
| 2011 | 0.8185 | 0.8103 |
| 2012 | 0.8124 | 0.7807 |
| 2013 | 0.7379 | 0.7186 |
| 2014 | 0.7310 | 0.7254 |
| 2015 | 0.7011 | 0.7400 |
| 2016 | 0.7404 | 0.7537 |
| 2017 | 0.8061 | 0.8737 |
| 2018 | 0.8066 | 0.8821 |

数据来源：作者计算整理所得（注：根据定义，产业间贸易指数=1-产业内贸易指数）。

## 第四节　研究结果及讨论

第一，中国农产品贸易逆差规模不断增长，贸易产品和贸易市场的结构相对集中。我国与CPTPP成员国的农产品贸易关系紧密，并且中国农产品贸易总体对CPTPP成员国呈扩大逆差态势。在中国与CPTPP成员国农产品贸易中比重最大的是日本。2018年，CPTPP成员国中，中国农产品贸易出口额最大的是日本，而进口额最大的是加拿大。CPTPP成员国与中国的双边农产品贸易比重比较大。中国出口CPTPP成员国最主要的农产品有初级农产品HS03（资源密集型农产品）以及加工农产品HS16和HS20。中国进口CPTPP成员国最主要的农产品有初级农产品HS03、HS12和HS08。

第二，第四大类农产品是CPTPP成员国最大的进口量，表明CPTPP成员国对中国第四大类农产品的需求量最大。第二大类农产品、第一大类农产品和其他类农产品对CPTPP成员国的出口也展示出强大的发展潜力，中国应集中精力发展此类农产品的生产。中国从CPTPP成员国进口的农产品主要是第二大类，约占中国进口的50%。从贸易产品的结构看，中国与CPTPP成员国的农产品贸易主要是高集中度的产品，中国出口CPTPP成员国农产品最多的是劳动密集型农产品，中国进口CPTPP成员国土地密集型农产品，双边贸易结构充分体现了各自的资源比较优势。

第三，中国与CPTPP成员国的农产品双边贸易资源禀赋基础较弱，而且产业内的贸易指数多年来呈波动态势，农产品产业内贸易相对较低，农产品贸易的增长更多地取决于产业间贸易。

前面介绍了中国农产品贸易以及中国和CPTPP成员国之间的农产品进出口贸易状况，将中国与CPTPP成员国农产品产业内贸易与产业间贸易进行了比较，发现近年来中国与CPTPP成员国之间的农产品产业间的贸易指数呈上升趋势，表明中国与CPTPP成员国之间的农产品双边贸易潜力巨大。但实际上在前面的梳理和分析中不难看出，中国与CPTPP成员国的农产品贸易额并没有按预计的发展趋势持续增长，而是在不同的历史时期呈现不同程度的贸易波动。

对近年来学者们有关农产品贸易波动问题的研究进行梳理发现，从研究方法上来看，大部分学者采用计量模型对影响农产品贸易的因素进行分析，其中应用最多的模型是CMS模型，主要集中在某种具体的农产品出口影响因素和双边农产品出口贸易影响因素等方面。国内学者主要从三个角度展开研究：第一，农产品出口贸易波动角度；第二，农产品进口贸易波动角度；第三，农产品贸易增长角度。

这些研究成果为农产品贸易波动相关研究奠定了基础，但是目前还没有学者研究中国与CPTPP成员国农产品贸易波动问题。本章节详细介绍CMS模型，试图分析影响中国与CPTPP成员国农产品贸易因素及其变化，并运用CMS模型及1993—2018年相关数据将中国与CPTPP成员国农产品贸易波动影响因素进行实证分解，最后总结本书所得出的主要研究结论，希望为促进中国与CPTPP成员国农产品贸易发展提供一定参考价值。

# 第四章

# 中国与CPTPP成员国农产品贸易波动分析

## 第一节 研究方法与数据来源

### 一、研究方法

恒定市场份额模型（CMS）是一种将一国出口变化分解为"市场需求增长""商品结构变化""商品竞争力"要素的方法，该方法首次应用于区域经济结构变化的实证研究如Creamer，相关领域发展的回顾可以在Houston、Stevens & Moore 以及Loveridge & Selting中找到。CMS模型因Tyszynski的开创性研究而在应用国际经济学中流行起来，尽管其理论和实证方面不断受到挑战，但仍不断完善并被运用到更多领域。近年来，CMS模型成为研究外贸变化影响因素或出口产品竞争力的主要模型。Lowe et al使用CMS模型分析拉加经委会经济增长并且探索竞争力概念的理论和经验从而为有关竞争力的研究做出贡献。Durham & Lee通过CMS模型分析1971—1981年科威特家禽进出口市场的市场份额的变化。国内学者利用CMS模型分析农产品贸易的波动因素。陆文聪、梅燕利用CMS模型以及1996—2001年和2002—2005年两个时期的农产品贸易数据进行出口总量和分类贸易的增长分析。张金艳、范雯利用CMS模型实证分析金融危机时期中国出口欧盟农产品的变化原因。王元彬利用CMS模型以及1990—2013年农产品的贸易数据，旨在探寻影响中国和韩国农产品贸易增长的主要因素。王贝贝利用CMS模型以及1997—2012年贸易数据做农产品总贸易和分类农产品贸易增长分析。

本书借鉴构建的CMS模型。进口需求、出口竞争力、结构调整效应是导致出口额波动的重要影响因子。$X(t)$为贸易额；$X(0)$为A国在0时刻对B国的出口额；$n$表示进口总额增长；$n_i$表示B国0时到$t$时商品$i$进口的百分比增长。

单层次分析，计算公式如下：

$$X_i(t) - X_i(0) = n_i X_i(0) + X_i(0) - n_i X_i(0)$$

双层次分析，计算公式如下：

$$\begin{aligned} X(t) - X(0) &= \sum X_i(t) - \sum X_i(0) \\ &= n\sum X_i(0) + \sum[(n_i - n)X_i(0)] + \sum X_i(t) - X_i(0) - n_i X_i(0)] \\ &= nX(0) + \sum[(n_i - n)X_i(0)] + \sum[X_i(t) - X_i(0) - n_i X_i(0)] \end{aligned}$$

$nX(0)$代表B国进口总额的总体增长；$\sum[(n_i - n)X_i(0)]$代表A国对B国出口商品在时间0时到时间$t$时之间的变化。$\sum X_i(t) - X_i(0) - n_i X_i(0)]$表示不能解释的部分，即竞争力效应。

用出口额变动来定义竞争力变化的解释如下所示：

假设，$N_i(0)$为B国0时商品$i$的进口额，$N_i(t)$为B国$t$时商品$i$的进口额，$dN_i$表示$N_i$改变量$dN_i = N_i(t) - N_i(0)$，则$X_i(t) - X_i(0) - n_i X_i(0)$

$$= X_i(t) - X_i(0) \times \left[1 + \frac{dN_i}{N_i(0)}\right]$$

$$= X_i(t) - X_i(0) \times \frac{N_i(t)}{N_i(0)}$$

$$= N_i(t) \times \left[\frac{X_i(t)}{N_i(t)} - \frac{X_i(0)}{N_i(0)}\right]$$

出口需求如下：

$$\frac{Q_{xi}}{F_{xi}} = f(P_i/FP_i)$$

$$\left(\frac{P_i}{FP_i}\right) \times \left(\frac{Q_{xi}}{F_{xi}}\right) = \left(\frac{P_i}{FP_i}\right) \times f(P_i/FP_i)$$

$$\frac{P_i \times Q_{xi}}{P_i \times Q_{xi} + FP_i \times F_{xi}} = \left[1 + \frac{FP_i \times Fx_i}{P_i \times Q_{xi}}\right]^{-1} = \left\{1 + \left[(P_i \times Q_{xi})/(FP_i \times F_{xi})\right]^{-1}\right\}^{-1}$$

$$\frac{[(P_i \times Q_{xi})]}{((P_i \times Q_{xi} + FP_i \times F_{xi}))} = \left\{1 + \left[\left(\frac{P_i}{FP_i}\right) \times f(P_i/FP_i)\right]\right\} = g\left(\frac{P_i}{FP_i}\right)$$

根据以下公式:

$$\frac{X_i(t)}{N_i(t)} - \frac{X_i(0)}{N_i(0)} = g\left[\frac{P_i(t)}{FP_i(t)}\right] - g\left[\frac{P_i(0)}{FP_i(0)}\right]$$

$$X(t) - X(0) = nX(0) + \sum[(n_i - n)x_i(0)] + \sum[x_i(t) - x_i(0) - n_i X_i(0)]$$

$$= nX(0) + \sum[(n_i - n)X_i(0)] + g\left[\frac{P_i(t)}{FP_i(t)}\right] - g\left[\frac{P_i(0)}{FP_i(0)}\right]$$

$nX(0)$ 为进口需求变化, $\sum[(n_i - n)X_i(0)]$ 为商品结构效应, $g\left[\frac{P_i(t)}{FP_i(t)}\right] - g\left[\frac{P_i(0)}{FP_i(0)}\right]$ 为出口竞争力变化。

## 二、数据来源

本书使用的农产品贸易数据出自联合国商品贸易统计数据库。

## 第二节　中国与CPTPP成员国农产品贸易波动状况

### 一、中国出口CPTPP成员国农产品贸易额波动

根据表4-1所示1993—2018年农产品的贸易数据，可以看出中国出口CPTPP成员国的农产品贸易额自1993年的48.9891亿美元急速上升至2015年的324.9901亿美元，但在1997—1999年、2009—2010年以及2015—2018年出现了一定程度的下降，2018年下降至237.652亿美元。

表4-1　1993—2018年中国出口CPTPP成员国农产品贸易额（单位：亿美元）

| 年份 | 出口额 | 增长量 | 增长率 |
| --- | --- | --- | --- |
| 1993 | 48.9891 | — | — |
| 1994 | 52.876 | 3.8869 | 0.0793 |
| 1995 | 69.485 | 16.609 | 0.3141 |
| 1996 | 72.001 | 2.516 | 0.0362 |
| 1997 | 76.3725 | 4.3715 | 0.0607 |
| 1998 | 75.2526 | -1.1199 | -0.0147 |
| 1999 | 68.6854 | -6.5672 | -0.0873 |

续表

| 年份 | 出口额 | 增长量 | 增长率 |
|---|---|---|---|
| 2000 | 72.929 | 4.2436 | 0.0618 |
| 2001 | 84.1026 | 11.1736 | 0.1532 |
| 2002 | 86.999 | 2.8964 | 0.0344 |
| 2003 | 96.5253 | 9.5263 | 0.1095 |
| 2004 | 110.7108 | 14.1855 | 0.1470 |
| 2005 | 128.7679 | 18.0571 | 0.1631 |
| 2006 | 144.987 | 16.2191 | 0.1260 |
| 2007 | 163.5898 | 18.6028 | 0.1283 |
| 2008 | 177.0679 | 13.4781 | 0.0824 |
| 2009 | 187.4972 | 10.4293 | 0.0589 |
| 2010 | 186.3321 | −1.1651 | −0.0062 |
| 2011 | 233.4656 | 47.1335 | 0.2530 |
| 2012 | 288.4616 | 54.996 | 0.2356 |
| 2013 | 300.4614 | 11.9998 | 0.0416 |
| 2014 | 316.0519 | 15.5905 | 0.0519 |
| 2015 | 324.9901 | 8.9382 | 0.0283 |
| 2016 | 314.6777 | −10.3124 | −0.0317 |
| 2017 | 309.516 | −5.1617 | −0.0164 |
| 2018 | 237.652 | −71.864 | −0.2322 |

数据来源：作者计算整理所得。

## 二、中国进口 CPTPP 成员国农产品贸易额波动

根据表4-2所示，1993—2018年农产品的贸易数据，可以看出中国进口CPTPP成员国的农产品贸易额自1993年的39.0192亿美元快速增长至2015年的579.2244亿美元，2018年为341.9026亿美元。

表4-2 1993—2018年中国进口CPTPP成员国农产品贸易额（单位：亿美元）

| 年份 | 出口额 | 增长量 | 增长率 |
| --- | --- | --- | --- |
| 1993 | 39.0192 | — | — |
| 1994 | 38.9575 | −0.0617 | −0.16% |
| 1995 | 45.8208 | 6.8633 | 17.62% |
| 1996 | 70.3512 | 24.5304 | 53.54% |
| 1997 | 66.2536 | −4.0976 | −5.82% |
| 1998 | 57.1905 | −9.0631 | −13.68% |
| 1999 | 50.6371 | −6.5534 | −11.46% |
| 2000 | 52.2742 | 1.6371 | 3.23% |
| 2001 | 69.1122 | 16.838 | 32.21% |
| 2002 | 67.1616 | −1.9506 | −2.82% |
| 2003 | 72.6541 | 5.4925 | 8.18% |
| 2004 | 97.9172 | 25.2631 | 34.77% |
| 2005 | 153.3739 | 55.4567 | 56.64% |
| 2006 | 139.5302 | −13.8437 | −9.03% |
| 2007 | 147.8576 | 8.3274 | 5.97% |
| 2008 | 185.7393 | 37.8817 | 25.62% |
| 2009 | 264.9754 | 79.2361 | 42.66% |
| 2010 | 265.6103 | 0.6349 | 0.24% |
| 2011 | 346.9378 | 81.3275 | 30.62% |
| 2012 | 449.7106 | 102.7728 | 29.62% |
| 2013 | 545.3697 | 95.6591 | 21.27% |
| 2014 | 550.3121 | 4.9424 | 0.91% |
| 2015 | 579.2244 | 28.9123 | 5.25% |
| 2016 | 516.7533 | −62.4711 | −10.79% |
| 2017 | 276.7305 | −240.0228 | −46.45% |
| 2018 | 341.9026 | 65.1721 | 23.55% |

数据来源：作者计算整理所得。

## 第三节 影响中国与CPTPP成员国农产品贸易因素

### 一、进口需求变化

#### 1. 中国农产品进口需求变化

根据表4-3所示，1993—2018年农产品的贸易数据，可以看出中国农产品总进口额的变动态势。

表4-3　1993—2018年中国农产品总进口额（单位：亿美元）

| 年份 | 进口额 | 增长量 | 增长率 |
| --- | --- | --- | --- |
| 1993 | 41.2583 | — | — |
| 1994 | 31.7737 | −9.4846 | −22.99% |
| 1995 | 52.8941 | 21.1204 | 66.47% |
| 1996 | 95.3671 | 42.473 | 80.30% |
| 1997 | 84.7914 | −10.5757 | −11.09% |
| 1998 | 75.1210 | −9.6704 | −11.40% |
| 1999 | 70.3360 | −4.785 | −6.37% |

续表

| 年份 | 进口额 | 增长量 | 增长率 |
|---|---|---|---|
| 2000 | 71.5301 | 1.1941 | 1.70% |
| 2001 | 96.0715 | 24.5414 | 34.31% |
| 2002 | 99.2798 | 3.2083 | 3.34% |
| 2003 | 105.0279 | 5.7481 | 5.79% |
| 2004 | 157.4234 | 52.3955 | 49.89% |
| 2005 | 220.5436 | 63.1202 | 40.10% |
| 2006 | 221.8825 | 1.3389 | 0.61% |
| 2007 | 236.2919 | 14.4094 | 0.72% |
| 2008 | 335.3667 | 99.0748 | 41.93% |
| 2009 | 508.5439 | 173.1772 | 51.64% |
| 2010 | 467.1214 | −41.4225 | −8.15% |
| 2011 | 616.0542 | 148.9328 | 31.88% |
| 2012 | 780.5932 | 164.539 | 26.71% |
| 2013 | 933.6157 | 153.0225 | 19.60% |
| 2014 | 1019.1065 | 85.4908 | 9.16% |
| 2015 | 1089.1579 | 70.0514 | 6.87% |
| 2016 | 1064.57 | −24.5879 | −2.26% |
| 2017 | 1021.5345 | −43.0355 | −4.04% |
| 2018 | 1152.9274 | 131.3929 | 12.86% |

数据来源：作者计算整理所得。

## 2.CPTPP成员国农产品进口需求

根据表4-4所示，1993—2018年农产品贸易数据可以看出CPTPP成员国农产品世界总进口额在2009—2010年、2015—2016年以及2017—2018年出现了一定程度的下降，2018年为2106.8116亿美元。

表4-4　1993—2018年CPTPP国农产品进口额（单位：亿美元）

| 年份 | 进口额 | 增长量 | 增长率 |
| --- | --- | --- | --- |
| 1993 | 1009.6160 | — | — |
| 1994 | 1036.9015 | 27.2855 | 2.70% |
| 1995 | 1189.1992 | 152.2977 | 14.69% |
| 1996 | 1263.3882 | 74.189 | 6.24% |
| 1997 | 1344.3503 | 80.9621 | 6.41% |
| 1998 | 1358.0683 | 13.718 | 1.02% |
| 1999 | 1304.2278 | −53.8405 | −3.96% |
| 2000 | 1358.2945 | 54.0667 | 4.15% |
| 2001 | 1426.8825 | 68.588 | 5.05% |
| 2002 | 1428.0202 | 1.1377 | 0.08% |
| 2003 | 1470.5576 | 42.5374 | 2.98% |
| 2004 | 1607.2129 | 136.6553 | 9.29% |
| 2005 | 1793.0557 | 185.8428 | 11.56% |
| 2006 | 1914.6126 | 121.5569 | 6.78% |
| 2007 | 2068.9391 | 154.3265 | 8.06% |
| 2008 | 2320.6410 | 251.7019 | 12.17% |
| 2009 | 2676.7839 | 356.1429 | 15.35% |
| 2010 | 2389.5866 | −287.1973 | −10.73% |
| 2011 | 2719.9788 | 330.3922 | 13.83% |
| 2012 | 3285.2158 | 565.237 | 20.78% |
| 2013 | 3383.2336 | 98.0178 | 2.98% |
| 2014 | 3401.1338 | 17.9002 | 0.53% |
| 2015 | 3534.4132 | 133.2794 | 3.92% |
| 2016 | 3260.5479 | −273.8653 | −7.75% |
| 2017 | 3409.5719 | 149.024 | 4.57% |
| 2018 | 2106.8116 | −1302.7603 | −38.21% |

数据来源：作者计算整理所得。

## 二、中国与 CPTPP 成员国农产品出口结构调整能力比较

$$R^8 = 1 - \left[6\sum (d_{i1} - d_{i2})^2 / n \times (n^2 - 1)\right]$$

$R^8$ 为产品反应度，$d_{i1} - d_{i2}$ 为位差，$n$ 为序列数。

检验统计量：$I_{n-2} = \dfrac{R^8 \cdot \sqrt{n-2}}{\sqrt{1-(R^8)^2}}$

具体情况见表4-5。

表4-5 中国与CPTPP成员国农产品调整比较

| 年份 | 中国农产品调整 | | CPTPP 成员国农产品调整 | |
| --- | --- | --- | --- | --- |
| | 指数 | 检验统计量 | 指数 | 检验统计量 |
| 2003 | 0.20 | 0.35 | 0.40 | 0.05 |
| 2004 | 0.16 | 0.47 | 0.30 | 0.15 |
| 2005 | 0.09 | 0.68 | 0.24 | 0.25 |
| 2006 | −0.05 | 0.83 | −0.12 | 0.57 |
| 2007 | 0.29 | 0.18 | 0.18 | 0.39 |
| 2008 | 0.16 | 0.45 | 0.34 | 0.10 |
| 2009 | 0.45* | 0.03 | 0.21 | 0.24 |
| 2010 | 0.18 | 0.40 | 0.46** | 0.02 |
| 2011 | 0.50** | 0.01 | 0.49* | 0.02 |
| 2012 | 0.49** | 0.01 | 0.18 | 0.39 |
| 2013 | 0.13 | 0.55 | 0.44* | 0.03 |
| 2014 | 0.09 | 0.68 | −0.26 | 0.32 |
| 2015 | 0.53*** | 0.01 | 0.21 | 0.29 |
| 2016 | 0.34 | 0.11 | 0.53*** | 0.01 |
| 2017 | −0.13 | 0.20 | 0.04 | 0.10 |
| 2018 | −0.18 | 0.18 | 0.01 | 0.09 |

数据来源：作者计算整理所得（注：***、**、*分别代表显著性水平为1%、5%和10%）。

## 第四节 中国与CPTPP成员国农产品贸易波动影响因素分析

### 一、中国出口CPTPP成员国农产品贸易额波动因素实证分析

从表4-6可见，1993—2002年，中国出口CPTPP成员国农产品贸易额增长了38.01亿美元。在此期间，需求效应是主要驱动因素，贡献了15.75亿美元，占比41.42%。竞争力效应同样对农产品贸易额增长产生了重要影响，贡献了22.93亿美元，占比60.31%。相对而言，结构调整效应对这一阶段的影响较小，仅贡献了0.13亿美元，占比0.33%。

在2003—2008年，中国出口CPTPP成员国农产品贸易额增长了80.54亿美元，其中，需求效应占据了主导地位，贡献了67.09亿美元，占比高达83.32%。然而，结构调整效应在这一时期表现为负增长，减少了11.75亿美元，占比-14.60%。竞争力效应在此期间仍有较强的推动力，贡献了26.01亿美元，占比32.32%。

在2009—2018年，中国出口CPTPP成员国农产品贸易额增长了50.15亿美元。在这一阶段，竞争力效应成为最重要的驱动力，贡献了31.54亿美元，占比62.92%。同时，结构调整效应表现较为积极，贡献了15.15亿美元，占比30.21%。然而，需求效应在此期间的贡献较低，仅为4.12亿美元，占比8.21%。

表4-6　1993—2018年中国出口CPTPP成员国农产品贸易额波动

| 影响因素 | 1993—2002年 | 2003—2008年 | 2009—2018年 |
|---|---|---|---|
| 总增长额 | 38.01亿美元 | 80.54亿美元 | 50.15亿美元 |
| 需求绝对额 | 15.75亿美元 | 67.09亿美元 | 4.12亿美元 |
| 需求比重 | 41.42% | 83.32% | 8.21% |
| 结构调整绝对额 | 0.13亿美元 | -11.75亿美元 | 15.15亿美元 |
| 结构调整比重 | 0.33% | -14.60% | 30.21% |
| 竞争力绝对额 | 22.93亿美元 | 26.01亿美元 | 31.54亿美元 |
| 竞争力比重 | 60.31% | 32.32% | 62.92% |

数据来源：作者计算整理所得。

## 二、中国进口CPTPP成员国农产品贸易额波动因素实证分析

根据表4-7的实证分析结果，1995—1996年，中国自CPTPP成员国进口的农产品贸易额增加了24.53亿美元。其中，中国农产品的竞争力效应是主要驱动因素，贡献占比为72.78%，即17.85亿美元。进口需求效应属次要贡献，为21.69%，即5.32亿美元。与此同时，结构调整效应对贸易额的增长做出了较小的贡献，约为5.53%，即1.36亿美元。

在1997—1999年，中国进口CPTPP成员国农产品的贸易额下降了15.62亿美元。其中，竞争力效应下降了102.99%，即16.09亿美元，成为主要影响因

素。结构调整效应则对进口下降了3.12%，即0.49亿美元。相对而言，进口需求效应则增加了1.199亿美元，在一定程度上缓解了贸易下降的幅度。

在2000—2001年，CPTPP成员国农产品的进口需求效应促进了中国进口贸易额的增长，累计增幅达16.84亿美元。

在2003—2005年，中国进口CPTPP成员国农产品的贸易额增长显著，达80.72亿美元。这一增长主要归因于竞争力效应，贡献了59.98亿美元，占74.32%。此外，进口需求效应对贸易额增长的贡献较小，仅为2.49亿美元，占比3.09%。

表4-7 中国进口CPTPP成员国农产品的贸易额波动

| 年份 | 进口额波动 | 需求 | 比重 | 结构 | 比重 | 竞争力 | 比重 |
| --- | --- | --- | --- | --- | --- | --- | --- |
| 1995—1996 | 24.53 | 5.32 | 21.69% | 1.36 | 5.53% | 17.85 | 72.78% |
| 1997—1999 | -15.62 | 1.199 | -6.22% | 0.49 | 3.12% | -16.09 | 102.99% |
| 2000—2001 | 16.84 | 1.2 | 7.14% | -2.89 | -18.11% | 16.22 | 106.11% |
| 2003—2005 | 80.72 | 2.49 | 3.09% | 1.9 | 3.11% | 59.98 | 74.32% |

数据来源：作者计算整理所得。

## 第五节 研究结果及讨论

中国出口CPTPP成员国的农产品贸易额和中国进口CPTPP成员国农产品贸易额呈现不同变化态势。不同时间段，波动影响因素不同。CPTPP已达成协议的战略背景下，为保持中国与CPTPP成员国农产品贸易的相对稳定，实现中国农产品出口贸易的稳定上升，中国需要增强农产品的出口竞争优势，调整农产品的结构，充分发挥结构效应对出口贸易上升的积极影响。

作为农业大国的中国如何在日益激烈的市场竞争中占据有利地位具有重要研究意义。进一步梳理文献，笔者发现有很多学者结合TPP研究农产品贸易的竞争性与互补性，例如，翁鸣从农产品贸易竞争的角度分析TPP和TPSEP的特征。有关指数测算的研究成果极其丰硕。例如，周海燕采用IIT指数和TCI指数；佟继英采用TSC指数；李莎莎、李先德采用TCI指数；燕春蓉采用ESI指数和TCI指数。宣善文、李慧、祁春节、李婷婷、梁丹辉、药泽琼、姜徐宁、黄和亮采用RCA指数和TCI指数；吕宏芬、俞涔、张跃、刘恩财采用TSC指数、ESI指数和TCI指数；余妙志、孟庆子等采用RCA指数、ESI指数和TCI指数；刘李峰用CR指数和RTA指数；耿仲钟采用RCA指数、TCI指数、ESI指数和TII指数；佟光霁采用RCA指数、NRCA指数、TCI指数和CI指数；王晓英、王嘉铭采用了ESI指数、CI指数、TII指数以及RTA指数；别诗杰、祁春节采用的是RCA指数、G-L指数、TCI指数和TII指数。

　　这些研究成果为本书提供了思路，本书尝试使用6种相关测定指标及2006—2018年相关数据进行中国与CPTPP成员国农产品贸易关系竞争性与互补性分析。

# 第五章

# 中国与CPTPP成员国农产品贸易竞争性与互补性分析

## 第一节　相关指标测定

本书分析中国与CPTPP成员国农产品贸易竞争性指标有如下三个。

MS指一国某产品的出口在全世界同种产品出口中的份额与该国所有产品的出口在世界总出口中的份额的比率。

$$MS = \frac{A}{B}$$

RCA即一国某产品出口总额占世界该产品出口总额的比率。

$$RCA_{ij} = \frac{X_{ij}/X_{it}}{X_{wj}/X_{wt}}$$

=（$i$国$j$出口额）/（$i$国出口总额）/（$j$世界出口总额）/（世界总出口额）

TSC指是指一国进出口贸易的差额占进出口贸易总额的比重。

$$TSC = \frac{X-M}{X+M}$$

$$C_{ij} = \sum_{k}\left[C_{ij}^{k} \times \left(\frac{W_k}{W}\right)\right]$$

ES能比较两国竞争关系。

$$ES_{ij} = \left[\sum_{k}\min\left[\frac{X_i^k}{X_i}, \frac{X_j^k}{X_j}\right]\right] \times 100$$

其中，$ES_{ij}$表示出口相似度指数。

TI代表贸易相互依存度。

$$TI_{ij} = \frac{X_{ij}/X_i}{M_i/M_w}$$

## 第二节　研究对象的选取

将农产品界定为 HS 商品分类中第一大类至第四大类（HS01—HS24）及其他类（HS51和HS52）的所有商品。CPTPP成员国和美国是研究对象。

## 第三节 计算结果及分析

### 一、国际市场占有率指标（MS）

由表5-1可知，2018年，CPTPP成员国中农产品国际竞争力最强的是加拿大（MS为3.40%），其次是澳大利亚（MS为2.36%）、墨西哥（MS为2.23%）和越南（MS为2.01%）。2017年，美国退出TPP，美国农产品国际竞争力最强（MS为11.13%）；其次分别是中国（MS为4.28%）、加拿大（MS为3.36%）、澳大利亚（MS为2.24%）和墨西哥（MS为2.06%）。

表5-1 2009—2018年中国和CPTPP成员国及美国的农产品贸易国际市场占有率

| 国家 | 2009 | 2010 | 2011 | 2012 | 2013 | 2014 | 2015 | 2016 | 2017 | 2018 |
|---|---|---|---|---|---|---|---|---|---|---|
| 中国 | 2.98% | 2.96% | 3.07% | 2.74% | 2.97% | 3.23% | 3.22% | 5.29% | 4.28% | 6.27% |
| 澳大利亚 | 3.08% | 2.94% | 2.41% | 2.26% | 2.28% | 2.47% | 2.49% | 2.53% | 2.24% | 2.36% |
| 马来西亚 | 1.65% | 1.78% | 2.02% | 2.35% | 1.94% | 0.30% | 2.72% | 1.88% | 1.87% | 1.50% |
| 新加坡 | 0.55% | 0.56% | 0.57% | 0.57% | 0.58% | 0.62% | 0.62% | 1.54% | 1.10% | 0.67% |
| 智利 | 0.73% | 0.74% | 0.75% | 0.71% | 0.81% | 0.82% | 0.79% | 0.84% | 0.85% | 1.16% |

续表

| 国家 | 2009 | 2010 | 2011 | 2012 | 2013 | 2014 | 2015 | 2016 | 2017 | 2018 |
|---|---|---|---|---|---|---|---|---|---|---|
| 新西兰 | 1.66% | 1.52% | 1.54% | 1.33% | 1.38% | 1.54% | 1.16% | 0.94% | 1.02% | 1.62% |
| 秘鲁 | 0.21% | 0.25% | 0.23% | 0.25% | 0.26% | 0.30% | 0.35% | 1.15% | 0.77% | 0.61% |
| 加拿大 | 3.34% | 3.43% | 3.38% | 3.48% | 3.27% | 3.21% | 3.12% | 3.67% | 3.36% | 3.40% |
| 越南 | 0.55% | 0.60% | 0.65% | 0.72% | 0.79% | 1.00% | 1.03% | 2.48% | 1.88% | 2.01% |
| 墨西哥 | 1.62% | 1.86% | 1.65% | 1.46% | 1.61% | 1.58% | 1.60% | 2.63% | 2.06% | 2.23% |
| 日本 | 0.30% | 0.28% | 0.26% | 0.26% | 0.29% | 0.30% | 0.25% | 1.31% | 0.79% | 0.47% |
| 美国 | 10.00% | 9.90% | 10.61% | 11.13% | 10.63% | 11.00% | 10.65% | 10.81% | 11.13% | 10.26% |

数据来源：作者计算整理所得。

## 二、显性比较优势指数（RCA）

2018年，中国、CPTPP成员国及美国的农产品RCA值见表5-2。通过RCA值，中国和CPTPP成员国以及美国的农产品比较优势如表5-3所示。

表5-2　中国和CPTPP成员国及美国农产品的显性比较优势指数（2018年）

| HS编码 | 中国 | 澳大利亚 | 文莱 | 加拿大 | 智利 | 日本 | 马来西亚 | 墨西哥 | 新西兰 | 秘鲁 | 新加坡 | 越南 | 美国 |
|---|---|---|---|---|---|---|---|---|---|---|---|---|---|
| 01 | 0.42 | 2.26 | 0.29 | 2.20 | 0.09 | 0.28 | 0.54 | 1.37 | 0.56 | 0.04 | 0.02 | 0.05 | 0.44 |
| 02 | 0.12 | 2.87 | 0.04 | 1.34 | 0.56 | 0.33 | 0.02 | 0.61 | 2.26 | 0.01 | 0.11 | 0.04 | 1.25 |
| 03 | 2.12 | 0.41 | 7.28 | 1.58 | 4.43 | 2.89 | 0.33 | 0.44 | 0.68 | 1.26 | 0.38 | 2.93 | 0.51 |
| 04 | 0.10 | 0.79 | 0.14 | 0.16 | 0.14 | 0.09 | 0.33 | 0.17 | 6.69 | 0.20 | 0.49 | 0.07 | 0.47 |
| 05 | 3.82 | 1.03 | 0.00 | 0.91 | 0.29 | 1.24 | 0.06 | 0.20 | 2.09 | 0.10 | 0.23 | 0.24 | 1.14 |
| 06 | 0.27 | 0.03 | 0.13 | 0.64 | 0.31 | 1.25 | 0.44 | 0.18 | 0.14 | 0.13 | 0.15 | 0.16 | 0.21 |
| 07 | 2.95 | 1.53 | 0.08 | 2.45 | 0.17 | 0.17 | 0.28 | 4.75 | 0.30 | 1.65 | 0.06 | 0.49 | 0.74 |
| 08 | 0.91 | 0.59 | 0.02 | 0.21 | 5.03 | 0.40 | 0.12 | 3.08 | 1.20 | 4.04 | 0.21 | 3.16 | 1.50 |
| 09 | 1.06 | 0.05 | 0.11 | 0.54 | 0.02 | 0.76 | 0.18 | 0.50 | 0.01 | 3.00 | 0.72 | 5.00 | 0.25 |
| 10 | 0.10 | 2.30 | 0.18 | 1.84 | 0.07 | 0.07 | 0.01 | 0.26 | 0.01 | 0.20 | 0.05 | 1.14 | 1.56 |
| 11 | 0.50 | 1.24 | 0.60 | 1.68 | 0.33 | 0.80 | 0.33 | 0.46 | 0.07 | 0.27 | 0.36 | 2.18 | 0.47 |
| 12 | 0.10 | 0.24 | 0.12 | 0.33 | 0.06 | 0.40 | 0.04 | 0.07 | 0.10 | 0.27 | 0.13 | 0.05 | 2.65 |
| 13 | 2.73 | 0.05 | 0.00 | 0.23 | 1.18 | 0.79 | 0.09 | 0.75 | 0.04 | 0.26 | 0.49 | 0.26 | 0.67 |

续表

| HS编码 | 中国 | 澳大利亚 | 文莱 | 加拿大 | 智利 | 日本 | 马来西亚 | 墨西哥 | 新西兰 | 秘鲁 | 新加坡 | 越南 | 美国 |
|---|---|---|---|---|---|---|---|---|---|---|---|---|---|
| 14 | 2.60 | 0.00 | 1.39 | 0.10 | 2.58 | 0.48 | 5.32 | 2.75 | 0.12 | 7.65 | 1.28 | 1.06 | 0.46 |
| 15 | 0.15 | 0.27 | 0.19 | 1.19 | 0.19 | 0.43 | 9.73 | 0.14 | 0.09 | 0.70 | 0.45 | 0.10 | 0.35 |
| 16 | 3.14 | 0.11 | 0.81 | 0.64 | 0.68 | 2.64 | 0.39 | 0.22 | 0.29 | 0.82 | 0.23 | 2.23 | 0.44 |
| 17 | 0.66 | 0.20 | 0.16 | 0.73 | 0.06 | 0.64 | 0.35 | 1.62 | 0.17 | 0.30 | 0.24 | 0.16 | 0.45 |
| 18 | 0.14 | 0.17 | 0.05 | 1.16 | 0.04 | 0.38 | 1.90 | 0.68 | 0.14 | 0.85 | 2.25 | 0.02 | 0.43 |
| 19 | 0.42 | 0.60 | 0.97 | 1.74 | 0.31 | 1.95 | 1.40 | 1.35 | 1.01 | 0.37 | 3.44 | 0.48 | 0.61 |
| 20 | 2.18 | 0.10 | 0.23 | 1.02 | 0.91 | 0.33 | 0.19 | 1.26 | 0.24 | 1.59 | 0.54 | 0.42 | 0.83 |
| 21 | 0.85 | 1.01 | 2.01 | 0.88 | 0.44 | 3.46 | 1.40 | 0.72 | 0.86 | 0.18 | 4.07 | 0.51 | 1.30 |
| 22 | 0.34 | 0.88 | 3.11 | 0.30 | 1.67 | 1.44 | 0.48 | 2.35 | 0.79 | 0.15 | 3.68 | 0.13 | 0.75 |
| 23 | 0.55 | 0.24 | 0.24 | 0.95 | 0.42 | 0.25 | 0.36 | 0.14 | 0.19 | 3.53 | 0.43 | 0.38 | 1.17 |
| 24 | 0.54 | 0.05 | 0.00 | 0.17 | 0.21 | 0.64 | 0.41 | 0.24 | 0.09 | 0.02 | 3.97 | 0.35 | 0.52 |
| 51 | 1.62 | 13.68 | 0 | 0.10 | 0.80 | 0.44 | 0.41 | 0.19 | 21.25 | 4.37 | 0.02 | 0.04 | 0.41 |
| 52 | 2.43 | 3.05 | 0 | 0.02 | 0 | 0.28 | 0.53 | 0.29 | 0.04 | 0.84 | 0.05 | 2.68 | 0.09 |

数据来源：作者计算整理所得。

表5-3 中国和CPTPP成员国及美国的农产品比较优势（2018年）

| 国家 | 极强比较优势 | 较强比较优势 | 一般比较优势 |
|---|---|---|---|
| 中国 | HS05（3.82）；HS16（3.14）；HS13（2.73）；HS07（2.95）；HS14（2.60） | HS20（2.18）；HS03（2.12）；HS51（1.62）；HS52（2.43） | HS09（1.06） |
| 澳大利亚 | HS51（13.68）；HS53（3.05）；HS02（2.87） | HS01（2.26）；HS10（2.30）；HS07（1.53） | HS11（1.24）；HS05（1.03）；HS21（1.01）；HS22（0.88） |
| 文莱 | HS03（7.28）；HS22（3.11） | HS21（2.01）；HS14（1.39） | HS19（0.97）；HS16（0.81） |
| 加拿大 | 无 | HS01（2.20）；HS02（1.34）；HS03（1.58）；HS07（2.45）；HS10（1.84）；HS11（1.68）；HS19（1.74） | HS15（1.19）；HS05（0.91） |

续表

| 国家 | 极强比较优势 | 较强比较优势 | 一般比较优势 |
|---|---|---|---|
| 智利 | HS08（5.03）；HS03（4.43）；HS14（2.58） | HS22（1.67） | HS13（1.18）；HS20（0.91）；HS51（0.8） |
| 日本 | HS03（2.89）；HS21（3.46）；HS16（2.64） | HS19（1.95）；HS22（1.44）；HS06（1.25） | HS11（0.80）；HS05（1.24） |
| 马来西亚 | HS15（9.73）；HS14（5.32） | HS18（1.90）；HS19（1.40）；HS21（1.40） | |
| 墨西哥 | HS07（4.75）；HS14（2.75）；HS08（3.08） | HS01（1.37）；HS17（1.62）；HS22（2.35）；HS19（1.35）；HS20（1.26） | |
| 新西兰 | HS51（21.25）；HS04（6.69） | HS02（2.26）；HS05（2.09） | HS08（1.20）；HS19（1.01）；HS21（0.86） |
| 秘鲁 | HS14（7.65）；HS51（4.37）；HS23（3.53）；HS09（3.00）；HS08（4.04） | HS20（1.59）；HS07（1.65）；HS03（1.26） | HS16（0.82）；HS18（0.85）；HS52（0.84） |
| 新加坡 | HS21（4.07）；HS22（3.68）；HS19（3.44）；HS24（3.97） | HS18（2.25）；HS14（1.28） | |
| 越南 | HS09（5.00）；HS08（3.16）；HS03（2.93）；HS52（2.68） | HS11（2.18）；HS16（2.23） | HS10（1.14）；HS14（1.06） |
| 美国 | HS12（2.65） | HS10（1.56）；HS08（1.50）；HS02（1.25）；HS21（1.30） | HS23（1.17） |

数据来源：作者整理所得。

根据RCA值的大小，比较优势分为极强比较优势、较强比较优势和一般比较优势三种类型。中国极强比较优势的农产品是蔬菜制品、鱼、羊毛和棉花；一般比较优势的农产品是咖啡。澳大利亚极强比较优势的农产品是羊毛、棉花和肉；较强比较优势的农产品是活动物、谷物和食用蔬菜；一般比较优势的农产品是麦芽淀粉、其他动物、饮料、酒和醋。文莱极强比较优势的农产品是鱼、饮料、酒和醋；较强比较优势的农产品是食用原料和植物产品；一般比较优势的农产品是谷物和肉。加拿大极强比较优势的农产品是麦芽淀粉和糕饼点心；一般比较优势的农产品是其他动物和动植物油。智利极强比较优势的农产品是水果及坚果、鱼和植物材料。日本极强比较优势的农产品是鱼、可食用原料和肉；较强比较优势的农产品是糕饼点心、饮料、酒、醋和树；一般比较优势的农产品是麦芽淀粉和其他动物。马来西亚极强比较优势的农产品是动植物油和植物材料。墨西哥极强比较优势的农产品是食用蔬菜、植物材料和水果坚果；较强比较优势的农产品是活动物、糖、饮料、酒及醋、谷物糕饼点心和蔬菜水果坚果。新西兰极强比较优势的农产品是羊毛和乳品；较强比较优势的农产品是肉和其他动物；一般比较优势的农产品是水果坚果、谷物糕饼点心和食用原料。秘鲁极强比较优势的农产品是植物材料、羊毛、动物饲料、食用蔬菜和鱼；一般比较优势的农产品是肉、可可和棉花。新加坡极强比较优势的农产品是植物材料、羊毛、动物饲料、咖啡和水果坚果；较强比较优势的农产品是蔬菜水果坚果、食用蔬菜和鱼；一般比较优势的农产品是肉、可可和棉花。越南极强比较优势的农产品是咖啡、食用水果坚果、鱼和棉花；较强比较优势的农产品是麦芽淀粉和肉；一般比较优势的农产品是谷物和植物材料。美国极强比较优势的农产品是果仁、谷物、食用水果坚果、肉和食用原料（见表5-4）。

表5-4　在农产品大类方面，2018年中国与CPTPP成员国及美国比较优势

| HS编码 | 极强比较优势 | 较强比较优势 | 一般比较优势 |
| --- | --- | --- | --- |
| 01 | | 澳大利亚、加拿大 | |
| | | 墨西哥 | |
| 02 | 澳大利亚 | 加拿大、新西兰、美国 | |

续表

| HS编码 | 极强比较优势 | 较强比较优势 | 一般比较优势 |
|---|---|---|---|
| 03 | 文莱、智利、日本、越南 | 中国、加拿大、秘鲁 | |
| 04 | 新西兰 | | |
| 05 | 中国 | 新西兰 | 澳大利亚、加拿大、日本 |
| 06 | | 日本 | |
| 07 | 墨西哥、中国 | 加拿大、澳大利亚 | |
| | | 秘鲁 | |
| 08 | 秘鲁、智利、墨西哥、越南 | 美国 | 新西兰 |
| 09 | 秘鲁、越南 | | 中国 |
| 10 | | 加拿大、澳大利亚 | 越南 |
| | | 美国 | |
| 11 | | 加拿大、越南 | 澳大利亚、日本 |
| 12 | 美国 | | |
| 13 | 中国 | | |
| 14 | 秘鲁、智利、马来西亚、中国、墨西哥 | 文莱、新加坡 | 越南 |
| 16 | 中国、日本 | 越南 | 秘鲁 |
| 17 | | 墨西哥 | |
| 18 | | 新加坡、马来西亚 | 秘鲁 |
| 19 | 新加坡 | 墨西哥、马来西亚 | 文莱、新西兰 |
| | | 日本 | |
| | | 加拿大 | |
| 20 | | 中国、墨西哥、秘鲁 | 智利 |
| 21 | 新加坡、日本 | 文莱、马来西亚 | 澳大利亚、新西兰 |
| | | 美国 | |
| 22 | 新加坡、文莱 | 日本、墨西哥、智利 | 澳大利亚 |
| 23 | 秘鲁 | | 美国 |
| 24 | 新加坡 | | |
| 51 | 澳大利亚、新西兰、秘鲁 | 中国 | |
| 52 | 澳大利亚、越南 | 中国 | |

数据来源：经作者整理而得。

## 三、贸易专业化指数（TSC）

中国、CPTPP成员国及美国农产品贸易专业化指数比较，见表5-5。它们的出口竞争力归纳总结见表5-6。

**表5-5　2018年中国与CPTPP成员国及美国的农产品贸易专业化指数**

| HS 编码 | 中国 | 澳大利亚 | 文莱 | 加拿大 | 智利 | 日本 | 马来西亚 | 墨西哥 | 新西兰 | 秘鲁 | 新加坡 | 越南 | 美国 |
|---|---|---|---|---|---|---|---|---|---|---|---|---|---|
| 01 | 0.21 | 0.81 | -0.99 | 0.62 | 0.28 | -0.77 | 0.49 | 0.57 | 0.54 | -0.53 | -0.96 | -0.88 | -0.48 |
| 02 | -0.82 | 0.89 | -1.00 | 0.43 | -0.27 | -0.96 | -0.92 | -0.38 | 0.92 | -0.90 | -0.80 | -0.56 | 0.33 |
| 03 | 0.24 | 0.09 | -0.73 | 0.38 | 0.97 | -0.78 | -0.23 | 0.18 | 0.84 | 0.58 | -0.51 | 0.63 | -0.54 |
| 04 | -0.79 | 0.27 | -1.00 | -0.17 | -0.34 | -0.96 | -0.30 | -0.68 | 0.97 | -0.31 | -0.53 | -0.63 | 0.27 |
| 05 | 0.58 | 0.47 | -1.00 | 0.25 | -0.16 | -0.83 | -0.51 | -0.68 | 0.76 | -0.62 | -0.42 | -0.67 | 0.03 |
| 06 | 0.09 | -0.79 | -0.99 | -0.02 | 0.43 | -0.65 | 0.85 | -0.18 | 0.59 | -0.44 | -0.60 | -0.22 | -0.67 |
| 07 | 0.69 | 0.78 | -1.00 | 0.17 | 0.08 | -0.96 | -0.56 | 0.86 | 0.59 | 0.71 | -0.92 | -0.02 | -0.37 |
| 08 | -0.09 | 0.22 | -1.00 | -0.78 | 0.93 | -0.89 | -0.60 | 0.74 | 0.71 | 0.90 | -0.66 | 0.25 | -0.10 |
| 09 | 0.72 | -0.87 | -0.99 | -0.39 | -0.90 | -0.84 | -0.61 | 0.22 | -0.90 | 0.91 | -0.18 | 0.91 | -0.76 |
| 10 | -0.81 | 0.95 | -0.99 | 0.80 | -0.77 | -0.99 | -0.98 | -0.74 | -0.88 | -0.82 | -0.75 | 0.02 | 0.77 |
| 11 | -0.26 | 0.66 | -0.99 | 0.51 | -0.22 | -0.75 | -0.62 | -0.52 | -0.41 | -0.37 | -0.53 | 0.53 | -0.31 |
| 12 | -0.89 | 0.74 | -0.64 | 0.79 | 0.46 | -0.92 | -0.83 | -0.91 | 0.31 | -0.16 | -0.32 | -0.80 | 0.83 |
| 13 | 0.68 | -0.80 | -1.00 | -0.49 | 0.63 | -0.84 | -0.66 | 0.04 | -0.58 | -0.11 | -0.33 | -0.23 | -0.46 |
| 14 | -0.14 | -0.98 | -0.65 | -0.69 | 0.87 | -0.97 | 0.89 | 0.74 | 0.29 | 0.73 | -0.46 | 0.67 | -0.52 |
| 15 | -0.82 | 0.01 | -0.99 | 0.55 | -0.50 | -0.78 | 0.79 | -0.65 | -0.29 | -0.05 | -0.59 | -0.61 | -0.37 |
| 16 | 0.95 | -0.72 | -0.97 | -0.22 | 0.24 | -0.82 | 0.31 | -0.34 | 0.33 | 0.40 | -0.71 | 0.95 | -0.43 |
| 17 | 0.11 | -0.18 | -0.99 | -0.09 | -0.81 | -0.72 | -0.64 | 0.29 | -0.43 | -0.61 | -0.60 | -0.36 | -0.35 |
| 18 | -0.27 | -0.60 | -1.00 | 0.01 | -0.71 | -0.85 | 0.12 | 0.15 | -0.34 | 0.68 | 0.16 | -0.44 | -0.44 |
| 19 | -0.55 | -0.18 | -0.98 | 0.06 | 0.08 | -0.34 | 0.30 | 0.54 | 0.53 | -0.01 | 0.50 | 0.06 | -0.29 |
| 20 | 0.75 | -0.76 | -0.99 | -0.13 | 0.41 | -0.95 | -0.37 | 0.40 | 0.00 | 0.71 | -0.33 | 0.73 | -0.26 |
| 21 | 0.15 | -0.03 | -0.95 | -0.25 | -0.14 | -0.24 | 0.18 | -0.14 | 0.19 | -0.63 | 0.42 | -0.03 | 0.28 |
| 22 | -0.41 | 0.11 | -0.87 | -0.68 | 0.65 | -0.65 | 0.11 | 0.68 | 0.54 | -0.39 | 0.02 | 0.20 | -0.50 |
| 23 | -0.12 | -0.26 | -0.99 | 0.16 | -0.37 | -0.92 | -0.43 | -0.72 | -0.44 | 0.45 | 0.38 | -0.68 | 0.53 |
| 24 | -0.14 | -0.87 | -1.00 | 0.19 | 0.50 | -0.95 | 0.01 | 0.31 | -0.58 | -0.71 | 0.10 | -0.03 | 0.00 |
| 51 | 0.00 | 0.00 | 0.00 | 0.00 | 0.00 | -0.39 | 0.06 | -0.31 | 0.92 | 0.72 | -0.15 | -0.95 | -0.57 |
| 52 | 0.27 | 0.93 | -0.98 | -0.64 | -0.45 | -0.10 | -0.25 | -0.61 | -0.58 | -0.73 | -0.03 | -0.21 | 0.78 |

数据来源：作者计算整理所得。

表5-6　2018年中国与CPTPP成员国及美国的农产品出口竞争力比较

| 国家 | 极强竞争力 | 较强竞争力 | 较低竞争力 | 不具备竞争力 |
| --- | --- | --- | --- | --- |
| 中国 | HS16 | HS05、HS07、HS09、HS13、HS20 | HS01、HS03、HS06、HS17、HS21、HS51、HS52 | 其他 |
| 澳大利亚 | HS01、HS02、HS10、HS52 | HS07、HS11、HS12 | HS03、HS04、HS05、HS08、HS15、HS22、HS51 | 其他 |
| 文莱 | 无 | 无 | HS51 | 除HS51外的所有农产品 |
| 加拿大 | HS10 | HS01、HS11、HS12、HS15 | 无 | 其他 |
| 智利 | HS03、HS08、HS14 | HS13、HS22、HS24 | HS01、HS06、HS7、HS12、HS16、HS19、HS20、HS51 | 其他 |
| 日本 | 无 | 无 | 无 | 所有 |
| 马来西亚 | HS06、HS14 | HS15 | HS01、HS16、HS18、HS19、HS21、HS22、HS24、HS51 | 其他 |
| 墨西哥 | HS07 | HS01、HS08、HS14、HS19、HS22 | HS03、HS09、HS13、HS17、HS18、HS20、HS24 | 其他 |
| 新西兰 | HS02、HS03、HS04、HS51 | HS01、HS05、HS06、HS07、HS08、HS19、HS22 | HS12、HS14、HS16、HS20、HS21 | 其他 |
| 秘鲁 | HS08、HS09 | HS03、HS07、HS14、HS18、HS20、HS51 | HS16、HS23 | 其他 |
| 新加坡 | 无 | 无 | HS18、HS19、HS21、HS22、HS23、HS24 | 除较低竞争力农产品之外的产品 |
| 越南 | HS09、HS16 | HS03、HS11、HS14、HS20 | HS08、HS10、HS19、HS22 | 其他 |
| 美国 | HS12 | HS10、HS23、HS52 | HS02、HS04、HS05、HS12、HS21、HS24 | 其他 |

数据来源：作者计算整理所得。

## 四、贸易互补性指数（TCI）

由表5-7可知中国出口CPTPP成员国及美国的农产品贸易互补性指数。中国出口与CPTPP成员国存在互补性的农产品种类最多的是马来西亚。由表5-8和表5-9可知，CPTPP成员国出口和中国进口存在互补农产品种类最多的是澳大利亚。

表5-7 农产品贸易互补性指数

| HS编码 | 中澳 | 中文 | 中加 | 中智 | 中日 | 中马 | 中墨 | 中新（西兰） | 中秘 | 中新（加坡） | 中越 | 中美 |
|---|---|---|---|---|---|---|---|---|---|---|---|---|
| 01 | 0.26 | 0.63 | 0.20 | 0.07 | 0.12 | 0.24 | 0.30 | 0.47 | 0.19 | 0.64 | 0.81 | 0.86 |
| 02 | 0.10 | 0.13 | 0.17 | 0.48 | 0.35 | 0.13 | 0.43 | 0.12 | 0.06 | 0.16 | 0.04 | 0.15 |
| 03 | 2.62 | 2.63 | 2.25 | 0.40 | 6.26 | 2.23 | 1.09 | 0.89 | 0.96 | 2.16 | 3.13 | 4.63 |
| 04 | 0.12 | 0.16 | 0.03 | 0.06 | 0.04 | 0.14 | 0.15 | 0.08 | 0.14 | 0.21 | 0.11 | 0.04 |
| 05 | 5.46 | 0.85 | 2.74 | 4.19 | 7.89 | 1.21 | 7.21 | 5.25 | 4.12 | 2.19 | 18.79 | 5.78 |
| 06 | 0.19 | 0.16 | 0.33 | 0.16 | 0.27 | 0.02 | 0.15 | 0.07 | 0.13 | 0.19 | 0.16 | 0.44 |
| 07 | 1.12 | 3.40 | 4.62 | 0.69 | 2.21 | 2.85 | 0.82 | 0.89 | 0.95 | 2.23 | 1.64 | 3.89 |
| 08 | 0.69 | 0.81 | 1.62 | 0.29 | 0.49 | 0.39 | 0.48 | 0.85 | 0.29 | 0.66 | 0.89 | 1.19 |
| 09 | 1.59 | 0.60 | 1.59 | 0.69 | 1.12 | 1.21 | 0.39 | 0.79 | 0.20 | 1.19 | 0.35 | 2.10 |
| 10 | 0.02 | 0.11 | 0.04 | 0.13 | 0.12 | 0.12 | 0.18 | 0.06 | 0.33 | 0.03 | 0.16 | 0.03 |
| 11 | 0.39 | 1.29 | 0.50 | 1.10 | 0.50 | 1.50 | 1.06 | 0.60 | 0.90 | 0.71 | 1.21 | 0.70 |
| 12 | 0.15 | 0.05 | 0.23 | 0.22 | 0.71 | 0.30 | 1.21 | 0.15 | 0.50 | 0.16 | 0.73 | 0.30 |
| 13 | 4.30 | 0.32 | 3.21 | 3.30 | 3.11 | 1.90 | 3.20 | 2.60 | 2.40 | 2.01 | 2.11 | 10.60 |
| 14 | 1.29 | 0.15 | 1.10 | 0.19 | 4.00 | 1.01 | 0.80 | 0.52 | 2.00 | 5.20 | 0.42 | 2.39 |
| 15 | 0.09 | 0.07 | 0.07 | 0.23 | 0.06 | 0.26 | 0.13 | 0.10 | 0.22 | 0.19 | 0.12 | 0.12 |
| 16 | 6.80 | 4.39 | 5.39 | 3.60 | 10.80 | 1.01 | 2.30 | 2.90 | 2.02 | 4.60 | 0.20 | 4.59 |
| 17 | 0.59 | 0.50 | 0.80 | 1.40 | 0.32 | 1.80 | 0.80 | 1.72 | 0.90 | 0.70 | 0.50 | 0.80 |
| 18 | 0.33 | 0.23 | 0.27 | 0.13 | 0.12 | 0.15 | 0.53 | 0.30 | 0.08 | 0.29 | 0.01 | 0.19 |
| 19 | 0.90 | 1.22 | 0.96 | 0.37 | 0.23 | 0.57 | 0.32 | 0.85 | 0.40 | 0.50 | 0.49 | 0.52 |
| 20 | 4.40 | 2.49 | 4.50 | 2.50 | 3.43 | 1.32 | 1.80 | 3.30 | 1.50 | 1.80 | 0.19 | 3.69 |
| 21 | 2.80 | 1.39 | 1.39 | 1.02 | 0.49 | 1.21 | 1.12 | 2.51 | 1.21 | 1.32 | 0.91 | 0.71 |
| 22 | 0.62 | 0.39 | 0.59 | 0.31 | 0.33 | 0.20 | 0.20 | 0.40 | 0.15 | 0.90 | 0.10 | 0.70 |

续表

| HS编码 | 中澳 | 中文 | 中加 | 中智 | 中日 | 中马 | 中墨 | 中新（西兰） | 中秘 | 中新（加坡） | 中越 | 中美 |
|---|---|---|---|---|---|---|---|---|---|---|---|---|
| 23 | 0.80 | 1.59 | 0.69 | 2.40 | 0.70 | 1.20 | 0.89 | 2.59 | 2.40 | 0.13 | 3.80 | 0.33 |
| 24 | 1.06 | 0.00 | 0.10 | 0.11 | 1.28 | 0.77 | 0.09 | 0.54 | 0.16 | 1.42 | 0.41 | 0.36 |
| 51 | 0.72 | 0.02 | 0.26 | 0.26 | 1.20 | 0.14 | 0.22 | 1.27 | 0.24 | 0.96 | 0.23 | 0.52 |
| 52 | 0.35 | 0.01 | 0.35 | 0.23 | 4.19 | 0.28 | 0.23 | 0.96 | 0.23 | 0.87 | 0.35 | 0.47 |

数据来源：作者计算整理所得。

### 表5-8 中国出口与CPTPP成员国及美国进口存在互补性的农产品

| 国家 | 农产品 |
|---|---|
| 澳大利亚 | HS03；HS05；HS21；HS07；HS09；HS13；HS14；HS16；HS20；HS24 |
| 文莱 | HS03；HS07；HS11；HS16；HS19；HS20；HS21；HS23 |
| 加拿大 | HS03；HS05；HS21；HS07；HS08；HS09；HS13；HS14；HS16；HS20 |
| 智利 | HS05；HS21；HS23；HS11；HS13；HS16；HS17；HS20 |
| 日本 | HS03；HS05；HS07；HS09；HS13；HS14；HS16；HS20；HS24；HS51；HS52 |
| 马来西亚 | HS03；HS05；HS21；HS23；HS07；HS09；HS11；HS13；HS16；HS17；HS20 |
| 墨西哥 | HS03；HS05；HS21；HS11；HS13；HS16；HS20；HS12 |
| 新西兰 | HS05；HS21；HS23；HS13；HS16；HS17；HS20；HS51 |
| 秘鲁 | HS05；HS21；HS23；HS13；HS14；HS16；HS20 |
| 新加坡 | HS03；HS05；HS21；HS07；HS09；HS13；HS14；HS16；HS20；HS24 |
| 越南 | HS03；HS05；HS23；HS07；HS11；HS13 |
| 美国 | HS03；HS05；HS07；HS08；HS09；HS13；HS14；HS16；HS20 |

数据来源：作者计算整理所得。

表5-9　CPTPP成员国和美国出口与中国进口存在互补性的农产品

| 国家 | 农产品 |
|---|---|
| 澳大利亚 | HS01；HS02；HS04；HS10；HS12；HS11；HS51；HS52 |
| 文莱 | HS03；HS04；HS07；HS11；HS19；HS22 |
| 加拿大 | HS01；HS07；HS10；HS12；HS11；HS15 |
| 智利 | HS03；HS08；HS12；HS14 |
| 日本 | HS03；HS05；HS21；HS12；HS14；HS19 |
| 马来西亚 | HS14；HS15 |
| 墨西哥 | HS01；HS07；HS08；HS14；HS17 |
| 新西兰 | HS02；HS04；HS05；HS51；HS52 |
| 秘鲁 | HS03；HS08；HS12；HS14；HS15；HS23 |
| 新加坡 | HS14；HS19；HS22；HS21；HS24 |
| 越南 | HS03；HS08；HS10；HS11；HS14 |
| 美国 | HS10；HS12 |

数据来源：作者计算整理所得。

## 五、出口相似度指数（ESI）

根据表5-10所示，从总体来看，2018年，中国与美国、CPTPP成员国中的日本和越南的出口相似度较高。中国与越南出口相似度最高的产品为资源密集型农产品HS03、加工农产品HS16和劳动密集型农产品HS08。

表5-10　中国与CPTPP成员国、美国的农产品出口相似度指数

| 中澳 | 中文 | 中加 | 中智 | 中日 | 中马 | 中墨 | 中新（西兰） | 中秘 | 中新（加坡） | 中越 | 中美 |
|---|---|---|---|---|---|---|---|---|---|---|---|
| 29.29 | 41.50 | 50.33 | 50.39 | 63.69 | 25.42 | 48.26 | 30.00 | 53.40 | 30.01 | 61.39 | 62.02 |

数据来源：作者计算整理所得。

## 六、贸易结合度指数（TII）

研究表明，中国与越南、马来西亚和日本的农产品贸易密切。近年来，中国与日本贸易结合度指数普遍下降，说明二者的农产品贸易结合度略有变化。2010—2012年，中澳贸易结合度均超过2。中美贸易结合度开始下跌，从2010年的2.32降至2018年的1.11，意味着中美农产品贸易紧密程度变弱。中国与新加坡的农产品贸易密集程度也不断下降。自2010年的峰值2.31下降至2018年的1.53。见表5-11。

表5-11 中国与CPTPP成员国、美国的贸易结合度指数

| 国家 | 2006 | 2007 | 2008 | 2009 | 2010 | 2011 | 2012 | 2013 | 2014 | 2015 | 2016 | 2017 | 2018 |
| --- | --- | --- | --- | --- | --- | --- | --- | --- | --- | --- | --- | --- | --- |
| 澳大利亚 | 1.13 | 1.27 | 1.36 | 1.59 | 2.63 | 2.20 | 2.08 | 1.91 | 1.91 | 1.73 | 1.95 | 2.22 | 1.23 |
| 文莱 | 0.32 | 0.33 | 0.32 | 0.33 | 0.66 | 0.55 | 0.54 | 0.69 | 0.56 | 0.53 | 0.01 | 0.47 | 0.65 |
| 加拿大 | 0.48 | 0.47 | 0.55 | 0.65 | 1.14 | 1.00 | 0.80 | 0.81 | 0.70 | 0.67 | 0.85 | 0.91 | 0.59 |
| 智利 | 0.53 | 0.44 | 0.55 | 0.62 | 0.74 | 0.71 | 0.82 | 0.66 | 0.78 | 0.89 | 0.54 | 0.78 | 0.81 |
| 日本 | 3.16 | 3.15 | 3.17 | 2.75 | 5.76 | 4.94 | 3.92 | 4.10 | 3.94 | 3.82 | 4.45 | 4.59 | 2.78 |
| 马来西亚 | 2.59 | 2.50 | 2.59 | 2.59 | 5.43 | 4.59 | 3.70 | 3.60 | 4.30 | 4.00 | 3.81 | 4.60 | 3.00 |
| 墨西哥 | 0.49 | 0.49 | 0.50 | 0.49 | 0.79 | 0.80 | 0.69 | 0.60 | 0.59 | 0.60 | 0.40 | 0.60 | 0.49 |
| 新西兰 | 0.58 | 0.72 | 0.80 | 0.85 | 1.29 | 1.16 | 0.97 | 0.96 | 0.86 | 0.84 | 0.76 | 0.97 | 0.77 |
| 秘鲁 | 0.36 | 0.28 | 0.31 | 0.35 | 0.46 | 0.39 | 0.37 | 0.34 | 0.32 | 0.31 | 0.10 | 0.26 | 0.14 |
| 新加坡 | 1.53 | 1.35 | 1.22 | 1.38 | 2.31 | 1.86 | 1.42 | 1.40 | 1.62 | 1.71 | 1.54 | 1.68 | 1.53 |
| 越南 | 3.61 | 3.49 | 3.76 | 4.15 | 7.49 | 6.40 | 6.44 | 5.53 | 5.32 | 5.55 | 5.65 | 6.57 | 4.08 |
| 美国 | 0.81 | 0.91 | 1.06 | 1.25 | 2.32 | 2.04 | 1.63 | 1.58 | 1.46 | 1.30 | 1.63 | 1.83 | 1.11 |

数据来源：作者计算整理所得。

## 第四节 研究结果及讨论

第一，2018年，CPTPP成员国中加拿大的竞争力最强（MS指数最高），而文莱MS指数最低，表明文莱竞争力最弱。中国比较优势的农产品是其他动物、肉制品、蔬菜、鱼、羊毛、棉花和咖啡。2018年，对中国和CPTPP成员国农产品贸易专业指数进行分析时发现，澳大利亚和新西兰的农产品比较优势品种较多，因为它们的农产品拥有绝对优势，还一直致力于推动全球经济一体化发展，农产品开放程度高。新西兰的气候条件优越而且拥有地理优势，农业具有绝对优势，再加上新西兰政府一直支持自由贸易协定并致力于全球自由贸易协定。中国农产品具有强出口竞争力的是肉、鱼、甲壳或软体动物。

2006—2018年期间，CPTPP成员国TSC值出现较大波动的情况比较常见。新西兰农产品贸易竞争优势极强并保持稳定性。根据贸易互补指数，2018年中国出口和CPTPP成员国进口存在互补性的农产品是：HS08。2018年，中国出口与CPTPP成员国进口存在互补性的农产品种类最多的是马来西亚。CPTPP成员国出口和中国进口存在互补农产品种类最多的是澳大利亚。

第二，根据贸易结合度指数，从总体来看，中国与越南、日本、马来西亚、澳大利亚和新加坡之间的农产品贸易高度互补。

在CPTPP已达成协议的战略背景下,为缓解CPTPP对中国农产品贸易的压力,中国需要积极拓展与CPTPP国家互补或竞争较小的农产品,对于具有不同MS指数的国家应区别对待,采用不同的应对策略。

# 第六章

# 中国与CPTPP成员国农产品贸易额影响因素研究

## 第一节　研究方法与数据来源

CPTPP是一项重要的亚太区域协议,虽然目前中国还没有加入CPTPP,但在美国高调宣布退出TPP后,CPTPP不断扩容的背景下,不排除将来美国加入CPTPP的可能性,因此研究CPTPP的贸易效应十分必要。笔者梳理文献发现,用于评估双边或多边贸易的常用分析工具是引力模型。近年来,利用引力模型分析TPP影响的研究议题逐渐引起了我国学术界的关注。

有鉴于此,本部分将构建修正引力模型实证分析中国与CPTPP成员国的贸易额影响因素,重点关注CPTPP对中国出口CPTPP成员国农产品贸易额的影响、CPTPP对中国进口CPTPP成员国农产品贸易额的影响以及CPTPP对中国进出口CPTPP成员国农产品贸易额的影响,为后面进一步分析不同模拟方案下CPTPP对中国农产品贸易的影响提供必要的参考借鉴。

### 一、研究方法

有关引力模型的形式和理论基础一直是学者们研究的重点。Peree &

Steinherr为了了解人口因素如何影响双边贸易，通过引入出口国和进口国的人口变量来扩展引力模型。Jacquemin & Sapir和Huang认为，两个国家或地区之间的距离越远则运输成本越高，而且贸易中出现的信息障碍等也会导致双边贸易减少。Lewer & Berg使用引力模型分析1991—2000年全球移民对16个经合组织国家贸易额的影响。

国内学者也在用引力模型进行双边贸易额的影响因素分析。龚江洪分析中国和中东欧贸易现状以及中国和中东欧贸易的影响因素。尚宇红、崔惠芳认为，文化距离是产生负面影响的主要因素。田珍发现，金砖五国的产业结构相似度、平均工资水平对贸易量都有显著的正向影响，而金砖五国的人均GDP对贸易量有负面影响。冉冰娜利用引力模型分析TPP的发展对TPP成员国和非成员国贸易流量的影响以及对亚太区域和世界贸易的影响。欧樱、赵婷、王萍萍等利用引力模型分析TPP对中国贸易的影响，尤其关注了中国不加入TPP受到的影响。谢雨欣等利用修正引力模型分析中国和TPP成员国的农产品产业内贸易水平以及未来发展趋势受哪些因素的影响。张婷、夏薇等利用修正引力模型分析美国退出TPP后的背景下TPP未来进程的不确定性对中国农产品出口的影响。本书借鉴修正引力模型来分析中国与CPTPP成员国农产品贸易额的影响因素。

$$T_{ij} = \alpha \cdot \frac{GDP_i \cdot GDP_j}{D_{ij}}$$

$$Ln(T_{ij}) = \alpha + \beta_1 \ln(GDP_i \times GDP_j) + \beta_2 \ln(D_{ij}) + u_{ij}$$

为了更好地描述对双边贸易规模的影响，学者们扩展了传统的贸易引力模型并增加了一些其他影响变量。本书旨在建立修正后的中国和CPTPP成员国之间的农产品贸易引力模型以描述影响农产品贸易额的各种力量。修正引力模型设计如下：

$$LnT_{cjt} = \alpha_0 + \alpha_1 \ln GDP_{ct} + \alpha_2 \ln GDP_{jt} + \alpha_3 + \ln D_{cj} + \alpha_4 CNI_t + \alpha_5 CP_{jt}TPP + \alpha_6 ASEANC_{cjt} + \alpha_7 RATS_{cji} + \alpha_8 APEC_{jt} + \alpha_9 RCEP_{ji} + u_{ij}$$

表6-1　涵义说明

| 变量 | 涵义 | 预期符号 | 解释 |
| --- | --- | --- | --- |
| $GDP_{ct}$ | 国内生产总值 | + | 经济状况 |
| $GDP_{jt}$ | 国内生产总值 | + | 经济状况 |
| $D_{cj}$ | 首都距离 | - | 与农产品贸易额成反比 |
| $GNI_t$ | 国家在$t$年的人均国民生产总值 | + | 反映国家在$t$年的经济水平 |
| $CPTPP_{jt}$ | 是否CPTPP成员国 | - | 中国与成员国贸易额减少 |
| $ASEANC_{cjt}$ | $t$年生效与否 | + | 中国和东盟贸易额增长 |
| $RATS_{cjt}$ | $t$年生效与否 | + | 贸易协定推动成员国间的贸易流动 |
| $APEC_{jt}$ | $t$年生效与否 | + | 同上 |
| $RCEP_{jt}$ | $t$年生效与否 | + | 同上 |

注：$T_{cjt}$表示$t$年中国和$j$国之间农产品贸易额。

## 二、数据来源

$CPTPP_{jt}=1$指该国是CPTPP成员国，非成员国该值为零。若$t$年时$j$国和中国签订了贸易协定，那么$RATS_{cjt}=1$，否则就是0。如果$j$国在$t$年时是APEC

成员，那么APEC$_{jt}$=1，否则就是0。如果j国在t年时是RCEP成员，那么RCEP$_{jt}$=1，否则为0。样本国家选择中国和其他的CPTPP成员国，用2001—2018年数据构造面板数据。

## 第二节 实证结果及分析

### 一、CPTPP 对中国出口 CPTPP 成员国农产品贸易额的影响

用 Stata 13.1 软件对数据使用回归模型进行回归，见表6-2。

表6-2 混合估计回归结果

| 变量 | 估计系数 | 标准差 | z | P值 | 95% 置信区间 | |
|---|---|---|---|---|---|---|
| lnGDPjtct | 1.05561 | 0.159305 | 6.63 | 0.000 | 0.7049821 | 1.406238 |
| lnGNIjtct | −0.1628965 | 0.2066109 | −0.79 | 0.447 | −0.617644 | 0.2918511 |
| lnD | −2.754437 | 0.3705994 | −7.43 | 0.000 | −3.570121 | −1.938754 |
| CPTPP | −0.3309196 | 0.1878672 | −1.76 | 0.106 | −0.7444126 | 0.0825734 |
| ASEAN | −1.077369 | 0.6591991 | −1.63 | 0.130 | −2.528256 | 0.3735186 |
| RATS | −0.0992613 | 0.3407318 | −0.29 | 0.776 | −0.8492069 | 0.6506843 |
| RCEP | −0.285627 | 0.3190768 | −0.90 | 0.390 | −0.9879103 | 0.4166564 |
| _cons | 9.289621 | 4.139681 | 2.24 | 0.046 | 0.1782446 | 18.401 |
| R-squared | 0.8669 | | | | | |

数据来源：由 Stata13.1 软件统计所得。

使用混合回归模型进行回归，回归结果如表6-2所示。根据估计系数，研究CPTPP协议对中国出口CPTPP成员国农产品贸易额的影响时，GDP的符号为正，表明它能明显促进农产品贸易出口额的变化。其他变量的符号为负，表明它们对农产品贸易出口额的变化产生负面影响。根据P值，GDP和D这两个变量对模型来说是显著相关的，拒绝原假设；而其他变量对模型来说是不显著相关的，不能拒绝原假设。见表6-3。

表6-3 回归结果

| 变量 | 估计系数 | 标准差 | z | P值 | 95% 置信区间 | |
| --- | --- | --- | --- | --- | --- | --- |
| lnGDPjtct | 0.3995909 | 0.1300011 | 3.07 | 0.002 | 0.1447933 | 0.6543885 |
| lnGNIjtct | 0.4143108 | 0.1535342 | 2.70 | 0.007 | 0.1133893 | 0.7152322 |
| lnD | −1.796173 | 0.5054379 | −3.55 | 0.000 | −2.786813 | −0.8055327 |
| CPTPP | −0.1227188 | 0.0979259 | −1.25 | 0.210 | −0.31465 | 0.0692125 |
| RATS | 0.4974432 | 0.1080607 | 4.60 | 0.000 | 0.2856481 | 0.7092383 |
| RCEP | −0.7124681 | 0.0984577 | −7.24 | 0.000 | −.9054417 | −0.5194944 |
| _cons | 2.200672 | 4.557642 | 0.48 | 0.629 | −6.732142 | 11.13349 |
| 个体效应方差估计值 | 1.0898616 | | | Wald chi2（6） | 1261.96 | |
| 随机干扰项方差估计值 | 0.35811232 | | | Prob> chi2 | 0.0000 | |
| rho | 0.90255298 | | | 样本数 | 214 | |

数据来源：由Stata13.1软件统计所得。

表6-3，根据估计系数，研究CPTPP协议对中国出口CPTPP成员国农产品贸易额的影响时，GDP、GNI和RATS的符号为正，表明它们能明显促进农产品贸易出口额的变化。其中RATS的影响效应在这3个变量中是最大的，其次是GNI，最后是GDP。其他变量的符号为负，表明它们对农产品贸易出口额的变化产生了负面影响，其中，距离D这个变量的影响效应是最大的。根据P

值，CPTPP这个变量对模型来说是不显著的，不能拒绝原假设；其他变量对模型来说是显著相关的，拒绝原假设。见表6-4。

表6-4 回归结果（根据年限）

| 变量 | 估计系数 | 标准差 | z | P值 | 95% 置信区间 | |
|---|---|---|---|---|---|---|
| lnGDPjtct | 0.4020928 | 0.3412284 | 1.18 | 0.264 | −0.3489457 | 1.153131 |
| lnGNIjtct | 1.166518 | 0.4471262 | 2.61 | 0.024 | 0.1824002 | 2.150636 |
| CPTPP | 0.0114616 | 0.112156 | 0.10 | 0.920 | −0.2353921 | 0.2583153 |
| RATS | 0.3697042 | 0.1059199 | 3.49 | 0.005 | 0.1365761 | 0.6028323 |
| year | | | | | | |
| 2002 | 0.045749 | 0.0626616 | 0.73 | 0.481 | −0.0921683 | 0.1836663 |
| 2003 | 0.1685413 | 0.0898382 | 1.88 | 0.087 | −0.0291913 | 0.3662739 |
| 2004 | 0.0624209 | 0.1206314 | 0.52 | 0.615 | −0.203087 | 0.3279288 |
| 2005 | −0.2460788 | 0.2604416 | −0.94 | 0.365 | −0.8193069 | 0.3271494 |
| 2006 | −0.5299229 | 0.3472061 | −1.53 | 0.155 | −1.294118 | 0.2342726 |
| 2007 | −0.7352439 | 0.4330981 | −1.70 | 0.118 | −1.688486 | 0.2179986 |
| 2008 | −0.9430618 | 0.5103995 | −1.85 | 0.092 | −2.066444 | 0.1803199 |
| 2009 | −1.213119 | 0.5946264 | −2.04 | 0.066 | −2.521882 | 0.0956451 |
| 2010 | −1.466065 | 0.6488566 | −2.26 | 0.045 | −2.894188 | −0.0379408 |
| 2011 | −1.730526 | 0.733474 | −2.36 | 0.038 | −3.344891 | −0.1161602 |
| 2012 | −1.604257 | 0.7723731 | −2.08 | 0.062 | −3.304238 | 0.0957251 |
| 2013 | −1.7859 | 0.8500974 | −2.10 | 0.060 | −3.656952 | 0.0851513 |
| 2014 | −1.981512 | 0.9102172 | −2.18 | 0.052 | −3.984887 | 0.0218626 |
| 2015 | −2.075207 | 0.9116595 | −2.28 | 0.044 | −4.081756 | −0.0686578 |
| 2016 | −2.123887 | 0.925177 | −2.30 | 0.042 | −4.160188 | −0.0875862 |
| 2017 | −2.053965 | 0.9320519 | −2.20 | 0.050 | −4.105397 | −0.0025328 |
| 2018 | −2.319186 | 0.9578391 | −2.42 | 0.034 | −4.427376 | −0.2109963 |
| _cons | −25.83302 | 5.181774 | −4.99 | 0.000 | −37.23803 | −14.42801 |

续表

| 变量 | 估计系数 | 标准差 | z | P值 | 95% 置信区间 | |
|---|---|---|---|---|---|---|
| 个体效应方差估计值 | 2.2839867 | LR chi2（8） | 352.41 | | / | / |
| 随机干扰项方差估计值 | 0.35811232 | Prob> chi2 | 0.0000 | | / | / |
| rho | 0.97600593 | 样本数 | 214 | | / | / |

数据来源：作者整理。

根据估计系数，结合表6-4，研究CPTPP协议对中国出口CPTPP成员国农产品贸易额的影响时，GDP、GNI、CPTPP和RATS的符号为正，表明它们能明显促进农产品贸易出口额的变化，其中GNI的影响效应在这4个变量中是最大的，其次是GDP，再次是RATS，最后是CPTPP。根据P值，GDP和CPTPP这两个变量对模型来说是不显著的，不能拒绝原假设；其他变量对模型来说是显著相关的，拒绝原假设。见表6-5。

表6-5 豪斯曼检验（Hausman Test）

| 变量 | （b）fe | （B）re | （b–B）Difference | sqrt［diag（V_b–V_B）］S.E. |
|---|---|---|---|---|
| lnGDPjtct | −0.0273021 | 0.392818 | −0.4201201 | 0.1021454 |
| lnGNIjtct | 0.8996024 | 0.4163933 | 0.4832091 | 0.1192112 |
| CPTPP | −0.1140162 | −0.1157845 | 0.0017683 | 0.0072398 |
| RATS | 0.4361201 | 0.5034158 | −0.0672958 | 0.0211674 |
| RCEP | −0.686534 | −0.710361 | 0.023827 | 0.0072017 |

数据来源：作者整理。

原来的假设是随机效应，但最终P值是0.0015，因此选择固定效应模型。

## 二、CPTPP对中国进口CPTPP成员国农产品贸易额的影响

用Stata 13.1软件对数据使用回归模型进行回归，见表6-6。

表6-6 混合估计回归结果

| 变量 | 估计系数 | 标准差 | z | P值 | 95% 置信区间 | |
| --- | --- | --- | --- | --- | --- | --- |
| lnGDPjtct | 1.351909 | 0.3782747 | 3.57 | 0.004 | 0.5193322 | 2.184486 |
| lnGNIjtct | −0.9789981 | 0.4345058 | −2.25 | 0.046 | −1.935339 | −0.0226573 |
| CPTPP | −0.0370597 | 0.4569483 | −0.08 | 0.937 | −1.042796 | 0.9686768 |
| lnD | −0.727857 | 0.5651249 | −1.29 | 0.224 | −1.971689 | 0.5159745 |
| ASEAN | −1.693017 | 1.296025 | −1.31 | 0.218 | −4.545549 | 1.159515 |
| RATS | 0.9760374 | 0.532206 | 1.83 | 0.094 | −0.1953402 | 2.147415 |
| RCEP | 0.288191 | 0.5756201 | 0.50 | 0.626 | −0.9787402 | 1.555122 |
| _cons | 0.328755 | 6.263814 | 0.05 | 0.959 | −13.45781 | 14.11532 |
| R-squared | 0.6711 | 样本数 | 210 | | | |

数据来源：由Stata13.1软件统计所得。

混合回归模型结果如表6-6所示，根据估计系数，研究CPTPP协议对中国进口CPTPP成员国农产品贸易额的影响时，GDP、RATS和RCEP的符号为正，表明它们能明显促进农产品贸易进口额的变化。其中GDP的影响效果最大，其次是RATS，最后是RCEP。其他变量的符号为负，表明它们对农产品贸易的进口额变化产生了负面影响，其中ASEAN的影响效果最大，其次是GNI，再次是D，最后是CPTPP。根据P值，GDP和GNI这两个变量对模型来说是显著相关的，拒绝原假设；而其他变量对模型来说是不显著相关的，

不能拒绝原假设。

表6-7，根据估计系数，研究CPTPP协议对中国进口CPTPP成员国农产品贸易额的影响时，GDP、GNI、CPTPP、RATS和RCEP的符号为正，表明它们能明显促进农产品贸易进口额的变化。其中GDP的影响效应在这5个变量中是最大的，其次是CPTPP，最后是RATS。其他变量的符号为负，表明它们对农产品贸易进口额的变化产生了负面影响，其中，ASEAN这个变量影响效应是最大的。根据P值，GDP这个变量对模型来说是显著相关的，拒绝原假设；其他变量对模型来说是不显著相关的，不能拒绝原假设。

表6-7 随机效应回归结果

| 变量 | 估计系数 | 标准差 | z | P值 | 95% 置信区间 | |
|---|---|---|---|---|---|---|
| $\ln GDP_{jtct}$ | 0.457796 | 0.2249983 | 2.03 | 0.042 | 0.0168074 | 0.8987847 |
| $\ln GNI_{jtct}$ | 0.1437675 | 0.2662148 | 0.54 | 0.589 | -0.378004 | 0.665539 |
| CPTPP | 0.1884845 | 0.1711237 | 1.10 | 0.271 | -0.1469119 | 0.5238808 |
| lnD | -0.0568586 | 1.130959 | -0.05 | 0.960 | -2.273498 | 2.159781 |
| ASEAN | -1.768128 | 1.581459 | -1.12 | 0.264 | -4.867731 | 1.331475 |
| RATS | 0.0667617 | 0.1884468 | 0.35 | 0.723 | -0.3025873 | 0.4361106 |
| RCEP | 0.1069327 | 0.171733 | 0.62 | 0.534 | -0.2296577 | 0.4435231 |
| 个体效应方差估计值 | 1.8663552 | Wald chi2（7） | 353.28 | | | |
| 随机干扰项方差估计值 | 0.62821961 | Prob> chi2 | 0.0000 | | | |
| rho | 0.89822955 | 样本数 | 210 | | | |

数据来源：由Stata13.1软件统计所得。

表6-8 固定效应回归结果

| 变量 | 估计系数 | 标准差 | z | P值 | 95% 置信区间 | |
|---|---|---|---|---|---|---|
| lnGDPjtct | −1.003057 | 0.6007776 | −1.67 | 0.123 | −2.32536 | 0.3192453 |
| lnGNIjtct | 0.7632712 | 0.5471456 | 1.40 | 0.191 | −0.4409882 | 1.967531 |
| CPTPP | 0.0493718 | 0.1798764 | 0.27 | 0.789 | −0.3465335 | 0.4452771 |
| RATS | 0.0514296 | 0.2490948 | 0.21 | 0.840 | −0.4968243 | 0.5996834 |
| RCEP | 0.131274 | 0.3332166 | 0.39 | 0.701 | −0.6021309 | 0.8646788 |
| year | | | | | | |
| 2002 | 0.0348319 | 0.0838424 | 0.42 | 0.686 | −0.149704 | 0.2193677 |
| 2003 | 0.3097715 | 0.1563279 | 1.98 | 0.073 | −0.0343039 | 0.6538469 |
| 2004 | 0.4799576 | 0.2599851 | 1.85 | 0.092 | −0.0922657 | 1.052181 |
| 2005 | 0.6031466 | 0.3970584 | 1.52 | 0.157 | −0.270773 | 1.477066 |
| 2006 | 1.143754 | 0.6973429 | 1.64 | 0.129 | −0.3910872 | 2.678596 |
| 2007 | 1.6305 | 1.095107 | 1.49 | 0.165 | −0.7798151 | 4.040814 |
| 2008 | 1.622537 | 0.9989617 | 1.62 | 0.133 | −0.5761633 | 3.821236 |
| 2009 | 1.890549 | 1.158922 | 1.63 | 0.131 | −0.6602216 | 4.441319 |
| 2010 | 2.092091 | 1.269972 | 1.65 | 0.128 | −0.7030991 | 4.887282 |
| 2011 | 2.46002 | 1.487793 | 1.65 | 0.126 | −0.8145911 | 5.734632 |
| 2012 | 2.841808 | 1.646249 | 1.73 | 0.112 | −0.7815628 | 6.465179 |
| 2013 | 2.995919 | 1.783494 | 1.68 | 0.121 | −0.9295249 | 6.921363 |
| 2014 | 3.091333 | 1.908409 | 1.62 | 0.134 | −1.109047 | 7.291714 |
| 2015 | 3.206682 | 1.961249 | 1.64 | 0.130 | −1.109997 | 7.523361 |
| 2016 | 3.150058 | 1.931893 | 1.63 | 0.131 | −1.10201 | 7.402125 |
| 2017 | 3.232573 | 1.985406 | 1.63 | 0.132 | −1.137275 | 7.602421 |
| 2018 | 3.630959 | 2.138042 | 1.70 | 0.118 | −1.074839 | 8.336758 |
| _cons | 4.656486 | 10.74335 | 0.43 | 0.673 | −18.98947 | 28.30245 |
| rho | 0.97981654 | 样本数 | 210 | | | |

数据来源：由Stata13.1软件统计所得。

表6-8，根据估计系数，研究CPTPP协议对中国进口CPTPP成员国农产品贸易额的影响时，GNI、CPTPP、RATS和RCEP的符号为正，表明它们能明显促进农产品贸易进口额的变化，其中GNI的影响效应在这4个变量中是最大的，其次是RCEP，再次是RATS，最后是CPTPP。根据P值，变量对模型来说是不显著相关的，不能拒绝原假设。

在评估面板数据的参数之前必须选择最佳的模型形式。经豪斯曼检验，如表6-9所示，最终选择固定效应模型。

表6-9 豪斯曼检验

| 变量 | (b) fe | (B) re | (b−B) Difference | sqrt [ diag ( V_b−V_B ) ] S.E. |
| --- | --- | --- | --- | --- |
| $lnGDP_{jtct}$ | −0.2606188 | 0.457796 | −0.7184149 | 0.1832355 |
| $lnGNI_{jtct}$ | 0.9896123 | 0.1437675 | 0.8458448 | 0.2146669 |
| CPTPP | 0.1722615 | 0.1884845 | −0.0162229 | 0.0133159 |
| RATS | −0.0802367 | 0.0667617 | −0.1469984 | 0.0378691 |
| RCEP | 0.1519093 | 0.1069327 | 0.0449765 | 0.0130917 |

数据来源：由Stata13.1软件统计所得。

## 三、CPTPP对中国进出口CPTPP成员国农产品贸易总额的影响

用Stata13.1软件对数据使用回归模型进行回归，见表6-10。

表6-10，根据估计系数，GDP、RATS和RCEP的符号为正，表明它们能明显促进农产品贸易进出口总额的变化，其中GDP的影响效果最大，其次是RATS，最后是RCEP。其他变量的符号为负，表明它们对农产品贸易进出口总额变化产生了负面影响，其中ASEAN的影响效果最大，其次是D，再次是GNI，最后是CPTPP。根据P值，GDP、ASEAN和D这3个变量对模型来说是显著相关的，拒绝原假设；而其他变量对模型来说是不显著相关的，不能拒绝原假设。

表6-10 混合估计回归结果

| 变量 | 估计系数 | 标准差 | z | P值 | 95% 置信区间 | |
| --- | --- | --- | --- | --- | --- | --- |
| $lnGDP_{jtct}$ | 0.9838327 | 0.2073642 | 4.74 | 0.001 | 0.5274272 | 1.440238 |
| $lnGNI_{jtct}$ | −0.4671084 | 0.2546594 | −1.83 | 0.094 | −1.02761 | 0.0933931 |
| ASEAN | −1.880342 | 0.8484387 | −2.22 | 0.049 | −3.747743 | −0.012941 |
| lnD | −1.661086 | 0.4470798 | −3.72 | 0.003 | −2.645102 | −0.6770705 |
| CPTPP | −0.1237486 | 0.3245128 | −0.38 | 0.710 | −0.8379965 | 0.5904993 |
| RATS | 0.5272937 | 0.3082567 | 1.71 | 0.115 | −0.1511746 | 1.205762 |
| RCEP | 0.1212136 | 0.3805985 | 0.32 | 0.756 | −0.716478 | 0.9589053 |
| _cons | 7.588402 | 4.901729 | 1.55 | 0.150 | −3.200231 | 18.37703 |
| R-squared | 0.7984 | 样本数 | 214 | | | |

数据来源：由Stata13.1软件统计所得。

表6-11，根据估计系数，GDP、GNI和RATS的符号为正，表明它们能明显促进农产品贸易进出口额的变化，其中GNI的影响效应在这3个变量中是最大的，其次是GDP，最后是RATS。其他变量的符号为负，表明它们对农产品贸易进出口额的变化产生了负面影响，其中，ASEAN这个变量的影响效应是最大的。根据P值，ASEAN、D、CPTPP、RATS和RCEP这5个变量对模型来说是不显著相关的，不能拒绝原假设；其他变量对模型来说是显著相关的，拒绝原假设。

表6-11　随机效应回归结果

| 变量 | 估计系数 | 标准差 | z | P值 | 95% 置信区间 | |
| --- | --- | --- | --- | --- | --- | --- |
| lnGDPjtct | 0.2976859 | 0.1256558 | 2.37 | 0.018 | 0.0514051 | 0.5439667 |
| lnGNIjtct | 0.4045207 | 0.1481848 | 2.73 | 0.006 | 0.1140838 | 0.6949576 |
| ASEAN | −1.835602 | 0.9737077 | −1.89 | 0.059 | −3.744033 | 0.0728304 |
| lnD | −1.170242 | 0.6956128 | −1.68 | 0.093 | −2.533618 | 0.1931342 |
| CPTPP | −0.0414883 | 0.090305 | −0.46 | 0.646 | −0.2184828 | 0.1355063 |
| RATS | 0.056374 | 0.099888 | 0.56 | 0.573 | −0.1394029 | 0.2521509 |
| RCEP | −0.0867494 | 0.0907113 | −0.96 | 0.339 | −0.2645403 | 0.0910414 |
| 个体效应方差估计值 | 1.1461228 | Wald chi2（7） | 1154.69 | | | |
| 随机干扰项方差估计值 | 0.33028944 | Prob> chi2 | 0.0000 | | | |
| rho | 0.92332046 | 样本数 | 214 | | | |

数据来源：由Stata13.1软件统计所得。

表6-12，根据估计系数，研究CPTPP协议对中国进出口CPTPP成员国农产品贸易额的影响时，GNI的符号为正，明显促进农产品贸易进出口额变化，GDP、CPTPP、RATS和RCEP的符号为负，表明它们对农产品贸易进出口额产生了负面影响，其中GDP的影响效应在这4个变量中是最大的，其次是CPTPP，再次是RCEP，最后是RATS。根据P值，变量对模型来说是不显著相关的，不能拒绝原假设。

表6-12　固定效应回归

| 变量 | 估计系数 | 标准差 | z | P值 | 95% 置信区间 | |
| --- | --- | --- | --- | --- | --- | --- |
| lnGDPjtct | −0.4202672 | 0.5420867 | −0.78 | 0.455 | −1.613392 | 0.7728576 |
| lnGNIjtct | 0.8626213 | 0.623224 | 1.38 | 0.194 | −0.5090855 | 2.234328 |
| CPTPP | −0.062723 | 0.1176952 | −0.53 | 0.605 | −0.3217684 | 0.1963224 |
| RATS | −0.0016052 | 0.2364582 | −0.01 | 0.995 | −0.5220463 | 0.5188358 |

续表

| 变量 | 估计系数 | 标准差 | z | P值 | 95% 置信区间 | |
|---|---|---|---|---|---|---|
| RCEP | −0.0557202 | 0.3102928 | −0.18 | 0.861 | −0.73867 | 0.6272295 |
| year | | | | | | |
| 2002 | 0.0500208 | 0.0562299 | 0.89 | 0.393 | −0.0737404 | 0.173782 |
| 2003 | 0.2251433 | 0.1134222 | 1.99 | 0.073 | −0.0244972 | 0.4747837 |
| 2004 | 0.2871047 | 0.2081591 | 1.38 | 0.195 | −0.1710504 | 0.7452597 |
| 2005 | 0.5395019 | 0.4274198 | 1.26 | 0.233 | −0.4012427 | 1.480247 |
| 2006 | 0.484802 | 0.5808726 | 0.83 | 0.422 | −0.7936899 | 1.763294 |
| 2007 | 0.5354202 | 0.7286712 | 0.73 | 0.478 | −1.068374 | 2.139215 |
| 2008 | 0.6099038 | 0.912189 | 0.67 | 0.518 | −1.397811 | 2.617618 |
| 2009 | 0.7961888 | 1.11795 | 0.71 | 0.491 | −1.664402 | 3.256779 |
| 2010 | 0.749396 | 1.178076 | 0.64 | 0.538 | −1.843531 | 3.342323 |
| 2011 | 0.9623828 | 1.356516 | 0.71 | 0.493 | −2.02329 | 3.948055 |
| 2012 | 1.193122 | 1.483094 | 0.80 | 0.438 | −2.071145 | 4.457389 |
| 2013 | 1.166229 | 1.61956 | 0.72 | 0.486 | −2.3984 | 4.730857 |
| 2014 | 1.182726 | 1.744942 | 0.68 | 0.512 | −2.657866 | 5.023318 |
| 2015 | 1.208267 | 1.803144 | 0.67 | 0.517 | −2.760426 | 5.17696 |
| 2016 | 1.136349 | 1.787379 | 0.64 | 0.538 | −2.797646 | 5.070344 |
| 2017 | 1.128036 | 1.770996 | 0.64 | 0.537 | −2.7699 | 5.025972 |
| 2018 | 1.239329 | 1.842951 | 0.67 | 0.515 | −2.816978 | 5.295636 |
| _cons | −5.788625 | 9.751237 | −0.59 | 0.565 | −27.25095 | 15.6737 |
| rho | 0.98313613 | 样本数 | 214 | | | |

数据来源：由Stata13.1软件统计所得。

进行豪斯曼检验，检验结果如表6-13。

表6-13 豪斯曼检验

| 变量 | (b) fe | (B) re | (b-B) Difference | sqrt [diag (V_b-V_B)] S.E. |
|---|---|---|---|---|
| lnGDPjtct | −0.073667 | 0.2976859 | −0.3713529 | 0.0867627 |
| lnGNIjtct | 0.8398384 | 0.4045207 | 0.4353177 | 0.1012552 |
| CPTPP | −0.0484421 | −0.0414883 | −0.0069538 | 0.005883 |
| RATS | −0.0184089 | 0.056374 | −0.0747829 | 0.0178554 |
| RCEP | −0.0643177 | −0.0867494 | 0.0224318 | 0.0060671 |

数据来源：由Stata13.1软件统计所得。

注：chi2(5) = (b-B)'[(V_b-V_B)^(−1)](b-B) = 21.09, Prob>chi2 = 0.0008

在评估面板数据的参数之前必须选择最佳的模型形式。经豪斯曼检验，固定效应模型比随机效应更优，因此选择固定效应模型。

## 第三节 研究结果及讨论

第一,研究CPTPP对中国出口CPTPP成员国农产品贸易额的影响。GDP的符号为正,GNI的符号为正,表明它能明显促进农产品贸易出口额的变化,但显著性不高。如果两国之间存在优惠贸易协定,将对中国出口CPTPP成员国农产品贸易额产生正影响,呈正相关关系。用数据说明如果两国之间存在优惠贸易协定,中国出口CPTPP成员国农产品贸易额将会增长0.37%。如果是RCEP成员国,将对中国出口CPTPP成员国农产品贸易额产生负面影响,呈负相关关系。用数据说明,如果是RCEP成员国,中国出口CPTPP成员国农产品贸易额将会减少0.76%。综合各变量的回归结果来看,中国是不是CPTPP成员国对中国出口CPTPP成员国农产品贸易额的影响程度最大。

第二,研究CPTPP对中国进口CPTPP成员国农产品贸易额的影响。在其他条件一定的情况下,一国的国内生产总值每增长1%,可引起中国进口CPTPP成员国农产品贸易额减少1%。GNI的符号为正,表明它能明显促进农产品贸易进口额的变化。CPTPP的发展会产生正影响,说明如果中国加入CPTPP,中国进口CPTPP成员国农产品贸易额将会增长0.049%。如果两国之间存在优惠贸易协定,将对中国进口CPTPP成员国农产品贸易额产生正影响，呈正相关关系。用数据说明，如果两国之间存在优惠贸易协定，中国进口CPTPP成员国农产品贸易额将会增长0.051%。如果是RCEP成员国，将对中国进口CPTPP成员国农产品贸易额产生正影响，呈正相关关系。用数据说明如果是RCEP成员国，中国进口CPTPP成员国农产品贸易额将会增长0.13%。综合各变量的回归结果来看，中国是不是CPTPP成员国对中国进口CPTPP成员国农产品贸易额的影响最大，其次是两国之间是否存在优惠贸易协定，最后是成为RCEP成员国。

第三，研究CPTPP对中国进出口CPTPP成员国农产品贸易总额的影响。GDP的符号为负，表明它具有负效应，即GDP变量与被解释变量负相关。GNI的符号为正，表明它能明显促进变化。如果是CPTPP的成员国，CPTPP的发展将对中国进出口CPTPP成员国农产品的贸易总额产生负面影响，呈负相关关系。用数据说明如果中国加入CPTPP，中国进出口CPTPP成员国农产品贸易总额将会减少0.063%。如果两国之间存在优惠贸易协定，将对中国进出口CPTPP成员国农产品贸易总额产生负面影响，呈负相关关系。用数据说明，如果两国之间存在优惠贸易协定，中国进出口CPTPP成员国农产品贸易总额将会减少0.002%。综合各变量的回归结果来看，两国之间是否存在优惠贸易协定对中国进出口CPTPP成员国农产品贸易总额影响程度最大，其次是不是RCEP成员国，最后是不是CPTPP成员国。

根据影响系数，排除中国的CPTPP对中国进出口CPTPP成员国农产品贸易总额产生了负面影响。是否存在优惠贸易协定对中国出口CPTPP成员国农产品贸易额和中国进口CPTPP成员国和美国农产品贸易额产生了正影响。RCEP成员对中国进口CPTPP成员国农产品贸易额产生了正影响。CPTPP的负值表明，随着CPTPP的形成，流入中国的农产品贸易额再次流入CPTPP成员国，中国进出口CPTPP成员国农产品贸易总额开始减少。中国出口新加坡等发达国家市场的增长速度加快。CPTPP是一项高水平的贸易协议，关税比中国—东盟自由贸易区具有更大的减让幅度，2006年新加坡对成员国降低了100%关税，新西兰、文莱等早期成员国分别在2015年和2017年陆续取消了关税。CPTPP赋予成员国更好的关税，完全废除关税的区域内贸易创造效应较大，使进入中国的贸易流向返回CPTPP区域内。

CPTPP成员国的不断增加对中国贸易流量而言产生了负面影响。CPTPP促进了内部贸易的发展。于中国而言，中国与成员国之间的双边贸易受到了严重的冲击。CPTPP的不断扩容，引发了中国与东盟国家、CPTPP国家之间的双边贸易不断缩减，中国与这些国家的贸易额下降、贸易比重降低。因此，长此以往，将对中国—东盟自由贸易区的发展产生阻力。CPTPP成员国的增加，中国进出口的主要贸易伙伴加入CPTPP会使得中国贸易额萎缩，对中国内部经济的发展而言，进出口的拉动作用减小，国内的经济形势将变得极其严峻，经济发展将面临瓶颈。

CPTPP已达成协议的战略背景下，为保持中国与CPTPP成员国农产品贸易流量的相对稳定，中国可以选择继续推进RCEP，也可以选择加入CPTPP。在加入CPTPP条件还不成熟的情况下，可以优先选择与CPTPP成员国签署优惠贸易协议。

# 第七章

# 不同情境下CPTPP对中国农产品贸易影响的比较分析

## 第一节　模型构建

### 一、GTAP 模型的分析框架

梳理已有的相关研究成果发现,利用GTAP模型研究TPP相关问题备受国内外学者的关注。国外学者主要关注TPP的经济效应研究。其中,威廉姆斯(Williams)利用GTAP模型全面分析TPP成员国之间的贸易与经济状况,而且特别关注美国在TPP协议中的经济利益,并描述了美国与这些TPP成员国的双边贸易流动,以及这些国家与世界其他国家的经济关系。Silarat利用GTAP模型分析泰国加入RCEP和加入TPP两种情境下泰国受到的影响,其研究显示,泰国加入RCEP比加入TPP受益更多。Petri et al基于GTAP模型研究TPP和RCEP对中国的影响。Jackson利用GTAP模型研究TPP的经济效应。

国内学者利用GTAP模型研究TPP问题的有：谢思娜利用GTAP模型模拟分析吸纳韩国加入CPTPP对中国农业的影响,研究发现,这会导致中国的经济、进出口、福利等受损，建议成立中、日、韩FTA抵消其不利影响。蔡海龙、刘艺卓研究发现中国农产品尤其是小麦和棉花等出口下降，建议中国密切关注TPP并采取应对措施①。刘朋春认为TPP失败的情境下实施中韩FTA能使中国和韩国受益，而且韩国受益多于中国，TPP谈判达成会给中国宏观经济带来严重冲击，如果TPP吸纳韩国加入，则会对中国经济带来更加严重的冲击，不管韩国是否成为TPP成员国，中韩FTA都能减少TPP给中国经济带来的负面效应，因此建议中国着力达成中韩FTA②。陈成认为尽管TPP会对中、日、韩FTA带来一定程度的影响，但中、日、韩三国能借助轮轴FTA缓解其影响效果。陈菁、李彦杰、陈传波认为中国的最佳选择是东亚区域经济一体化，次之选择是加入TPP，如果中国被TPP排除在外将会受到最严重的冲击和影响③。袁晓莉、唐凯鹏认为日本成为TPP成员国之后对中国经济的冲击更为突出④。邓利娟、侯丹丹、黄燕萍认为中国台湾地区的最佳选择方式是既加入RCEP也加入TPP，次之是在两条路径不能兼选时选择加入RCEP；如果中国台湾地区选择两条路径都不加入，则许多优势产业将会受到严重冲击⑤。张裕仁、郑学党利用GTAP模型对比分析TPP和RCEP这两种亚太区域

---

① 蔡海龙，刘艺卓.跨太平洋伙伴关系协议(TPP)对中国农业的影响[J].农业技术经济，2013(09):13—19.
② 刘朋春.TPP背景下中韩自由贸易区的经济效应——基于GTAP模型的模拟分析[J].亚太经济，2014(05):20—25.
③ 陈菁，李彦杰，陈传波.TPP对我国农产品国际贸易的影响[J].调研世界，2015(11):9—13.
④ 袁晓莉，唐凯鹏.日本加入TPP对中国对外贸易的影响——基于GTAP模型分析[J].青岛科技大学学报(社会科学版)，2016，32(01):35—41.
⑤ 邓利娟，侯丹丹，黄燕萍.台湾加入RCEP与TPP的经济效应分析——基于GTAP模型的模拟结果[J].台湾研究集刊，2016(04):21—28.

经济合作的重要路径对成员国和非成员国的经济效应并提出对策建议[1]。赵灵翡、郎丽华基于GTAP模型分析TPP、CPTPP、CPTPP吸纳中国和英国成为CPTPP13国和RCEP四种方案对各国经济、福利和产业产生的影响并提出对策建议[2]。

已有研究成果反映TPP相关研究已成为我国学术界普遍关注的课题，但如今TPP已经演变成CPTPP，CPTPP成立时间较短，距今（2020年）也就一年多的时间，目前来看，利用GTAP模型分析CPTPP影响的研究明显不足，相关文献资料甚少。张为付、王原雪、张晓磊基于GTAP模型模拟分析中国与CPTPP成员国选择两种不同合作方式情境下受到的影响，研究表明，一起建立多边零关税FTA的方式明显优于各自签订双边FTA，而且能使中国受益更多，他们认为中国和TPP成员国的协作能有效促进亚太区域的资源整合[3]。关兵、梁一新基于GTAP模型的一般均衡分析探讨中国是否应该加入CPTPP[4]。基于此，本书介绍了GTAP模型的分析框架、GTAP模型区域设定及GTAP模拟部门和要素设定并进行模拟方案设计，模拟分析美国退出、美国重新加入、美国退出后中国加入等不同方案下CPTPP对中国农产品贸易的影响，包括宏观经济效应、农业部门产出和农业部门价格。

---

[1] 张裕仁，郑学党.TPP与RCEP贸易自由化经济效果的GTAP模拟分析[J].重庆大学学报（社会科学版），2017，23(05):1—9.

[2] 赵灵翡，郎丽华.从TPP到CPTPP:我国制造业国际化发展模拟研究——基于GTAP模型的分析[J].国际商务(对外经济贸易大学学报)，2018(05):61—72.

[3] 张为付，王原雪，张晓磊.中国与原TPP成员国不同合作方式的经济效应研究——基于GTAP模型的分析[J].南京财经大学学报，2018(01):11—19.

[4] 关兵，梁一新.中国应该加入CPTPP吗——基于GTAP的一般均衡分析[J].南京财经大学学报，2019(03):71—82.

GTAP模型的结构在Hertel和Mukhopadhyay & Thomassin中有详细说明和描述。如图7-1，各个国家和地区通过贸易联系在一起，价格和数量同时在要素市场和商品市场产生。该模式的一个普遍特征是，它明确承认区域经济的储蓄。如图7-2所示，这些储蓄在模型中完全被储蓄驱动的投资消耗殆尽。每个地区的投资都由全球资金池提供资金，每个地区将其收入的固定比例贡献给资金池。在每个地区要素市场竞争激烈，劳动力和资本在不同部门之间流动而不是在国家之间。在标准的GTAP模型中，移动商品在各区域内各产业之间具有完全的流动性，而萧条的商品流动性不完全，流动性程度受GTAP模型中转换函数弹性的支配。Aguiar et al认为劳动力和资本在标准的数据库中会流动并且适用于长期模拟。一个标准的GTAP模型选择它的外生变量使得在要素市场中实现充分就业，这是一种新古典主义的方法，即生产要素的禀赋是固定的且允许市场价格进行调整以保持充分就业。模型中的变量分为内生变量和外生变量。对于要求解的模型而言，内生变量的数量必须等于模型中方程的数量。

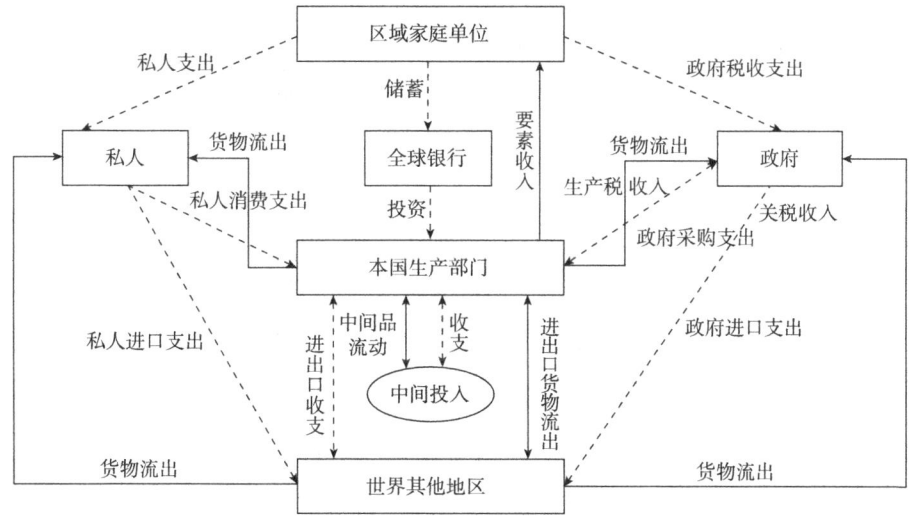

图7-1 GTAP模型结构

图7-1意味着在开放经济的条件下各行为主体之间的联系有国内流通与国际流通两个部分。

如图7-2和图7-3所示，该模型采用Leontief生产函数和CRS技术，且在完全竞争市场中生产最终商品。企业在给定产出水平和固定技术下将投入成本最小化。在要素投入需求的推导过程中，该模型结构采用固定规模报酬技术和固定弹性替代函数CES来确定企业对初级和中级投入的需求。中间输入包是由进口货物和国内货物组合形成。GTAP根据Armington假说来区分国内商品和国外商品。在GTAP模型中每个区域或复合区域都有一个代表性的家庭来收集所有的区域收入。家庭行为是用总效用函数来描述，而消费行为由CDES描述。需求在所有的市场中被假定为供给相等，这种假定是具有竞争力的，并意味着生产者获得的价格与生产者的边际成本相等。地方政府可以通过对商

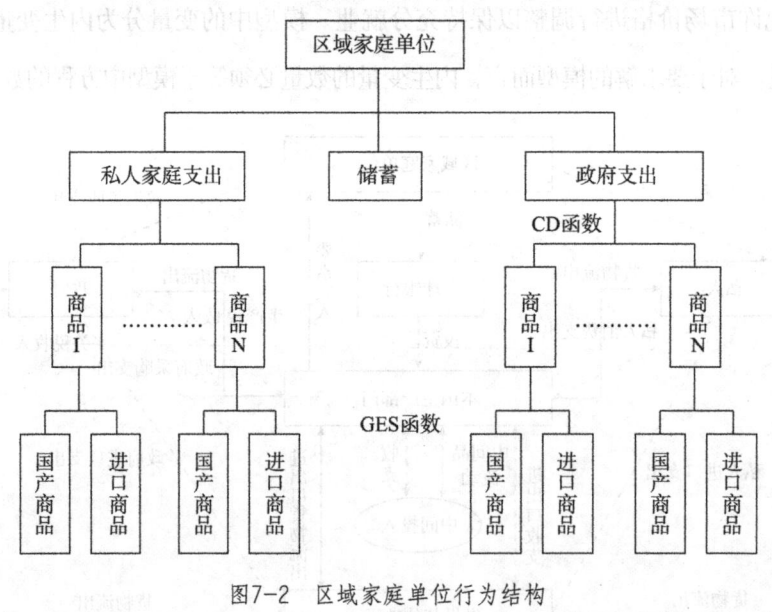

图7-2　区域家庭单位行为结构

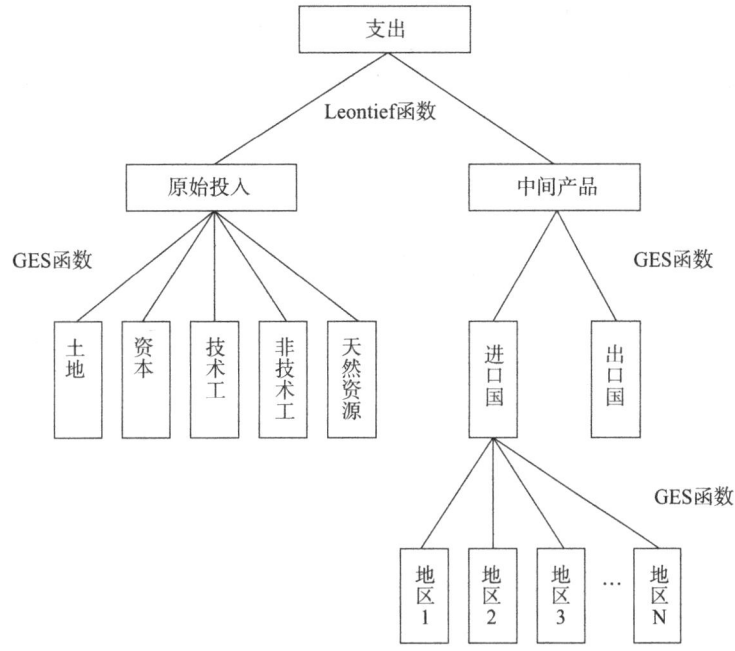

图7-3 厂商生产行为结构

品和主要因素征税和补贴来干预自己的市场,从而在购买者支付的价格和生产者收到的价格之间形成楔子。这些政策干预被建模为从价税、关税和补贴或贸易方面的数量限制。因此,这些政策对模型中的生产和消费部门有直接影响。由于国家间货物运输的国际运费,运输部门造成了一种商品的价格差异,而全球银行使全球储蓄和投资达到平衡。

## 二、GTAP 模拟区域设定

根据研究方案将模拟区域加总为11个CPTPP成员国、中国、俄罗斯等19个区域,如表7-1所示。

表 7-1 GTAP数据库国家（地区）分类

| 序号 | 加总后的区域 | 国家或地区 | 大洲 |
| --- | --- | --- | --- |
| 1 | 中国 | 中国 | 亚洲 |
| 2 | 日本 | 日本 | |
| 3 | 新加坡 | 新加坡 | |
| 4 | 越南 | 越南 | |
| 5 | 马来西亚 | 马来西亚 | |
| 6 | 东盟其他国 | 印度尼西亚、菲律宾、泰国、老挝、柬埔寨、（缅甸） | |
| 7 | 韩国 | 韩国 | |
| 8 | 印度 | 印度 | |
| 9 | 澳大利亚 | 澳大利亚 | 大洋洲 |
| 10 | 新西兰 | 新西兰 | |
| 11 | 文莱 | 文莱 | 亚洲 |
| 12 | 美国 | 美国 | 美洲 |
| 13 | 加拿大 | 加拿大 | |
| 14 | 墨西哥 | 墨西哥 | |
| 15 | 智利 | 智利 | |
| 16 | 秘鲁 | 秘鲁 | |
| 17 | 欧盟 | 欧盟 | 欧洲 |
| 18 | 俄罗斯 | 俄罗斯 | |
| 19 | 世界其他国家 | 除上述之外的其他国家和地区 | 其他 |

注：根据GTAP第9版数据库汇总。

## 三、GTAP 模拟部门和要素设定

GTAP数据库中的农产品部门包括18类,如表7-2所示。

### 表7-2 GTAP数据库产品部门分类

| 序号 | 加总后的部门 | 部门产品分类 |
|---|---|---|
| 1 | 稻米 | 1.水稻;23.大米 |
| 2 | 小麦 | 2.小麦 |
| 3 | 谷物 | 3.谷物 |
| 4 | 蔬菜水果坚果 | 4.蔬菜水果坚果 |
| 5 | 油料 | 5.油料 |
| 6 | 油脂 | 21.动植物油脂 |
| 7 | 糖料作物 | 6.甘蔗甜菜;24.糖及糖食 |
| 8 | 植物纤维 | 7.植物纤维 |
| 9 | 其他 | 8.其他 |
| 10 | 畜产品 | 9.牛羊马;19.牛羊马肉制品 |
| 11 | 肉类加工产品 | 10.其他动物产品;20.其他肉制品 |
| 12 | 渔业 | 14.渔业 |
| 13 | 乳制品 | 11.原奶;22.奶制品 |
| 14 | 羊毛及丝制品 | 12.羊毛及丝制品 |
| 15 | 其他食品部门 | 25.其他食品部门 |
| 16 | 林业 | 13.林业 |
| 17 | 饮料和烟草 | 26.饮料和烟草 |
| 非农业部门 | | |
| 18 | 其他部门 | 其他 |

GTAP数据库中具体要素的分类,见表7-3。

表7-3 GTAP数据库中的要素分类

| 要素 | 组成 |
| --- | --- |
| 土地 | 土地 |
| 劳动力 | 非熟练劳动力以及熟练劳动力 |
| 资本 | 资本 |
| 自然资源 | 自然资源 |

注:根据GTAP第9版数据库汇总。

## 第二节 GTAP模拟方案设计

根据研究目标设计6个模拟情境，假设关税是唯一政策冲击变量，而且CPTPP成员国之间实现零关税，情境2和情境4考虑了中国与CPTPP成员国签署的FTA。情境1和情境3不考虑中国与CPTPP成员国签署的FTA，如表7-4所示，来分析美国退出背景下CPTPP对中国农产品贸易产生的影响。

表 7-4 模拟方案设计表

| 编号 | 情境设定 | 简称 |
| --- | --- | --- |
| 1 | 美国退出后 CPTPP 成员国对其他区域的关税壁垒不变。 | 情境 1 |
| 2 | 美国退出后保留对 CPTPP 非成员国的关税壁垒。 | 情境 2 |
| 3 | 假设美国决定重新加入，忽略 CPTPP 对减少非关税壁垒，成员国保留对非成员国的关税壁垒。 | 情境 3 |
| 4 | 假设美国决定重新加入 CPTPP 且 CPTPP 成员国间相互免除产品关税，同时适用于 CPTPP 非成员国的关税不变。 | 情境 4 |
| 5 | 假设美国退出后中国加入 CPTPP，而且 CPTPP 成员国保留对区域外经济体实施的关税和非关税壁垒。 | 情境 5 |
| 6 | 假设美国决定重新加入 CPTPP 而且中国也加入 CPTPP，成员国保留对区域外经济体关税和非关税壁垒。 | 情境 6 |

## 第三节 模拟结果及分析

### 一、宏观经济效应

为了更好地说明这些问题,笔者绘制了表7-5、表7-6(见第147页、第148页)。

情境1中国有损失;成员国可以通过CPTPP获益,多数成员国的实际GDP增长,如日本增长最高达0.47%,其次是新西兰增长0.43%、新加坡增长0.32%、越南增长0.24%、智利增长0.17%、澳大利亚增长0.13%、加拿大增长0.08%,而马来西亚、文莱、秘鲁和墨西哥的实际GDP则下降。成员国福利改善,日本增幅最多,达到73.63亿美元,秘鲁福利增加最低,仅2203万美元。新西兰和日本的贸易条件改善最显著,分别为0.45%和0.43%。马来西亚和文莱受到负面影响,贸易条件分别下降0.1%和0.17%。成员国进出口额增加,其中最多的是文莱和马来西亚超过2%,越南、马来西亚和新西兰出口增加较多。非成员国因CPTPP受潜在的负面影响,实际GDP都呈现下降态势,除俄罗斯外福利水平均下降。

与基期相比，情境2下考虑了中国与CPTPP成员国签署的FTA，中国GDP增长，贸易平衡上升了6.28亿美元。CPTPP成员国通过CPTPP获益，多数成员国的实际GDP增长，新加坡增长最高达0.7%，其次是新西兰增长了0.41%、日本增长了0.4%。马来西亚、文莱、秘鲁、越南和墨西哥的实际GDP则出现了轻微下降。越南贸易平衡减少了11.09亿美元，降幅最大，其次是澳大利亚和马来西亚，分别减少19.77亿美元和19.22亿美元。非成员国因CPTPP受更高的负面影响，实际GDP都呈现下降态势，且降幅超过模拟情境1中的模拟结果，非成员国福利水平下降，仅俄罗斯福利水平上升。

与基期相比，情境3下CPTPP11会给中国带来损失，中国实际GDP下降0.15%，贸易条件下降0.11%，进口、出口分别下降了0.24%、0.14%，贸易平衡上升了15.04亿美元。成员国可以通过CPTPP获益，多数成员国的实际GDP增长，越南增长最高，达2.67%，其次是日本增长0.59%，新西兰增长0.33%、新加坡增长0.26%、智利增长0.11%。越南贸易平衡减少34.57亿美元，降幅最大。其次是澳大利亚和马来西亚，分别减少33.85亿美元和31.03亿美元。非成员国因CPTPP受潜在的负面影响，实际GDP都呈现了下降态势。

与基期相比，情境4考虑了中国与CPTPP成员国已签署的FTA，这有助于中国抵消CPTPP带来的负面影响，因此中国实际GDP增长了0.03%，贸易条件上升0.02%，进口和出口分别上升了0.51%和0.36%，贸易平衡上升了15.05亿美元。成员国可以通过CPTPP获益，多数成员国的实际GDP增长，越南增长最高达2.36%，其次是新加坡增长0.63%、日本增长0.53%、新西兰增长0.31%、澳大利亚增长0.08%。越南和澳大利亚出口增加最多，分别为4.38%

和2.11%。越南贸易平衡减少了32.96亿美元，是降幅最大的，其次是马来西亚减少了23.78亿美元。美国贸易平衡减少了9.73亿美元。CPTPP成员国除美国、加拿大和新加坡外，进口增幅都超过了出口增幅，从而带来了本国贸易平衡的负向增长。非成员国因CPTPP受潜在的负面影响，实际GDP都呈现了下降态势，而且福利水平都下降了。

与基期相比，情境5下中国GDP上升了0.16%，贸易条件上升了0.07%，进口和出口分别上升了2.12%和1.44%，贸易平衡下降了16.76亿美元。CPTPP成员国中仅4个成员国获益，日本增长最高，达1.59%，其次是新加坡，增长了0.49%，新西兰增长了0.27%。非成员国因CPTPP受潜在的负面影响，实际GDP都呈现了下降态势，福利水平都下降了，其中美国福利下降了高达88.19亿美元。日本和越南出口增加最多，分别为3.53%和2.74%。非成员国的福利水平也都下降了。

与基期相比，情境6下CPTPP成员国中仅有5个成员国获益，越南增长最高，达1.77%，其次是日本，增长了1.59%，中国GDP增长了0.53%，秘鲁、智利和墨西哥的实际GDP则出现了下降。成员国福利改变，中国福利增幅最大，其次是日本。日本、越南和新西兰贸易条件变好幅度最明显，中国贸易条件也上升了，但非成员国的福利水平都下降了。CPTPP成员国的进口和出口都有所增长，中国进口和出口分别上升了3.5%和2.53%；日本和越南进口增加最多，分别为4.73%和7.6%，日本和越南出口增加最多，分别为3.75%和4.19%。CPTPP成员国除新加坡、美国和加拿大外，进口增幅都超过了出口的增幅，从而带来了本国贸易平衡的负向增长。中国和日本贸易平衡均下降了109.93亿美元，降幅最大。非成员国因TPP受到了潜在的负面影响，实际GDP都呈现了下降态势，福利水平都下降了。

表7-5 不同模拟方案下实际GDP、福利和贸易条件的变动

| 指标 | 情境1 GDP变动(%) | 情境1 福利(百万美元) | 情境1 贸易条件(%) | 情境2 GDP变动(%) | 情境2 福利(百万美元) | 情境2 贸易条件(%) | 情境3 GDP变动(%) | 情境3 福利(百万美元) | 情境3 贸易条件(%) | 情境4 GDP变动(%) | 情境4 福利(百万美元) | 情境4 贸易条件(%) | 情境5 GDP变动(%) | 情境5 福利(百万美元) | 情境5 贸易条件(%) | 情境6 GDP变动(%) | 情境6 福利(百万美元) | 情境6 贸易条件(%) |
|---|---|---|---|---|---|---|---|---|---|---|---|---|---|---|---|---|---|---|
| 中国 | -0.07 | -2061.65 | -0.07 | 0.1 | 3793.6 | 0.07 | -0.15 | -3599.27 | -0.11 | 0.03 | 2255.98 | 0.02 | 0.16 | 8815.89 | 0.07 | 0.53 | 20953.39 | 0.38 |
| 日本 | 0.47 | 7363.15 | 0.43 | 0.4 | 6646.87 | 0.36 | 0.59 | 13552.4 | 0.53 | 0.53 | 12836.12 | 0.46 | 1.59 | 20034.32 | 1.52 | 1.59 | 20000.95 | 1.53 |
| 新加坡 | 0.32 | 544.55 | 0.18 | 0.7 | 1172.5 | 0.38 | 0.26 | 429.63 | 0.15 | 0.63 | 1057.58 | 0.35 | 0.49 | 879.21 | 0.28 | 0.31 | 620.55 | 0.2 |
| 越南 | 0.24 | 429.09 | 0.21 | -0.07 | 863.94 | 0.07 | 2.67 | 2477.17 | 1.58 | 2.36 | 2912.02 | 1.44 | -0.37 | 626.5 | -0.1 | 1.77 | 2402.15 | 1.1 |
| 马来西亚 | -0.18 | 730.34 | -0.1 | -0.17 | 1323.61 | -0.02 | -0.08 | 1190.6 | -0.06 | -0.07 | 1783.87 | 0.02 | -0.44 | 852.27 | -0.18 | -0.48 | 1089.28 | -0.22 |
| 东盟其他国家 | -0.14 | -860.68 | -0.12 | -0.25 | -1488.27 | -0.23 | -0.27 | -1437.49 | -0.21 | -0.38 | -2065.08 | -0.31 | -0.48 | -2858.6 | -0.41 | -0.67 | -3732.17 | -0.55 |
| 韩国 | -0.08 | -499.43 | -0.06 | -0.18 | -1015.29 | -0.14 | -0.13 | -776.64 | -0.09 | -0.23 | -1292.5 | -0.16 | -0.47 | -2648.6 | -0.35 | -0.66 | -3567.06 | -0.47 |
| 印度 | -0.05 | -164.44 | -0.03 | -0.1 | -416.76 | -0.06 | -0.12 | -327.21 | -0.05 | -0.17 | -579.53 | -0.09 | -0.25 | -726.13 | -0.11 | -0.46 | -1384.67 | -0.21 |
| 澳大利亚 | 0.13 | 1744.46 | 0.14 | 0.22 | 2487.52 | 0.3 | -0.01 | 1324.55 | 0.01 | 0.08 | 2067.61 | 0.17 | -0.02 | 1769.3 | 0.12 | -0.19 | 1301.22 | -0.02 |
| 新西兰 | 0.43 | 252.11 | 0.45 | 0.41 | 304.46 | 0.47 | 0.33 | 235.79 | 0.41 | 0.31 | 288.15 | 0.43 | 0.27 | 268.06 | 0.41 | 0.17 | 259.29 | 0.39 |
| 文莱 | -0.36 | 46.72 | -0.17 | -0.57 | 45.65 | -0.31 | -0.49 | 50.42 | -0.2 | -0.69 | 49.34 | -0.34 | -0.64 | 45.46 | -0.3 | -0.8 | 49.31 | -0.35 |
| 美国 | -0.1 | -2519.36 | -0.1 | -0.15 | -4012.93 | -0.15 | 0.02 | 2405.67 | 0.08 | -0.03 | 912.09 | 0.03 | -0.37 | -8819.53 | -0.32 | -0.27 | -847.48 | -0.11 |
| 加拿大 | 0.08 | 1031.67 | 0.12 | 0.05 | 1015.04 | 0.12 | -0.09 | 1719.36 | -0.1 | -0.12 | 1702.73 | -0.11 | -0.04 | 1531.33 | 0.16 | -0.47 | 1077.32 | -0.26 |
| 墨西哥 | -0.02 | 492.63 | 0.02 | -0.04 | 481.01 | 0.02 | -0.15 | -17.78 | -0.12 | -0.17 | -29.39 | -0.12 | -0.19 | 1217.47 | -0.02 | -0.65 | -316.6 | -0.43 |
| 智利 | 0.17 | 195.15 | 0.19 | 0.08 | 214.19 | 0.15 | 0.11 | 155.2 | 0.15 | 0.03 | 174.24 | 0.11 | -0.18 | 62.75 | 0 | -0.31 | -16.77 | -0.08 |
| 秘鲁 | -0.02 | 22.03 | 0.02 | -0.1 | 49.69 | -0.01 | -0.17 | -17.58 | -0.07 | -0.25 | 10.07 | -0.1 | -0.32 | -2.18 | -0.12 | -0.59 | -80.57 | -0.31 |
| 欧盟 | -0.05 | -952.87 | -0.01 | -0.08 | -1987.99 | -0.02 | -0.1 | -2302.5 | -0.03 | -0.13 | -3337.62 | -0.04 | -0.21 | -4176.2 | -0.05 | -0.36 | -8491.48 | -0.09 |
| 俄罗斯 | -0.03 | 5.22 | -0.01 | -0.06 | -21.39 | -0.03 | -0.08 | -27.05 | -0.03 | -0.1 | -53.67 | -0.04 | -0.2 | -308.76 | -0.1 | -0.33 | -507.06 | -0.17 |
| 世界其他国家 | -0.04 | -458.87 | -0.01 | -0.07 | -1451.29 | -0.03 | -0.1 | -1843.57 | -0.03 | -0.13 | -2835.98 | -0.06 | -0.23 | -4092.31 | -0.08 | -0.41 | -8649.15 | -0.18 |

数据来源：GTAP模拟结果。

表7-6 不同模拟方案下进出口和贸易平衡的变动

| 指标 | 情境1 | | | 情境2 | | | 情境3 | | | 情境4 | | | 情境5 | | | 情境6 | | |
|---|---|---|---|---|---|---|---|---|---|---|---|---|---|---|---|---|---|---|
| | 出口(%) | 进口(%) | 贸易平衡(百万美元) | 出口(%) | 进口(%) | 贸易平衡(百万美元) | 出口(%) | 进口(%) | 贸易平衡(百万美元) | 出口(%) | 进口(%) | 贸易平衡(百万美元) | 出口(%) | 进口(%) | 贸易平衡(百万美元) | 出口(%) | 进口(%) | 贸易平衡(百万美元) |
| 中国 | -0.1 | -0.14 | 627.83 | 0.41 | 0.6 | -2552.82 | -0.14 | -0.24 | 1504.82 | 0.36 | 0.51 | -1675.82 | 1.44 | 2.12 | -9072.15 | 2.53 | 3.5 | -10993.19 |
| 日本 | 0.93 | 1.26 | -3279.85 | 0.89 | 1.11 | -2289.85 | 1.39 | 1.82 | -4265.28 | 1.35 | 1.67 | -3275.27 | 3.53 | 4.76 | -12163.62 | 3.75 | 4.73 | -9932.66 |
| 新加坡 | 0.3 | 0.28 | 248.09 | 0.66 | 0.61 | 531.92 | 0.24 | 0.21 | 226.61 | 0.59 | 0.54 | 510.44 | 0.47 | 0.43 | 409.69 | 0.31 | 0.26 | 328.5 |
| 越南 | 1.05 | 1.75 | -1109 | 2.86 | 5.13 | -3457.01 | 2.56 | 4.76 | -3296.94 | 4.38 | 8.15 | -5644.94 | 2.74 | 4.85 | -3225.47 | 4.19 | 7.6 | -5160.15 |
| 马来西亚 | 1.03 | 2.07 | -1922.09 | 1.94 | 3.65 | -3103.31 | 1.29 | 2.57 | -2378.07 | 2.2 | 4.16 | -3559.3 | 1.74 | 3.33 | -2889.61 | 1.88 | 3.62 | -3182.51 |
| 东盟其他国家 | -0.15 | -0.21 | 300.69 | -0.29 | -0.4 | 651.78 | -0.27 | -0.36 | 478.34 | -0.41 | -0.56 | 829.43 | -0.51 | -0.75 | 1330.5 | -0.68 | -1.06 | 2126.88 |
| 韩国 | -0.06 | -0.11 | 279.76 | -0.16 | -0.26 | 592.38 | -0.08 | -0.18 | 582.47 | -0.17 | -0.33 | 895.09 | -0.43 | -0.68 | 1381.79 | -0.56 | -0.95 | 2168 |
| 印度 | -0.05 | -0.07 | 214.92 | -0.1 | -0.15 | 395.18 | -0.06 | -0.15 | 560.44 | -0.12 | -0.22 | 740.7 | -0.23 | -0.33 | 882.82 | -0.39 | -0.6 | 1706.56 |
| 澳大利亚 | 0.98 | 1.83 | -1976.92 | 2.07 | 3.57 | -3385.14 | 1.02 | 1.81 | -1810.01 | 2.11 | 3.55 | -3218.22 | 1.89 | 3.12 | -2735.36 | 1.97 | 2.98 | -2147.91 |
| 新西兰 | 1.16 | 1.37 | -43.55 | 1.85 | 2.29 | -115.99 | 1.35 | 1.6 | -53.59 | 2.04 | 2.53 | -126.03 | 1.72 | 2.08 | -88 | 1.96 | 2.31 | -68 |
| 文莱 | 0.62 | 2.1 | -47.04 | 0.75 | 2.64 | -62.46 | 0.8 | 2.65 | -57.57 | 0.93 | 3.19 | -73 | 0.69 | 2.56 | -63.33 | 0.85 | 3.05 | -73.05 |
| 美国 | -0.1 | -0.22 | 4133.61 | -0.11 | -0.34 | 6990.55 | 0.54 | 0.42 | -972.78 | 0.53 | 0.3 | 1884.17 | -0.31 | -0.79 | 15206.06 | 1.48 | 1.08 | -1055.9 |
| 加拿大 | 0.32 | 0.39 | -312.62 | 0.32 | 0.35 | -153.79 | 0.77 | 0.77 | 23.73 | 0.76 | 0.73 | 182.55 | 0.68 | 0.86 | -831.03 | 0.81 | 0.76 | 291.4 |
| 墨西哥 | 0.37 | 0.47 | -211.26 | 0.37 | 0.44 | -131.05 | 0.34 | 0.37 | -6.4 | 0.33 | 0.34 | 73.82 | 1.06 | 1.43 | -894.39 | 0.61 | 0.77 | -317.18 |
| 智利 | 0.4 | 0.5 | -33.16 | 0.69 | 0.97 | -130.22 | 0.39 | 0.45 | 2.33 | 0.69 | 0.91 | -94.73 | 0.38 | 0.53 | -69.69 | 0.33 | 0.36 | 18.42 |
| 秘鲁 | 0.26 | 0.49 | -67.55 | 0.69 | 1.42 | -228.7 | 0.39 | 0.73 | -101.53 | 0.81 | 1.67 | -262.68 | 0.49 | 1.02 | -168.27 | 0.52 | 1 | -142.65 |
| 欧盟 | -0.03 | -0.06 | 2107.13 | -0.05 | -0.11 | 4134.76 | -0.05 | -0.14 | 6036.15 | -0.07 | -0.18 | 8063.78 | -0.15 | -0.26 | 8298.5 | -0.24 | -0.46 | 16559.13 |
| 俄罗斯 | -0.01 | -0.06 | 166.52 | -0.01 | -0.12 | 356.26 | 0 | -0.15 | 520.14 | -0.01 | -0.2 | 709.88 | -0.11 | -0.36 | 668.37 | -0.16 | -0.64 | 1389.24 |
| 世界其他国家 | -0.02 | -0.05 | 924.49 | -0.04 | -0.11 | 1957.49 | -0.05 | -0.15 | 3007.13 | -0.07 | -0.2 | 4040.12 | -0.18 | -0.31 | 4023.15 | -0.31 | -0.59 | 8485.02 |

数据来源：GTAP模拟结果。

## 二、农业部门产出的影响

下面结合表7-7、表7-8、表7-9、表7-10、表7-11、表7-12（见第152—157页）来分析不同的模拟方案对农业部门产出的影响。

情境1下CPTPP对中国农业产出的影响是中性的，羊毛及丝制品产出增长最显著，为0.39%，肉类加工产品产出下降最显著，为0.26%。CPTPP对非成员国农业部门产出的影响较小。对成员国来说，关税的减少产生了贸易创造和贸易转移。日本农业受到的负面影响较大：小麦产出下降20.44%，畜产品下降了10.64%，乳制品下降了3.95%，肉类加工产品下降了3.93%；新加坡糖料作物产出增长了16.44%，饮料和烟草产出增长了10.92%，乳制品产出下降了3.1%，羊毛及丝制品产出下降了0.99%；越南小麦产出增长最显著，为3.93%，油脂和乳制品产出分别下降了3.4%和2.54%；马来西亚其他食品产出增长最显著，为2.12%，稻米下降最显著，为13.39%；澳大利亚稻米和畜产品分别增长了13.52%和10.83%，羊毛及丝制品产出下降了1.06%；新西兰乳制品产出增长了6.18%，羊毛及丝制品产出下降了2.86%；文莱油脂产出增长了7.23%，饮料和烟草产出下降了24.03%；加拿大肉类加工产品增长了16.11%；墨西哥肉类加工产品增长了5.28%，乳制品下降了1.78%；智利乳制品产出增长了3.37%，其他作物产出下降了2.56%；秘鲁其他食品部门产出增长了0.29%，小麦产出下降了0.42%。

情境2下中国农业部门产出呈现下降态势。CPTPP对非成员国农业部门产出的影响较小。对成员国来说，关税的减少产生了贸易创造和贸易转移。日本小麦和畜产品产出分别下降了20.04%和10.44%，油料作物产出增长最高，也仅为0.12%；新加坡农业生产从CPTPP获益，糖料作物以及饮料和烟草产出分别增长了17.21%和11.7%，乳制品产出下降了2.93%；越南小麦和稻米产出分别增长了7.07%和1.08%；马来西亚稻米产出下降为最显著，为14.42%，油脂产出增长最多，为2.54%；澳大利亚获益多，羊毛及丝制品、稻米和畜产品产出分别增长了72.97%、13.3%和11.26%；新西兰也从CPTPP获益，乳制品产出增加最明显，为9.93%，羊毛及丝制品产出受冲击最大，下降了55.22%；文莱也从CPTPP获益，油脂产出增长最多，为9.64%，饮料和烟草产出下降了23.96%；加拿大肉类加工产品产出增长了15.99%，羊毛及丝制品下降了7.05%；墨西哥肉类加工产品产出增长了5.27%；智利大部分农业产出上升，羊毛及丝制品和肉类加工产品产出分别增长了35.32%和15.89%。CPTPP对秘鲁农业产出的影响为中性，产出变动小。

情境3和情境4，仅有1种农产品产出变化为正。情境3时马来西亚小麦产出增加5.3%，稻米产出减少12.73%。情境4时新加坡糖料作物以及饮料和烟草产出分别增长16.53%和11.56%。越南小麦种植扩张最明显，其他多数农产品产出减少。澳大利亚羊毛及丝制品产出增长73.31%。新西兰乳制品产出增加10.24%，羊毛及丝制品产出下降55.6%。美国羊毛及丝制品生产受损严重，减少17.68%。加拿大肉类加工产品产出增加5.36%，乳制品产出下降8.36%。墨西哥油料作物受益最多，增加了8.05%。智利羊毛及丝制品产出增幅达到35.51%。秘鲁农产品产出变动小。

情境5时，新加坡羊毛及丝制品和乳制品分别减产3.65%和2.5%。墨西哥肉类加工产品生产增长5.16%，乳制品产出降低1.79%。马来西亚粮食作物减产，稻米产出分别减少14.4%，油脂和油料作物具有竞争优势。澳大利亚羊毛及丝制品、稻米和畜产品从CPTPP的成立中获利最大，小麦减产最多，也仅为1.97%。新西兰农业部门中,乳制品增加了10.01%,羊毛及丝制品产出下降54.88%。加拿大肉类加工产品、羊毛及丝制品、小麦、油脂产出增加。智利羊毛及丝制品和肉类加工产品产出分别增长35.91%和15.66%。秘鲁的小麦、羊毛及丝制品、饮料和烟草产出减少。美国大部分农产品产出下降,羊毛及丝制品产出下降14.29%。

情境6时,CPTPP成员国农业部门产出有增有减,整体增长的有新加坡、澳大利亚、美国、加拿大、墨西哥、智利和秘鲁7国,其中增长最多的是澳大利亚,达到127.22%,整体下降的有中国、日本、马来西亚、新西兰、越南和文莱6国,其中下降最多的是日本,达到59.72%。新加坡羊毛及丝制品和乳制品分别减产3.49%和2.67%。墨西哥油料作物增长8.42%,乳制品产出降低最多达1.72%。马来西亚粮食作物减产,稻米产出减少13.62%,油脂、其他食品部门油料作物具有竞争优势。澳大利亚羊毛及丝制品、稻米和畜产品从CPTPP的成立中获利最大,小麦减产最多,也仅为2.18%。新西兰农业部门中,乳制品增加了10.81%,羊毛及丝制品产出下降55.16%。加拿大肉类加工产品、羊毛及丝制品、小麦、油脂产出增加。智利羊毛及丝制品和肉类加工产品产出分别增长36.09%和14.9%。秘鲁小麦、羊毛及丝制品、饮料和烟草及其他产品产出减少,其他10个农业部门的产出有所增加。成为成员国的美国的大部分农产品产出下降,12个农业部门的产出增加,其中羊毛及丝制品产出增加17.74%。中国加入后,CPTPP将给非成员国的农业生产带来一定的负面影响。

表7-7 模拟情境1时CPTPP成员国对农业部门产出的影响

| | 中国 | 日本 | 新加坡 | 越南 | 马来西亚 | 非共体 | 韩国 | 印度 | 澳大利亚 | 新西兰 | 文莱 | 美国 | 加拿大 | 墨西哥 | 智利 | 秘鲁 | 欧盟 | 俄罗斯 | 其他国家 |
|---|---|---|---|---|---|---|---|---|---|---|---|---|---|---|---|---|---|---|---|
| 稻米 | -0.05 | -1.24 | -0.04 | 1.51 | -13.39 | -0.05 | -0.01 | -0.01 | 13.52 | -0.36 | -0.25 | -0.45 | 0.04 | -0.05 | 0.33 | 0.01 | -0.07 | 0.08 | -0.04 |
| 小麦 | -0.14 | -20.44 | -0.62 | 3.93 | 2.04 | 1.9 | 0.84 | -0.03 | 0.56 | 1.36 | 1.49 | -2.32 | 5.36 | -0.58 | 0.74 | -0.42 | 0.07 | -0.01 | 0.02 |
| 谷物及其他相关产品 | -0.03 | -2.12 | -0.27 | -0.29 | -0.01 | -0.09 | -0.12 | -0.02 | 2.21 | 0.34 | 0.26 | -0.42 | 2.78 | 0.62 | -0.44 | 0.05 | -0.07 | -0.02 | -0.04 |
| 蔬菜水果坚果 | -0.03 | -0.57 | -0.12 | -0.77 | 0.36 | -0.01 | -0.03 | 0.01 | 0.17 | 1.21 | 0.35 | 0.19 | -0.01 | -0.3 | -1.59 | 0.07 | 0.04 | -0.01 | 0.01 |
| 油料作物 | 0.02 | 0.08 | -0.32 | -2.17 | 0.39 | 0.15 | -0.03 | -0.08 | 0.65 | -0.88 | 0.63 | 0.35 | -1.42 | -0.35 | -0.49 | -0.01 | 0.06 | -0.02 | -0.06 |
| 油脂 | 0 | -0.26 | 0.66 | -3.4 | 0.33 | 0.2 | 0.01 | -0.15 | 0.8 | -0.85 | 7.23 | 0.14 | -0.01 | -0.03 | 0.22 | -0.05 | -0.04 | -0.03 | -0.11 |
| 糖料作物 | -0.01 | -0.62 | 16.44 | -0.61 | 0.74 | -0.05 | -0.04 | -0.01 | 0.55 | -1.07 | 3.97 | -0.04 | 1.79 | -0.24 | 1.12 | 0.02 | -0.01 | -0.01 | 0 |
| 植物纤维 | 0.03 | -0.1 | -0.68 | -0.46 | 0.09 | 0.23 | -0.03 | -0.01 | -0.92 | 0.88 | 0.48 | 0.41 | -0.09 | -0.23 | -0.1 | 0 | -0.03 | -0.03 | -0.03 |
| 其他作物 | 0.1 | -1.01 | 0.91 | -1.33 | 0.34 | 0.13 | 0.03 | -0.01 | -0.8 | 1.06 | -4.79 | 0.4 | 0.24 | -0.47 | -2.56 | 0.16 | 0.02 | -0.07 | -0.01 |
| 畜产品 | 0.05 | -10.64 | 0.26 | -0.44 | 0.4 | 0.28 | 0.36 | 0.03 | 10.83 | -2.02 | 0.93 | -0.76 | 1.41 | 0.56 | -0.47 | 0.02 | 0.06 | 0.03 | 0.01 |
| 肉类加工产品 | -0.26 | -3.93 | -0.41 | -0.23 | 0.23 | -1.28 | -0.06 | -0.03 | -0.94 | 0.45 | 0.17 | -0.9 | 16.11 | 5.28 | 16 | 0.06 | -0.28 | 0 | -0.41 |
| 渔业 | -0.03 | -0.04 | 0.09 | 0.12 | 0.09 | -0.04 | -0.01 | 0 | 0.27 | 6.18 | 0.16 | 0.07 | 0.29 | 0.09 | 0.74 | 0.03 | 0 | 0 | 0 |
| 乳制品 | 0.12 | -3.95 | -3.1 | -2.54 | 0.67 | 0.3 | -0.02 | 0.06 | 4.88 | -2.86 | 0.9 | -0.36 | -1.83 | -1.78 | 3.37 | 0.1 | -0.11 | 0.01 | 0.02 |
| 羊毛及丝制品 | 0.39 | -0.54 | -0.99 | -0.05 | 0.83 | 0.05 | 0.01 | -0.04 | -1.06 | 1.74 | 1.61 | 1.36 | -0.26 | -0.01 | -1.9 | 0.04 | 0.66 | 0.02 | 0.05 |
| 其他食品 | -0.08 | 0.03 | 0.8 | 0.3 | 2.12 | -0.17 | -0.06 | 0.02 | 1.11 | -0.51 | -0.1 | -0.09 | 0.93 | 0.17 | 2.16 | 0.29 | -0.03 | -0.05 | -0.04 |
| 林业 | 0.03 | -0.13 | 0.27 | -0.28 | -0.16 | 0.05 | 0.04 | -0.01 | 0.32 | -0.09 | -1.99 | 0.05 | -0.05 | -0.03 | -0.03 | 0.08 | 0.01 | 0.01 | 0.01 |
| 饮料和烟草 | -0.01 | 0.08 | 10.92 | -1 | -1.01 | -0.11 | -0.07 | 0 | 0.6 | -0.32 | -24.03 | -0.01 | 0.22 | 0.03 | 0.36 | -0.01 | -0.02 | 0.01 | -0.01 |
| 其他产品 | 0.01 | 0.04 | -0.01 | 0.02 | 0 | 0.02 | 0 | 0 | -0.12 | | 0 | 0.01 | -0.08 | -0.02 | -0.16 | -0.02 | 0 | 0 | 0 |

数据来源：GTAP模拟结果。

表7-8 模拟情境2时CPTPP成员国对农业部门产出的影响

| 产品 | 中国 | 日本 | 新加坡 | 越南 | 马来西亚 | 非汶体 | 韩国 | 印度 | 澳大利亚 | 新西兰 | 文莱 | 美国 | 加拿大 | 墨西哥 | 智利 | 秘鲁 | 欧盟 | 俄罗斯 | 其他国家 |
|---|---|---|---|---|---|---|---|---|---|---|---|---|---|---|---|---|---|---|---|
| 稻米 | -0.38 | -1.24 | -0.05 | 1.08 | -14.42 | 0.03 | -0.01 | -0.02 | 13.3 | -0.27 | -0.36 | -0.47 | 0.03 | -0.07 | 0.37 | 0.14 | -0.08 | 0.09 | -0.04 |
| 小麦 | -1.01 | -20.04 | 1.14 | 7.07 | -0.29 | 3.4 | 1.31 | -0.05 | -2.03 | 2.08 | 1.53 | -1.99 | 5.72 | -0.52 | 0.95 | -0.17 | 0.13 | 0.05 | 0.11 |
| 谷物及其他相关产品 | -0.2 | -2.08 | 0.28 | -0.5 | -1.41 | -0.09 | -0.11 | -0.02 | 3.18 | 0.51 | 0.88 | -0.45 | 2.67 | 0.61 | -0.52 | 0.29 | -0.11 | -0.04 | -0.05 |
| 蔬菜水果坚果 | -0.08 | -0.57 | 0.29 | -1.31 | -1.35 | -0.05 | -0.03 | 0.01 | -0.22 | 2.9 | 0.4 | 0.2 | -0.1 | -0.3 | -1.06 | 0.16 | 0.05 | -0.02 | 0 |
| 油料作物 | -0.87 | 0.12 | 0.27 | -2.55 | 2.06 | 0.22 | -0.05 | -0.03 | 6.33 | 0.3 | 1.14 | 0.26 | -1.58 | -0.34 | -0.11 | 0.21 | 0.2 | 0.05 | -0.06 |
| 油脂 | -1.21 | 0.03 | 0.49 | -4.08 | 2.54 | 0.2 | 0.2 | -0.07 | 1.42 | -0.15 | 9.64 | 0.33 | -0.84 | 0.03 | 0.33 | 0.03 | 0.08 | 0.16 | 0.22 |
| 糖料作物 | -0.24 | -0.63 | 17.21 | -0.99 | -0.11 | 0.05 | -0.4 | -0.01 | 2.89 | 0.49 | 4.1 | -0.04 | 1.77 | -0.26 | 1.57 | 0.17 | -0.02 | -0.03 | -0.03 |
| 植物纤维 | -0.44 | -0.03 | 0.54 | -0.67 | -1.93 | 0.39 | -0.02 | -0.31 | 6.88 | 1.87 | 0.4 | -0.11 | -0.1 | -0.51 | -0.13 | 0.47 | -0.24 | -0.05 | -0.18 |
| 其他作物 | 2.9 | -0.95 | -0.29 | -1.77 | -3.4 | -0.06 | 0.11 | -0.03 | -1.71 | -0.61 | -4.86 | 0.42 | 0.19 | -0.47 | -3.13 | 0.14 | 0.02 | -0.06 | -0.05 |
| 畜产品 | -0.33 | -10.44 | 0.63 | -0.52 | -0.24 | 0.41 | 0.58 | 0.07 | 11.26 | 3.21 | 1.37 | -0.79 | 1.41 | 0.63 | -0.46 | 0.13 | 0.04 | 0.04 | 0.01 |
| 肉类加工产品 | -0.23 | -3.95 | 0.48 | -0.29 | -0.14 | -1.26 | -0.08 | -0.03 | 2.69 | -0.74 | 0.77 | -0.95 | 15.99 | 5.27 | 15.89 | 0.34 | -0.31 | -0.01 | -0.43 |
| 渔业 | -0.04 | -0.03 | 0.37 | 0.03 | 0.09 | -0.05 | -0.01 | -0.01 | 0.67 | 0.74 | 0.26 | 0.06 | 0.27 | 0.08 | 1.03 | 0.24 | 0 | 0 | 0 |
| 乳制品 | -0.96 | -3.92 | -2.93 | -2.9 | 0.81 | 0.43 | 0.02 | 0.27 | 5.61 | 9.93 | 1.08 | -0.4 | -1.84 | -1.77 | 3.39 | 0.27 | -0.15 | 0.01 | 0.03 |
| 羊毛及丝制品 | -21.67 | -0.74 | -3.6 | -0.62 | 0.69 | -0.09 | -1.08 | -0.08 | 72.97 | -55.22 | -0.86 | -14.76 | -7.05 | -0.98 | 35.32 | -0.29 | -27.42 | -0.23 | -3.14 |
| 其他食品 | -0.09 | 0.01 | 4.77 | 0.08 | 2.06 | -0.21 | -0.11 | 0.03 | 1.38 | 2.39 | -0.01 | -0.11 | 0.89 | 0.16 | 2.58 | 1.52 | -0.04 | -0.11 | -0.06 |
| 林业 | 0 | -0.11 | -0.19 | -0.59 | -0.32 | 0.11 | 0.07 | -0.03 | 1.5 | -0.44 | -1.79 | 0.08 | -0.03 | -0.02 | 0.1 | 0.14 | 0.01 | 0.06 | 0.04 |
| 饮料和烟草 | 0.1 | 0.06 | 11.7 | -3 | -1.22 | -0.17 | -0.17 | 0.01 | 0.85 | -0.12 | -23.96 | -0.04 | 0.22 | 0.03 | 0.58 | -0.03 | -0.03 | -0.01 | -0.02 |
| 其他产品 | 0.05 | 0.04 | -0.02 | 0.18 | -0.08 | 0.02 | 0 | 0.01 | -0.19 | -0.48 | 0 | 0.01 | -0.08 | -0.02 | -0.19 | -0.07 | 0 | 0 | 0.01 |

数据来源：GTAP模拟结果。

表7-9 模拟情境3时CPTPP成员国对农业部门产出的影响

| | 中国 | 日本 | 新加坡 | 越南 | 马来西亚 | 非共体 | 韩国 | 印度 | 澳大利亚 | 新西兰 | 文莱 | 美国 | 加拿大 | 墨西哥 | 智利 | 秘鲁 | 欧盟 | 俄罗斯 | 其他国家 |
|---|---|---|---|---|---|---|---|---|---|---|---|---|---|---|---|---|---|---|---|
| 稻米 | -0.21 | -10.52 | -0.14 | 0.57 | -12.73 | -0.08 | -0.06 | -0.01 | 9.78 | -0.41 | -0.07 | 11.4 | 2.33 | 0.36 | 0.14 | 0.01 | -0.14 | 0.16 | -0.04 |
| 小麦 | -0.4 | -39.78 | 0.01 | 3.65 | 5.3 | 2.69 | 0.58 | -0.12 | -1.79 | -0.15 | 2.19 | -0.9 | 3.57 | -0.03 | -3.65 | -1.09 | 0.08 | 0.1 | 0.13 |
| 谷物及其他相关产品 | -0.11 | -6.84 | -0.21 | -0.77 | 0.14 | -0.32 | 0.2 | -0.02 | 0.76 | -0.48 | 0.26 | 0.74 | 1.52 | 0.51 | 0.06 | -0.09 | -0.25 | -0.08 | -0.14 |
| 蔬菜水果坚果 | -0.12 | -0.78 | 0.36 | -1.56 | 0.44 | 0 | -0.07 | 0 | 0.38 | 0.69 | 0.39 | 0.32 | 1.04 | -0.08 | -0.96 | 0.16 | 0.06 | -0.04 | -0.01 |
| 油料作物 | 0.14 | 0.12 | 0.03 | -4.09 | 0.42 | 0.47 | 0.18 | -0.09 | 0.75 | -1.35 | 0.62 | -0.19 | -1 | 8.04 | -0.41 | 0.1 | 0.04 | -0.04 | 0.01 |
| 油脂 | -0.06 | 0.46 | 0.38 | -6.35 | 0.29 | 0.44 | -0.31 | -0.19 | 0.96 | -0.72 | 7.6 | 0.87 | -0.46 | -0.22 | -0.03 | 0.16 | -0.16 | -0.08 | -0.15 |
| 糖料作物 | -0.05 | -0.71 | 15.76 | -0.87 | 1.05 | 0 | -0.16 | -0.03 | 1.49 | -1.14 | 4.03 | -0.08 | 3.2 | -0.63 | 1.03 | 0.8 | -0.06 | -0.03 | -0.06 |
| 植物纤维 | 0.19 | 1.08 | -0.3 | -0.55 | 0.68 | 0.85 | 0.32 | 0.1 | -0.12 | 0.7 | 0.6 | -0.6 | 0.06 | 0.11 | -0.07 | -3.47 | 0.19 | 0.06 | 0.12 |
| 其他作物 | -0.19 | -1.91 | 0.99 | -3.35 | -2.81 | -0.04 | 0.04 | -0.08 | -0.59 | -0.73 | -5.58 | -0.2 | -0.48 | -0.39 | -2.08 | 0.29 | -0.05 | -0.41 | -0.16 |
| 畜产品 | 0.04 | -15.1 | 0.16 | -0.09 | 0.59 | 0.28 | 0.28 | -0.03 | 8.79 | 1.71 | 0.73 | 0.88 | 1.56 | -0.23 | -0.47 | -0.19 | -0.06 | 0.02 | -0.02 |
| 肉类加工产品 | -0.73 | -9.76 | -0.98 | -0.62 | 0.36 | -3.5 | -0.49 | -0.1 | -2.21 | -6.68 | 0.11 | 4.94 | 5.48 | 3.85 | 11.11 | -1.21 | -0.94 | -0.17 | -1.22 |
| 渔业 | -0.1 | 0.08 | 0.08 | -0.18 | 0.14 | -0.13 | -0.06 | -0.01 | 0.27 | 0.44 | 0.23 | 0.22 | 0.34 | 0.06 | 0.47 | 0 | -0.02 | -0.01 | -0.02 |
| 乳制品 | 0.11 | -6.79 | -9.11 | -4.93 | 1.41 | 0.27 | -0.2 | -0.01 | 3.6 | 6.5 | 1.1 | 1.11 | -8.35 | -1.75 | 3.53 | 0.22 | -0.35 | 0 | -0.05 |
| 羊毛及丝制品 | 0.39 | -0.64 | -0.53 | 0.54 | 1.25 | 0.14 | -0.01 | 0.04 | -0.72 | -3.24 | 1.87 | -1.56 | -0.07 | 1.12 | -1.71 | 0.07 | 0.29 | 0.01 | -0.03 |
| 其他食品 | -0.28 | 0.37 | -0.08 | -2.29 | 2.51 | -0.66 | -0.4 | -0.16 | 1.04 | 1.59 | -0.8 | 1.03 | 0.85 | -0.16 | 1.37 | 0.15 | -0.14 | -0.17 | -0.16 |
| 林业 | 0.05 | -0.14 | 0.36 | -0.92 | -0.26 | 0.15 | -0.01 | 0.03 | 0.25 | -0.45 | -1.92 | 0 | 0.03 | -0.09 | -0.02 | 0.07 | 0.01 | 0.02 | 0.03 |
| 饮料和烟草 | -0.01 | 0.3 | 10.77 | -0.78 | -1.52 | -0.11 | -0.12 | -0.02 | 0.74 | 0.21 | -24.02 | 0.17 | 0.04 | 0.02 | 0.46 | -0.05 | -0.04 | -0.01 | -0.02 |
| 其他产品 | 0.03 | 0.08 | -0.01 | 0.32 | 0.01 | 0.08 | 0 | 0.01 | -0.08 | -0.31 | 0 | -0.03 | -0.01 | 0 | -0.12 | 0.01 | 0.01 | 0.02 | 0.02 |

数据来源：GTAP模拟结果。

表7-10 模拟情境4时CPTPP成员国对农业部门产出的影响

| | 中国 | 日本 | 新加坡 | 越南 | 马来西亚 | 非共体 | 韩国 | 印度 | 澳大利亚 | 新西兰 | 文莱 | 美国 | 加拿大 | 墨西哥 | 智利 | 秘鲁 | 欧盟 | 俄罗斯 | 其他国家 |
|---|---|---|---|---|---|---|---|---|---|---|---|---|---|---|---|---|---|---|---|
| 稻米 | -0.54 | -10.51 | -0.15 | 0.14 | -13.76 | 0.01 | -0.06 | -0.02 | 9.55 | -0.32 | -0.18 | 11.39 | 2.31 | 0.35 | 0.18 | 0.14 | -0.16 | 0.16 | -0.04 |
| 小麦 | -1.28 | -39.38 | 1.77 | 6.79 | 2.97 | 4.19 | 1.05 | -0.15 | -4.38 | 0.57 | 2.23 | -0.57 | 3.94 | 0.02 | -3.44 | -0.83 | 0.14 | 0.16 | 0.22 |
| 谷物及其他相关产品 | -0.27 | -6.8 | 0.34 | -0.99 | -1.25 | -0.33 | 0.21 | -0.02 | 1.73 | -0.32 | 0.89 | 0.71 | 1.41 | 0.49 | -0.02 | 0.15 | -0.29 | -0.1 | -0.16 |
| 蔬菜水果坚果 | -0.16 | -0.78 | 0.77 | -2.09 | -1.26 | -0.04 | -0.07 | 0 | -0.01 | 2.37 | 0.44 | 0.33 | 0.95 | -0.08 | -0.43 | 0.25 | 0.07 | -0.05 | -0.01 |
| 油料作物 | -0.75 | 0.17 | 0.62 | -4.47 | 2.09 | 0.53 | 0.17 | -0.05 | 6.43 | -0.16 | 1.13 | -0.27 | -1.16 | 8.05 | -0.03 | 0.32 | 0.18 | 0.02 | 0.01 |
| 油脂 | -1.27 | 0.76 | 0.22 | -7.02 | 2.5 | 0.44 | -0.12 | -0.11 | 1.57 | -0.02 | 10.01 | 1.06 | -1.29 | -0.15 | 0.08 | 0.23 | -0.04 | 0.12 | 0.18 |
| 糖料作物 | -0.29 | -0.72 | 16.53 | -1.25 | 0.2 | 0.11 | -0.52 | -0.03 | 3.83 | 0.42 | 4.16 | -0.08 | 3.18 | -0.65 | 1.48 | 0.94 | -0.07 | -0.05 | -0.08 |
| 植物纤维 | -0.29 | 1.15 | 0.92 | -0.76 | -1.34 | 1.02 | 0.32 | -0.2 | 7.68 | 1.69 | 0.52 | -1.12 | 0.05 | -0.16 | -0.1 | -2.99 | -0.02 | 0.03 | -0.03 |
| 其他作物 | 2.62 | -1.85 | -0.21 | -3.79 | -6.54 | -0.23 | 0.12 | -0.11 | -1.5 | -0.54 | -5.66 | -0.18 | -0.53 | -0.38 | -2.65 | 0.26 | -0.05 | -0.4 | -0.2 |
| 畜产品 | -0.34 | -14.9 | 0.53 | -0.17 | -0.05 | 0.42 | 0.49 | 0.01 | 9.23 | 3.86 | 1.16 | 0.85 | 1.56 | -0.16 | -0.47 | -0.08 | -0.08 | 0.03 | -0.03 |
| 肉类加工产品 | -0.7 | -9.78 | -0.09 | -0.69 | 0 | -3.48 | -0.51 | -0.11 | 1.41 | -5.4 | 0.7 | 4.89 | 5.36 | 3.84 | 11 | -0.94 | -0.97 | -0.17 | -1.25 |
| 渔业 | -0.11 | 0.08 | 0.36 | -0.26 | 0.14 | -0.14 | -0.06 | -0.02 | 0.67 | 0.74 | 0.32 | 0.22 | 0.32 | 0.05 | 0.77 | 0.21 | -0.03 | -0.01 | -0.03 |
| 乳制品 | -0.97 | -6.76 | -8.93 | -5.3 | 1.54 | 0.4 | -0.17 | -0.01 | 4.33 | 10.24 | 1.27 | 1.07 | -8.36 | -1.74 | 3.55 | 0.39 | -0.38 | 0 | -0.05 |
| 羊毛及丝制品 | -21.68 | -0.84 | -3.13 | -0.03 | 1.1 | 0 | -1.1 | 0.25 | 73.31 | -55.6 | -0.59 | 17.68 | -6.86 | 0.14 | 35.51 | -0.26 | -27.8 | -0.25 | -3.23 |
| 其他食品 | -0.29 | 0.35 | 3.89 | -2.51 | 2.44 | -0.69 | -0.46 | -0.2 | 1.31 | 2.25 | -0.71 | 1 | 0.81 | -0.17 | 1.79 | 1.38 | -0.16 | -0.23 | -0.18 |
| 林业 | 0.03 | -0.11 | -0.1 | -1.23 | -0.42 | 0.2 | 0.03 | 0.05 | 1.44 | -0.38 | -1.73 | 0.04 | 0.06 | -0.08 | 0.11 | 0.13 | 0.02 | 0.07 | 0.05 |
| 饮料和烟草 | 0.11 | 0.28 | 11.56 | -2.78 | -1.73 | -0.17 | -0.22 | -0.03 | 0.99 | 0.18 | -23.96 | 0.15 | 0.03 | 0.02 | 0.68 | -0.06 | -0.06 | -0.01 | -0.03 |
| 其他产品 | 0.07 | 0.08 | -0.02 | 0.49 | -0.07 | 0.08 | 0 | 0.01 | -0.15 | -0.47 | | -0.03 | -0.01 | 0 | -0.15 | -0.04 | 0.01 | 0 | 0.02 |

数据来源:GTAP模拟结果。

表7-11 模拟情境5时CPTPP成员国对农业部门产出的影响

| | 中国 | 日本 | 新加坡 | 越南 | 马来西亚 | 非共体 | 韩国 | 印度 | 澳大利亚 | 新西兰 | 文莱 | 美国 | 加拿大 | 墨西哥 | 智利 | 秘鲁 | 欧盟 | 俄罗斯 | 其他国家 |
|---|---|---|---|---|---|---|---|---|---|---|---|---|---|---|---|---|---|---|---|
| 稻米 | -0.18 | -2.42 | -0.06 | 1.03 | -14.4 | 0.04 | 0.02 | -0.04 | 13.12 | -0.35 | -0.14 | -0.69 | 0.04 | -0.16 | 0.38 | 0.14 | -0.13 | 0.05 | -0.06 |
| 小麦 | -0.9 | -22.74 | 0.95 | 6.17 | -0.04 | 3.59 | 1.43 | -0.09 | -1.97 | 1.89 | 1.2 | -1.81 | 5.09 | -0.48 | 0.78 | -0.12 | 0.09 | 0.04 | 0.12 |
| 谷物及其他相关产品 | -0.06 | -3.36 | 0.21 | -0.59 | -1.38 | -0.19 | -0.12 | -0.04 | 3.2 | 0.39 | 0.77 | -0.46 | 3.12 | 0.51 | -0.48 | 0.28 | -0.14 | -0.07 | -0.08 |
| 蔬菜水果坚果 | 0.15 | -1.4 | 0.3 | -1.29 | -1.15 | -0.11 | -0.04 | 0 | -0.26 | 2.37 | 0.4 | 0.17 | 0.02 | -0.46 | -1.01 | 0.14 | 0.04 | -0.03 | -0.01 |
| 油料作物 | -0.94 | -4.53 | 0.16 | -2.58 | 1.99 | 0.19 | 0.06 | -0.09 | 6.18 | -0.04 | 1.01 | 0.05 | -0.31 | -0.32 | 0.29 | 0.23 | 0.15 | 0.01 | -0.21 |
| 油脂 | -1.51 | 0.73 | 0.21 | -4.14 | 2.47 | 0.13 | 0.08 | -0.17 | 1.39 | -0.33 | 9.32 | 0.44 | 4.6 | -0.08 | 0.36 | 0.08 | 0 | 0.1 | 0.12 |
| 糖料作物 | -0.23 | -1.06 | 16.93 | -1.09 | -0.03 | 0.09 | -0.26 | -0.03 | 2.92 | 0.38 | 3.95 | -0.03 | 1.81 | -0.33 | 1.55 | 0.16 | -0.05 | -0.05 | -0.03 |
| 植物纤维 | -0.73 | -1.05 | 0.43 | -0.62 | -1.84 | 0.47 | 0.07 | -0.28 | 7.03 | 1.66 | 0.3 | 0.06 | -0.06 | 1.52 | -0.16 | 0.44 | -0.28 | -0.08 | -0.19 |
| 其他作物 | 3.26 | -2.05 | -0.24 | -1.59 | -3.26 | 0.02 | 0.22 | -0.03 | -1.68 | -0.63 | -4.82 | 0.56 | 0.22 | -0.59 | -2.87 | 0.2 | 0 | -0.03 | -0.02 |
| 畜产品 | -0.43 | -11.1 | 0.59 | -0.59 | -0.22 | 0.39 | 0.56 | 0.05 | 11.59 | 3.14 | 1.28 | -0.78 | 1.95 | 0.64 | -0.39 | 0.12 | -0.37 | 0.03 | -0.01 |
| 肉类加工产品 | 0 | -4.95 | 0.36 | -0.4 | -0.13 | -1.45 | -0.13 | -0.04 | 2.59 | -1.12 | 0.68 | -1.07 | 17.23 | 5.16 | 15.66 | 0.33 | -0.01 | -0.02 | -0.5 |
| 渔业 | 0.16 | -0.34 | 0.34 | -0.1 | 0.04 | -0.11 | -0.05 | -0.02 | 0.62 | 0.66 | 0.2 | 0.1 | 0.53 | 0.48 | 0.9 | 0.22 | -0.16 | -0.03 | -0.02 |
| 乳制品 | -0.99 | -4.18 | -2.5 | -2.98 | 0.74 | 0.41 | -0.02 | -0.02 | 5.78 | 10.01 | 0.92 | -0.39 | -1.89 | -1.79 | 3.39 | 0.26 | -0.16 | 0 | 0.02 |
| 羊毛及丝制品 | -22.18 | -0.74 | -3.65 | -0.66 | 0.8 | -0.08 | -1.01 | 0.27 | 73.72 | -54.88 | -1.1 | -14.29 | 5.96 | -0.52 | 35.91 | -0.26 | -27.12 | -0.23 | -3.16 |
| 其他食品 | 0.44 | -0.38 | 4.09 | -0.21 | 1.92 | -0.39 | -0.23 | -0.12 | 1.3 | 2.14 | -0.06 | -0.18 | 1.04 | -0.03 | 2.15 | 1.42 | -0.08 | -0.21 | -0.09 |
| 林业 | -0.07 | -0.58 | 0.01 | -0.54 | -0.23 | 0.13 | 0.09 | 0.04 | 1.57 | -0.32 | -1.85 | 0.16 | 0 | -0.04 | 0.09 | 0.14 | 0.02 | 0.11 | 0.05 |
| 饮料和烟草 | 0.03 | 0.38 | 11.48 | -3.12 | -1.39 | -0.21 | -0.16 | 0.01 | 0.82 | -0.17 | -23.95 | -0.04 | 0.22 | 0.04 | 0.61 | -0.04 | -0.06 | -0.02 | -0.02 |
| 其他产品 | 0.03 | 0.05 | -0.02 | 0.2 | -0.07 | 0.04 | 0 | 0.01 | -0.19 | -0.47 | 0 | 0.01 | -0.09 | -0.01 | -0.18 | -0.07 | 0.01 | 0 | 0.01 |

数据来源：GTAP模拟结果。

表7-12 模拟情境6时CPTPP成员国对农业部门产出的影响

| | 中国 | 日本 | 新加坡 | 越南 | 马来西亚 | 非共体 | 韩国 | 印度 | 澳大利亚 | 新西兰 | 文莱 | 美国 | 加拿大 | 墨西哥 | 智利 | 秘鲁 | 欧盟 | 俄罗斯 | 其他国家 |
|---|---|---|---|---|---|---|---|---|---|---|---|---|---|---|---|---|---|---|---|
| 稻米 | -0.27 | -2.42 | -0.05 | 0.25 | -13.62 | 0.22 | 0.04 | -0.03 | 13.18 | -0.35 | -0.88 | -1 | 2.29 | 0.18 | 0.29 | 0.14 | -0.13 | 0.19 | -0.03 |
| 小麦 | -1.49 | -22.56 | 1.36 | 7.18 | 3.74 | 4.48 | 1.48 | -0.16 | -2.18 | 1.6 | 1.54 | -2.48 | 6.52 | 0.15 | -3.19 | -0.85 | 0.15 | 0.15 | 0.28 |
| 谷物及其他相关产品 | -0.16 | -3.15 | 0.25 | -1.08 | -1.21 | -0.33 | 0.13 | -0.03 | 2.98 | 0.22 | 0.69 | -0.14 | 2.78 | 0.68 | -0.24 | 0.15 | -0.21 | -0.11 | -0.07 |
| 蔬菜水果坚果 | 0.01 | -1.4 | 0.36 | -2.13 | -0.93 | -0.14 | 0.01 | 0.01 | -0.26 | 2.33 | 0.48 | 0.32 | 0.77 | -0.23 | -0.8 | 0.22 | 0.07 | -0.04 | 0 |
| 油料作物 | -1.76 | -4.55 | 0.37 | -4.38 | 2.01 | 0.28 | 0.32 | -0.04 | 6.18 | -0.41 | 0.91 | 1.49 | 0.45 | 8.42 | 0.5 | 0.33 | 0.14 | 0 | -0.63 |
| 油脂 | -1.71 | 0.64 | 0.07 | -6.98 | 2.42 | 0.08 | -0.26 | -0.08 | 1.36 | -0.53 | 9.55 | 1.4 | 4.36 | -0.36 | 0.24 | 0.29 | -0.11 | 0.07 | 0.2 |
| 糖料作物 | -0.39 | -1.09 | 16.57 | -1.38 | 0.33 | 0.1 | -0.17 | -0.04 | 3.98 | 0.11 | 4.04 | -0.34 | 3.31 | -0.68 | 1.72 | 0.91 | -0.1 | -0.07 | -0.07 |
| 植物纤维 | -1.81 | -0.83 | 0.44 | -0.64 | -1.21 | 0.92 | 0.5 | -0.63 | 5.68 | 1.69 | 0.27 | 2.87 | 0 | 1.77 | -0.17 | -2.82 | -0.29 | 0.07 | -0.19 |
| 其他作物 | 2.27 | -2.12 | -0.43 | -3.43 | -6.19 | -0.3 | 0.23 | -0.07 | -1.71 | -0.57 | -5.5 | 0.68 | -0.31 | -0.36 | -2.8 | 0.36 | -0.04 | -0.05 | -0.08 |
| 畜产品 | -0.95 | -11.14 | 0.57 | -0.35 | 0.03 | 0.39 | 0.59 | 0.02 | 12.79 | 3.92 | 1.28 | -0.4 | 2.63 | 0.31 | -0.37 | -0.11 | -0.11 | 0.02 | -0.06 |
| 肉类加工产品 | -0.2 | -5.18 | -0.01 | -0.91 | 0.03 | -1.67 | -0.44 | -0.08 | 1.29 | -3.73 | 0.61 | 1 | 11.04 | 5.26 | 14.9 | -0.79 | -0.62 | -0.16 | -0.7 |
| 渔业 | 0.1 | -0.34 | 0.33 | -0.38 | 0.08 | -0.17 | -0.07 | -0.04 | 0.62 | 0.63 | 0.23 | 0.35 | 0.68 | 0.47 | 0.82 | 0.19 | -0.03 | -0.03 | -0.04 |
| 乳制品 | -1.17 | -4.21 | -2.67 | -5.34 | 1.52 | 0.44 | -0.11 | -0.04 | 5.68 | 10.81 | 1.06 | 0.35 | -8.38 | -1.72 | 3.6 | 0.37 | -0.3 | -0.01 | -0.04 |
| 羊毛及丝制品 | -22.61 | -0.85 | -3.49 | -0.09 | 1.33 | -0.06 | -1 | 0.31 | 73.95 | -55.16 | -1.11 | 17.74 | 6.23 | 1.25 | 36.09 | -0.19 | -26.83 | -0.23 | -3.2 |
| 其他食品 | 0.3 | -0.37 | 3.5 | -2.49 | 2.4 | -0.67 | -0.43 | -0.23 | 1.31 | 2.01 | -0.8 | 0.52 | 1.22 | -0.29 | 1.96 | 1.15 | -0.16 | -0.28 | -0.16 |
| 林业 | -0.19 | -0.58 | 0.18 | -1.13 | -0.24 | 0.22 | 0.08 | 0.06 | 1.64 | -0.14 | -1.82 | 0.11 | 0.15 | -0.09 | 0.07 | 0.14 | 0.03 | 0.22 | 0.1 |
| 饮料和烟草 | 0.05 | 0.38 | 11.35 | -3 | -1.92 | -0.23 | -0.2 | -0.06 | 0.92 | 0.07 | -24.01 | 0.12 | 0.05 | 0.05 | 0.69 | -0.08 | -0.08 | -0.02 | -0.04 |
| 其他产品 | 0.06 | 0.05 | -0.02 | 0.48 | -0.07 | 0.05 | 0 | 0.02 | -0.19 | -0.51 | 0 | -0.01 | -0.06 | -0.01 | -0.17 | -0.04 | 0.01 | 0 | 0.02 |

数据来源：GTAP模拟结果。

## 三、农产品价格的影响

下面结合表7-13、表7-14、表7-15、表7-16、表7-17、表7-18来分析不同的模拟方案对农业部门价格的影响。

情境1时,日本小麦、乳制品和其他食品部门的价格分别下降1.62%、0.29%和0.26%;秘鲁农产品价格趋于上升;加拿大农产品的价格趋于上升,小麦价格增长率最大,为0.9%,仅稻米和乳制品价格下降;马来西亚仅渔业、林业和糖料作物价格上升,而其他农产品的价格都下降了;新加坡农产品的价格都增长的;越南稻米的价格增长了0.97%;澳大利亚、新西兰和智利农产品的价格都将正向变动。对中国来说,情境3中农产品的价格都下降的。情境4时中国农产品的价格降幅更大。

情境4中日本仅渔业、林业、其他产品、饮料及烟草和糖料作物价格略有上升,而其他农产品的价格呈现出下降趋势。马来西亚的稻米价格下降最大,油料作物的价格上升1.87%。新加坡仅其他作物和羊毛及丝制品价格下降。除了小麦和羊毛及丝制品价格下跌外,越南其他农产品价格都上升,林业价格的增幅最大。澳大利亚和智利农产品的价格普遍上升。美国大部分农产品的价格呈现出上升趋势。墨西哥畜产品价格下跌最多。秘鲁大多数农产品的价格有所减少。

情境5时,日本、新加坡、越南、澳大利亚、新西兰、智利、马来西亚和加拿大农产品的价格总体增长,而文莱、墨西哥和秘鲁农产品的价格总体降低,俄罗斯和美国农产品的价格总体下降。中国除小麦、油料作物、油脂、植物纤维、羊毛及丝制品的价格下降外,其他农产品的价格均上涨。除小麦、油料作物、羊毛及丝制品、饮料和烟草以及其他产品的价格降低外,越南其他农产品的价格均上升。墨西哥仅谷物及其他相关产品、渔业、肉类加工产品的价格上升,其他农产品的价格都下降了。

情境6时,中国除油料作物、油脂和羊毛及丝制品下降外,其他农产品的价格均上涨。马来西亚有11种农产品的价格上涨。新加坡除稻米、其他作物和羊毛及丝制品的价格下降,其他农产品价的格上涨。新西兰除羊毛及丝制品

表 7-13 模拟情境 1 时 CPTPP 成员国对农产品价格的影响

| | 中国 | 日本 | 新加坡 | 越南 | 马来西亚 | 非共体 | 韩国 | 印度 | 澳大利亚 | 新西兰 | 文莱 | 美国 | 加拿大 | 墨西哥 | 智利 | 秘鲁 | 欧盟 | 俄罗斯 | 其他国家 |
|---|---|---|---|---|---|---|---|---|---|---|---|---|---|---|---|---|---|---|---|
| 稻米 | -0.1 | 0.11 | 0.1 | 0.97 | -4.2 | -0.23 | -0.06 | -0.05 | 0.44 | 0.65 | 0.01 | -0.13 | -0.04 | 0.09 | 0.55 | 0.03 | -0.05 | -0.02 | -0.05 |
| 小麦 | -0.11 | -1.62 | 0.45 | -0.29 | -0.24 | -0.06 | 0.15 | -0.06 | 0.96 | 0.77 | -0.21 | -0.51 | 0.9 | 0.35 | 0.68 | -0.05 | -0.04 | -0.04 | -0.04 |
| 谷物及其他相关产品 | -0.1 | -0.14 | 0.48 | 0.72 | -0.09 | -0.28 | -0.09 | -0.06 | 0.72 | 0.71 | -0.25 | -0.25 | 0.55 | 0.2 | 0.52 | 0.07 | -0.06 | -0.04 | -0.05 |
| 蔬菜水果坚果 | -0.11 | -0.04 | 0.64 | 0.57 | -0.08 | -0.25 | -0.07 | -0.06 | 1.03 | 0.76 | -0.15 | -0.2 | 0.57 | 0.17 | 0.67 | 0.07 | -0.05 | -0.04 | -0.05 |
| 油料作物 | -0.1 | -0.04 | 0.51 | -0.01 | -0.05 | -0.2 | -0.07 | -0.08 | 1.05 | 0.6 | -0.23 | -0.18 | 0.43 | 0.01 | 0.3 | 0.06 | -0.05 | -0.04 | -0.05 |
| 油脂 | -0.08 | 0.04 | 0.08 | 0.33 | -0.02 | -0.13 | -0.06 | -0.06 | 0.23 | 0.39 | -1.98 | -0.12 | 0.16 | 0.01 | 0.16 | 0.01 | -0.03 | -0.04 | -0.04 |
| 糖料作物 | -0.08 | 0.17 | 0.16 | 0.47 | 0.12 | -0.14 | -0.06 | -0.05 | 0.24 | 0.47 | -1.58 | -0.11 | 0.11 | 0.01 | 0.33 | 0.02 | -0.05 | -0.04 | -0.04 |
| 植物纤维 | -0.08 | 0.17 | 0.19 | 0.18 | -0.13 | -0.14 | -0.06 | -0.06 | 0.18 | 0.51 | -0.23 | -0.16 | 0.2 | 0.04 | 0.43 | 0.02 | -0.05 | -0.04 | -0.05 |
| 其他作物 | -0.09 | -0.08 | 0.93 | 0.3 | -0.07 | -0.21 | -0.05 | -0.06 | 1.11 | 0.8 | -0.85 | -0.21 | 0.67 | 0.17 | 0.51 | 0.1 | -0.05 | -0.05 | -0.05 |
| 畜产品 | -0.09 | -0.17 | 0.26 | 0.46 | -0.07 | -0.12 | -0.01 | -0.05 | 1.01 | 0.53 | 0.19 | -0.14 | 0.18 | -0.21 | 0.24 | 0.02 | -0.04 | -0.03 | -0.04 |
| 肉类加工产品 | -0.12 | -0.23 | 0.17 | 0.3 | -0.08 | -0.31 | -0.07 | -0.06 | 0.47 | 0.5 | -0.2 | -0.14 | 0.39 | 0.34 | 1.38 | 0.03 | -0.05 | -0.03 | -0.06 |
| 渔业 | -0.12 | 0.31 | 0.36 | 0.87 | 0.36 | -0.17 | -0.06 | -0.05 | 0.53 | 1.31 | -0.09 | 0.04 | 0.58 | 0.13 | 1.57 | 0.06 | -0.04 | -0.04 | -0.03 |
| 乳制品 | -0.07 | -0.29 | 0.17 | -0.02 | -0.17 | -0.08 | -0.04 | -0.05 | 0.34 | 0.75 | -0.27 | -0.13 | -0.07 | -0.03 | 0.32 | 0.02 | -0.05 | -0.03 | -0.04 |
| 羊毛及丝制品 | -0.05 | -0.09 | 0.23 | 0.1 | -0.24 | -0.18 | -0.06 | -0.05 | 0.23 | 0.57 | -0.19 | -0.12 | 0.29 | -0.02 | 0.43 | 0.05 | 0 | -0.03 | -0.04 |
| 其他食品 | -0.08 | -0.26 | 0.14 | 0.26 | -0.28 | -0.1 | -0.07 | -0.04 | 0.18 | 0.46 | -0.24 | -0.09 | 0.06 | -0.04 | 0.2 | 0 | -0.04 | -0.03 | -0.04 |
| 其他食品 | -0.05 | 0.4 | 0.41 | 0.74 | 0.24 | -0.09 | -0.05 | -0.05 | 0.28 | 0.16 | -1.17 | -0.07 | 0.02 | 0 | 0.13 | 0.04 | -0.04 | -0.03 | -0.03 |
| 林业 | -0.06 | 0.32 | 0.15 | 0.16 | -0.91 | -0.1 | -0.05 | -0.05 | 0.14 | 0.37 | -10.18 | -0.09 | 0.05 | -0.03 | 0.13 | 0.01 | -0.04 | -0.03 | -0.04 |
| 饮料和烟草 | -0.05 | 0.4 | 0.17 | 0.17 | -0.07 | -0.08 | -0.04 | -0.04 | 0.08 | 0.34 | -0.18 | -0.09 | 0.04 | -0.03 | 0.1 | -0.01 | -0.04 | -0.03 | -0.03 |

数据来源：GTAP 模拟结果。

表7-14 模拟情境2时CPTPP成员国对农产品价格的影响

| | 中国 | 日本 | 新加坡 | 越南 | 马来西亚 | 非共体 | 韩国 | 印度 | 澳大利亚 | 新西兰 | 文莱 | 美国 | 加拿大 | 墨西哥 | 智利 | 秘鲁 | 欧盟 | 俄罗斯 | 其他国家 |
|---|---|---|---|---|---|---|---|---|---|---|---|---|---|---|---|---|---|---|---|
| 稻米 | -0.21 | 0.06 | 0.21 | 1.23 | -3.53 | -0.33 | -0.12 | -0.1 | 0.67 | 0.8 | 0 | -0.17 | -0.08 | -0.02 | 0.61 | 0.09 | -0.08 | -0.05 | -0.08 |
| 小麦 | -0.28 | -1.64 | 0.79 | -0.4 | 0.19 | -0.13 | 0.22 | -0.11 | 1.59 | 0.92 | -0.2 | -0.52 | 0.89 | 0.07 | 0.77 | 0.09 | -0.08 | -0.05 | -0.07 |
| 谷物及其他相关产品 | -0.21 | -0.19 | 0.49 | 1.24 | 0.96 | -0.42 | -0.15 | -0.12 | 1.4 | 0.82 | -0.22 | -0.3 | 0.52 | 0.32 | 0.57 | 0.2 | -0.1 | -0.07 | -0.09 |
| 蔬菜水果坚果 | -0.23 | -0.09 | 0.53 | 0.99 | 0.9 | -0.4 | -0.12 | -0.12 | 2.01 | 0.94 | -0.05 | -0.26 | 0.53 | 0.17 | 0.93 | 0.16 | -0.08 | -0.06 | -0.09 |
| 油料作物 | -0.39 | -0.09 | 0.49 | 0.11 | 2.05 | -0.31 | -0.14 | -0.13 | 2.72 | 0.76 | -0.2 | -0.25 | 0.4 | 0.15 | 0.35 | 0.2 | -0.07 | -0.05 | -0.1 |
| 油脂 | -0.26 | 0.02 | 0.65 | 0.77 | 1.1 | -0.21 | -0.1 | -0.1 | 0.46 | 0.51 | -2.11 | -0.17 | 0.13 | -0.03 | 0.17 | 0.02 | -0.05 | -0.05 | -0.06 |
| 糖料作物 | -0.12 | 0.11 | 0.32 | 0.88 | 1.4 | -0.23 | -0.11 | -0.1 | 0.52 | 0.56 | -1.68 | -0.15 | 0.08 | -0.01 | 0.33 | 0.03 | -0.08 | -0.06 | -0.07 |
| 植物纤维 | -0.17 | 0.12 | 0.33 | 0.32 | 0.62 | -0.21 | -0.12 | -0.2 | 0.61 | 0.56 | -0.24 | -0.27 | 0.18 | -0.01 | 0.44 | 0.11 | -0.11 | -0.09 | -0.1 |
| 其他作物 | 0.36 | -0.12 | 0.31 | 0.5 | 0.33 | -0.41 | -0.09 | -0.12 | 2.22 | 0.98 | -0.7 | -0.26 | 0.64 | 0.14 | 0.59 | 0.17 | -0.08 | -0.07 | -0.1 |
| 畜产品 | -0.2 | -0.21 | 0.53 | 0.86 | 0.8 | -0.21 | -0.05 | -0.09 | 1.55 | 0.63 | 0.35 | -0.18 | 0.16 | -0.23 | 0.25 | 0.03 | -0.07 | -0.05 | -0.07 |
| 肉类加工产品 | -0.18 | -0.28 | 0.39 | 0.52 | 0.98 | -0.41 | -0.12 | -0.12 | 1.14 | 0.6 | -0.06 | -0.18 | 0.36 | 0.31 | 1.43 | 0.07 | -0.08 | -0.06 | -0.09 |
| 渔业 | 0.03 | 0.26 | 1.14 | 1.51 | 0.56 | -0.3 | -0.13 | -0.1 | 1.36 | 1.94 | -0.1 | -0.02 | 0.52 | 0.08 | 2.12 | 0.52 | -0.07 | -0.06 | -0.07 |
| 乳制品 | -0.16 | -0.34 | 0.36 | 0.22 | -0.19 | -0.16 | -0.1 | -0.11 | 0.62 | 0.93 | -0.27 | -0.18 | -0.09 | -0.06 | 0.32 | 0.04 | -0.08 | -0.06 | -0.07 |
| 羊毛丝绸制品 | -3.39 | -0.15 | -0.16 | -0.5 | 0.54 | -0.31 | -0.36 | -0.08 | 3.03 | -1.83 | -0.29 | -1.07 | 0.22 | -0.08 | 3.49 | 0.06 | -1.87 | -0.07 | -0.26 |
| 其他食品 | -0.08 | -0.3 | 0.34 | 0.39 | -0.28 | -0.18 | -0.11 | -0.1 | 0.38 | 0.54 | -0.36 | -0.13 | 0.03 | -0.06 | 0.21 | 0.02 | -0.07 | -0.06 | -0.06 |
| 林业 | 0.14 | 0.35 | 0.58 | 1.89 | 0.42 | -0.18 | -0.1 | -0.08 | 1.07 | 0.19 | -1.2 | -0.1 | 0.01 | -0.03 | 0.19 | 0.04 | -0.07 | -0.03 | -0.05 |
| 饮料和烟草 | 0.02 | 0.27 | 0.34 | 0.06 | -0.92 | -0.19 | -0.11 | -0.09 | 0.29 | 0.4 | -10.23 | -0.13 | 0.03 | -0.05 | 0.09 | -0.01 | -0.07 | -0.06 | -0.06 |
| 其他产品 | 0.1 | 0.35 | 0.38 | -0.01 | -0.07 | -0.16 | -0.11 | -0.08 | 0.17 | 0.34 | -0.29 | -0.13 | 0.02 | -0.05 | 0.04 | -0.06 | -0.07 | -0.06 | -0.06 |

数据来源：GTAP模拟结果。

表7-15 模拟情境3时CPTPP成员国对农产品价格的影响

| | 中国 | 日本 | 新加坡 | 越南 | 马来西亚 | 非共体 | 韩国 | 印度 | 澳大利亚 | 新西兰 | 文莱 | 美国 | 加拿大 | 墨西哥 | 智利 | 秘鲁 | 欧盟 | 俄罗斯 | 其他国家 |
|---|---|---|---|---|---|---|---|---|---|---|---|---|---|---|---|---|---|---|---|
| 稻米 | -0.27 | -0.99 | 0.03 | 1.9 | -4.36 | -0.61 | -0.2 | -0.13 | 0.23 | 0.57 | -0.08 | 0.45 | -3.09 | -0.1 | 0.37 | -0.18 | -0.12 | -0.07 | -0.12 |
| 小麦 | -0.28 | -4.24 | 0.15 | -0.65 | -0.84 | -0.5 | -0.01 | -0.15 | 0.26 | 0.61 | -0.3 | 0.18 | 0.32 | 0.05 | 0.04 | -0.42 | -0.13 | -0.08 | -0.11 |
| 谷物及其他相关产品 | -0.27 | -1.61 | 0.09 | 1.31 | -0.27 | -0.83 | -0.1 | -0.15 | 0.3 | 0.59 | -0.37 | 0.33 | 0.1 | 0.19 | 0.39 | -0.17 | -0.17 | -0.11 | -0.14 |
| 蔬菜水果坚果 | -0.29 | -1.22 | 0.26 | 1 | -0.27 | -0.7 | -0.21 | -0.16 | 0.59 | 0.66 | -0.27 | 0.34 | 0.15 | 0.1 | 0.49 | -0.11 | -0.14 | -0.1 | -0.13 |
| 油料作物 | -0.24 | -1.31 | 0.14 | 0 | -0.23 | -0.55 | -0.14 | -0.18 | 0.61 | 0.49 | -0.35 | 0.29 | 0.01 | 1.58 | 0.17 | -0.12 | -0.13 | -0.11 | -0.13 |
| 油脂 | -0.17 | -0.61 | 0.02 | 1.53 | -0.09 | -0.28 | -0.01 | -0.14 | 0.08 | 0.29 | -2.15 | 0.13 | -0.27 | 0.08 | 0.06 | -0.12 | -0.09 | -0.09 | -0.1 |
| 糖料作物 | -0.2 | 0.07 | 0.08 | 1.98 | -0.05 | -0.3 | -0.15 | -0.13 | 0.09 | 0.4 | -1.74 | -0.08 | -0.13 | -0.13 | 0.23 | -0.13 | -0.1 | -0.1 | -0.11 |
| 植物纤维 | -0.18 | -0.35 | 0.07 | 0.54 | -0.3 | -0.33 | -0.09 | -0.12 | 0.02 | 0.43 | -0.36 | 0.19 | -0.07 | -0.02 | 0.3 | -0.76 | -0.12 | -0.1 | -0.11 |
| 其他作物 | -0.33 | -1.28 | 0.42 | 0.45 | -1.23 | -0.73 | -0.18 | -0.17 | 0.6 | 0.73 | -1.1 | 0.36 | 0.07 | 0.04 | 0.31 | -0.08 | -0.14 | -0.15 | -0.15 |
| 畜产品 | -0.23 | -0.6 | 0.19 | 1.3 | -0.24 | -0.38 | -0.05 | -0.14 | 0.65 | 0.47 | 0.03 | 0.09 | -0.78 | -0.38 | 0.15 | -0.15 | -0.1 | -0.08 | -0.11 |
| 肉类加工产品 | -0.3 | -1.29 | 0.07 | 0.8 | -0.25 | -0.82 | -0.07 | -0.17 | 0.15 | 0.32 | -0.31 | 0.17 | -2.53 | 0.03 | 0.92 | -0.22 | -0.13 | -0.1 | -0.17 |
| 渔业 | -0.32 | 0.59 | 0.3 | 2.44 | 0.57 | -0.45 | -0.2 | -0.12 | 0.41 | 1.21 | -0.11 | 0.44 | 0.56 | 0 | 1 | -0.09 | -0.14 | -0.11 | -0.14 |
| 乳制品 | -0.18 | -0.99 | 0.04 | 1.09 | -0.54 | -0.2 | -0.08 | -0.14 | 0.15 | 0.68 | -0.56 | 0.09 | -1.29 | -0.18 | 0.24 | -0.14 | -0.11 | -0.09 | -0.1 |
| 羊毛及丝制品 | -0.21 | -1.26 | 0.04 | 0.52 | -0.49 | -0.5 | -0.16 | -0.13 | 0.03 | 0.47 | -0.3 | 0.15 | 0.03 | -0.34 | 0.25 | -0.13 | -0.11 | -0.1 | -0.12 |
| 其他食品 | -0.20 | -1.31 | 0.03 | 1.21 | -0.62 | -0.31 | 0.03 | -0.14 | 0.12 | 0.41 | -0.32 | 0.03 | -0.88 | -0.14 | 0.05 | -0.18 | -0.1 | -0.09 | -0.09 |
| 林业 | -0.1 | 0.51 | 0.39 | 2.99 | 0.37 | -0.16 | -0.12 | -0.1 | 0.12 | 0.12 | -1.21 | 0.03 | -0.05 | -0.13 | 0.1 | -0.06 | -0.09 | -0.07 | -0.08 |
| 饮料和烟草 | -0.14 | 0.11 | 0.1 | 1.51 | -0.94 | -0.23 | -0.07 | -0.11 | 0.01 | 0.29 | -10.27 | 0.02 | -0.14 | -0.13 | 0.09 | -0.09 | -0.1 | -0.08 | -0.09 |
| 其他产品 | -0.1 | 0.49 | 0.14 | 1.64 | -0.03 | -0.14 | -0.08 | -0.1 | -0.03 | 0.28 | -0.24 | 0.01 | -0.07 | -0.12 | 0.07 | -0.1 | -0.09 | -0.08 | -0.09 |

数据来源：GTAP模拟结果。

表7-16 模拟情境4时CPTPP成员国对农产品价格的影响

| | 中国 | 日本 | 新加坡 | 越南 | 马来西亚 | 非共体 | 韩国 | 印度 | 澳大利亚 | 新西兰 | 文莱 | 美国 | 加拿大 | 墨西哥 | 智利 | 秘鲁 | 欧盟 | 俄罗斯 | 其他国家 |
|---|---|---|---|---|---|---|---|---|---|---|---|---|---|---|---|---|---|---|---|
| 稻米 | -0.37 | -1.05 | 0.13 | 2.16 | -3.69 | -0.71 | -0.26 | -0.17 | 0.46 | 0.71 | -0.09 | 0.4 | -3.12 | -0.12 | 0.42 | -0.12 | -0.15 | -0.1 | -0.16 |
| 小麦 | -0.45 | -4.26 | 0.49 | -0.76 | -0.41 | -0.57 | 0.06 | -0.2 | 0.89 | 0.75 | -0.3 | 0.17 | 0.31 | 0.03 | 0.13 | -0.28 | -0.16 | -0.09 | -0.14 |
| 谷物及其他相关产品 | -0.37 | -1.66 | 0.1 | 1.83 | 0.79 | -0.96 | -0.16 | -0.21 | 0.98 | 0.7 | -0.35 | 0.28 | 0.07 | 0.16 | 0.44 | -0.04 | -0.21 | -0.14 | -0.18 |
| 蔬菜水果坚果 | -0.41 | -1.27 | 0.16 | 1.43 | 0.71 | -0.84 | -0.27 | -0.22 | 1.57 | 0.84 | -0.18 | 0.29 | 0.11 | 0.07 | 0.75 | -0.03 | -0.17 | -0.13 | -0.17 |
| 油料作物 | -0.54 | -1.35 | 0.12 | 0.11 | 1.87 | -0.67 | -0.21 | -0.22 | 2.28 | 0.66 | -0.33 | 0.22 | -0.03 | 1.56 | 0.22 | 0.02 | -0.16 | -0.12 | -0.17 |
| 油脂 | -0.36 | -0.64 | 0.59 | 1.97 | 1.02 | -0.36 | -0.05 | -0.18 | 0.31 | 0.41 | -2.29 | 0.08 | -0.3 | 0.04 | 0.07 | -0.11 | -0.11 | -0.1 | -0.12 |
| 糖料作物 | -0.24 | 0.01 | 0.24 | 2.39 | 1.24 | -0.39 | -0.19 | -0.17 | 0.38 | 0.49 | -1.84 | -0.12 | -0.15 | -0.15 | 0.24 | -0.11 | -0.13 | -0.12 | -0.14 |
| 植物纤维 | -0.27 | -0.4 | 0.22 | 0.68 | 0.44 | -0.4 | -0.15 | -0.26 | 0.45 | 0.48 | -0.36 | 0.08 | -0.09 | -0.07 | 0.31 | -0.68 | -0.17 | -0.14 | -0.17 |
| 其他作物 | 0.12 | -1.32 | -0.19 | 0.65 | -0.83 | -0.93 | -0.21 | -0.24 | 1.71 | 0.91 | -0.95 | 0.31 | 0.04 | 0.02 | 0.39 | -0.01 | -0.17 | -0.17 | -0.2 |
| 畜产品 | -0.33 | -0.65 | 0.45 | 1.7 | 0.63 | -0.47 | -0.08 | -0.18 | 1.19 | 0.57 | 0.18 | 0.05 | -0.8 | -0.41 | 0.16 | -0.14 | -0.13 | -0.1 | -0.14 |
| 肉类加工产品 | -0.37 | -1.34 | 0.29 | 1.01 | 0.81 | -0.93 | -0.12 | -0.23 | 0.81 | 0.43 | -0.17 | 0.12 | -2.55 | 0 | 0.97 | -0.17 | -0.16 | -0.12 | -0.2 |
| 酒业 | -0.17 | 0.54 | 1.08 | 3.08 | 0.77 | -0.58 | -0.27 | -0.18 | 1.24 | 1.85 | -0.11 | 0.39 | 0.5 | -0.05 | 1.54 | 0.37 | -0.17 | -0.13 | -0.17 |
| 乳制品 | -0.27 | -1.04 | 0.23 | 1.33 | -0.56 | -0.28 | -0.14 | -0.19 | 0.43 | 0.86 | -0.56 | 0.05 | -1.32 | -0.2 | 0.24 | -0.12 | -0.14 | -0.11 | -0.13 |
| 羊毛及丝制品 | -3.55 | -1.32 | -0.34 | -0.08 | 0.29 | -0.64 | -0.47 | -0.17 | 2.83 | -1.93 | -0.4 | -0.8 | -0.04 | -0.4 | 3.3 | -0.12 | -1.97 | -0.13 | -0.34 |
| 其他食品 | -0.2 | -1.33 | 0.24 | 1.29 | -0.63 | -0.34 | -0.02 | -0.18 | 0.24 | 0.44 | -0.46 | -0.01 | -0.9 | -0.16 | 0.05 | -0.16 | -0.13 | -0.11 | -0.12 |
| 林业 | 0.09 | 0.46 | 0.55 | 4.14 | 0.56 | -0.25 | -0.19 | -0.13 | 0.91 | 0.15 | -1.23 | 0 | -0.06 | -0.15 | 0.16 | -0.06 | -0.12 | -0.08 | -0.1 |
| 饮料和烟草 | -0.06 | 0.06 | 0.29 | 1.4 | -0.94 | -0.32 | -0.13 | -0.15 | 0.16 | 0.32 | -10.31 | -0.03 | -0.17 | -0.15 | 0.05 | -0.11 | -0.13 | -0.11 | -0.12 |
| 其他产品 | 0.04 | 0.44 | 0.34 | 1.46 | -0.03 | -0.22 | -0.14 | -0.13 | 0.06 | 0.27 | -0.36 | -0.03 | -0.1 | -0.14 | 0 | -0.15 | -0.12 | -0.1 | -0.11 |

数据来源：GTAP模拟结果。

表7-17 模拟情境5时CPTPP成员国对农产品价格的影响

| | 中国 | 日本 | 新加坡 | 越南 | 马来西亚 | 非共体 | 韩国 | 印度 | 澳大利亚 | 新西兰 | 文莱 | 美国 | 加拿大 | 墨西哥 | 智利 | 秘鲁 | 欧盟 | 俄罗斯 | 其他国家 |
|---|---|---|---|---|---|---|---|---|---|---|---|---|---|---|---|---|---|---|---|
| 稻米 | 0.04 | 0.96 | 0.06 | 1.01 | -3.75 | -0.56 | -0.32 | -0.25 | 0.46 | 0.67 | -0.2 | -0.37 | -0.23 | -0.11 | 0.39 | -0.11 | -0.21 | -0.19 | -0.23 |
| 小麦 | -0.07 | -1.01 | 0.6 | -0.45 | 0 | -0.34 | 0.05 | -0.26 | 1.42 | 0.77 | -0.31 | -0.7 | 0.86 | -0.09 | 0.53 | -0.09 | -0.21 | -0.2 | -0.22 |
| 谷物及其他相关产品 | 0.04 | 0.56 | 0.34 | 0.97 | 0.73 | -0.71 | -0.35 | -0.28 | 1.22 | 0.68 | -0.32 | -0.51 | 0.51 | 0.15 | 0.35 | 0 | -0.23 | -0.22 | -0.24 |
| 蔬菜水果坚果 | 0.07 | 0.69 | 0.4 | 0.75 | 0.73 | -0.66 | -0.33 | -0.28 | 1.82 | 0.78 | -0.15 | -0.47 | 0.55 | 0 | 0.7 | -0.04 | -0.22 | -0.21 | -0.24 |
| 油料作物 | -0.15 | 0.42 | 0.33 | -0.1 | 1.78 | -0.57 | -0.31 | -0.3 | 2.52 | 0.62 | -0.3 | -0.49 | 0.48 | 0 | 0.19 | 0.01 | -0.2 | -0.21 | -0.26 |
| 油脂 | -0.16 | -0.59 | 0.48 | 0.58 | 0.88 | -0.41 | -0.23 | -0.25 | 0.27 | 0.37 | -2.21 | -0.37 | 0.09 | -0.15 | -0.06 | -0.18 | -0.18 | -0.19 | -0.21 |
| 糖料作物 | 0.04 | 0.97 | 0.2 | 0.67 | 1.17 | -0.41 | -0.28 | -0.35 | 0.33 | 0.42 | -1.78 | -0.35 | 0 | -0.13 | 0.1 | -0.17 | -0.2 | -0.2 | -0.22 |
| 植物纤维 | -0.05 | 0.98 | 0.21 | 0.14 | 0.41 | -0.41 | -0.3 | -0.28 | 0.43 | 0.43 | -0.33 | -0.46 | 0.09 | -0.08 | 0.23 | -0.09 | -0.24 | -0.23 | -0.25 |
| 其他作物 | 0.72 | 0.62 | 0.19 | 0.33 | 0.12 | -0.63 | -0.26 | -0.35 | 2.05 | 0.84 | -0.81 | -0.45 | 0.68 | -0.02 | 0.4 | -0.02 | -0.22 | -0.2 | -0.24 |
| 畜产品 | 0.01 | 0.77 | 0.37 | 0.62 | 0.6 | -0.43 | -0.24 | -0.24 | 1.37 | 0.5 | 0.23 | -0.39 | 0.1 | -0.37 | 0.02 | -0.18 | -0.2 | -0.19 | -0.22 |
| 肉类加工产品 | 0.06 | 0.47 | 0.25 | 0.31 | 0.75 | -0.64 | -0.3 | -0.28 | 0.94 | 0.46 | -0.16 | -0.39 | 0.32 | 0.16 | 1.18 | -0.13 | -0.21 | -0.19 | -0.24 |
| 渔业 | 0.56 | 0.72 | 0.93 | 1.03 | 0.26 | -0.6 | -0.39 | -0.26 | 1.09 | 1.63 | -0.29 | -0.15 | 0.94 | 0.69 | 1.62 | 0.28 | -0.22 | -0.26 | -0.24 |
| 乳制品 | 0 | 0.58 | 0.23 | 0.05 | -0.34 | -0.33 | -0.29 | -0.26 | 0.43 | 0.8 | -0.37 | -0.38 | -0.16 | -0.18 | 0.09 | -0.16 | -0.2 | -0.19 | -0.21 |
| 羊毛及丝制品 | -3.24 | 0.53 | -0.29 | -0.64 | 0.36 | -0.52 | -0.55 | -0.23 | 2.89 | -1.95 | -0.39 | -1.25 | 0.24 | -0.29 | 3.3 | -0.13 | -1.98 | -0.2 | -0.4 |
| 其他食品 | 0.1 | 0.33 | 0.2 | 0.16 | -0.45 | -0.36 | -0.28 | -0.24 | 0.17 | 0.4 | -0.46 | -0.33 | -0.05 | -0.2 | -0.03 | -0.18 | -0.19 | -0.19 | -0.2 |
| 林业 | 0.26 | 1.35 | 0.47 | 1.67 | 0.26 | -0.36 | -0.36 | -0.22 | 0.91 | 0.12 | -1.29 | -0.28 | -0.07 | -0.09 | -0.07 | -0.17 | -0.19 | -0.15 | -0.19 |
| 饮料和烟草 | 0.12 | 1.25 | 0.22 | -0.11 | -1.06 | -0.35 | -0.29 | -0.22 | 0.09 | 0.27 | -10.36 | -0.33 | -0.05 | -0.2 | -0.14 | -0.22 | -0.19 | -0.19 | -0.2 |
| 其他产品 | 0.12 | 1.41 | 0.26 | -0.14 | -0.22 | -0.3 | -0.29 | -0.21 | -0.03 | 0.22 | -0.36 | -0.33 | -0.07 | -0.19 | -0.19 | -0.26 | -0.19 | -0.19 | -0.2 |

数据来源：GTAP模拟结果。

表7-18 模拟情境6时CPTPP成员国对农产品价格的影响

| | 中国 | 日本 | 新加坡 | 越南 | 马来西亚 | 非共体 | 韩国 | 印度 | 澳大利亚 | 新西兰 | 文莱 | 美国 | 加拿大 | 墨西哥 | 智利 | 秘鲁 | 欧盟 | 俄罗斯 | 其他国家 |
|---|---|---|---|---|---|---|---|---|---|---|---|---|---|---|---|---|---|---|---|
| 稻米 | 0.24 | 0.95 | -0.02 | 1.83 | -3.95 | -0.74 | -0.45 | -0.45 | 0.33 | 0.62 | -0.19 | -0.25 | -3.36 | -0.49 | 0.25 | -0.42 | -0.36 | -0.31 | -0.4 |
| 小麦 | 0.05 | -1 | 0.39 | -0.74 | -0.63 | -0.61 | -0.06 | -0.47 | 1.28 | 0.72 | -0.44 | -0.4 | 0.52 | -0.26 | -0.01 | -0.58 | -0.35 | -0.32 | -0.38 |
| 谷物及其他相关产品 | 0.23 | 0.56 | 0.06 | 1.41 | 0.49 | -1.01 | -0.4 | -0.49 | 1.08 | 0.64 | -0.47 | -0.14 | 0.08 | -0.08 | 0.25 | -0.33 | -0.39 | -0.37 | -0.42 |
| 蔬菜水果坚果 | 0.24 | 0.67 | 0.07 | 1.03 | 0.54 | -0.92 | -0.45 | -0.51 | 1.71 | 0.75 | -0.29 | -0.04 | 0.15 | -0.22 | 0.57 | -0.32 | -0.37 | -0.35 | -0.42 |
| 油料作物 | -0.11 | 0.4 | 0.07 | -0.19 | 1.53 | -0.8 | -0.37 | -0.51 | 2.4 | 0.56 | -0.45 | 0.12 | 0.1 | 1.35 | 0.05 | -0.27 | -0.35 | -0.35 | -0.49 |
| 油脂 | -0.17 | -0.61 | 0.35 | 1.63 | 0.72 | -0.57 | -0.2 | -0.44 | 0.14 | 0.27 | -2.41 | -0.07 | -0.45 | -0.07 | -0.2 | -0.42 | -0.31 | -0.32 | -0.38 |
| 糖料作物 | 0.23 | 0.94 | 0.09 | 2.02 | 0.94 | -0.58 | -0.43 | -0.44 | 0.21 | 0.35 | -1.97 | -0.37 | -0.36 | -0.5 | 0 | -0.42 | -0.35 | -0.34 | -0.38 |
| 植物纤维 | 0.02 | 0.98 | 0.06 | 0.53 | 0.18 | -0.49 | -0.35 | -0.67 | 0.27 | 0.37 | -0.48 | 0.2 | -0.29 | -0.28 | 0.13 | -0.94 | -0.4 | -0.37 | -0.42 |
| 其他作物 | 0.71 | 0.61 | -0.22 | 0.4 | -1.04 | -1 | -0.4 | -0.51 | 1.93 | 0.83 | -1.06 | 0.09 | 0.16 | -0.23 | 0.26 | -0.28 | -0.37 | -0.34 | -0.43 |
| 畜产品 | 0.14 | 0.76 | 0.22 | 1.31 | 0.38 | -0.63 | -0.33 | -0.45 | 1.3 | 0.46 | 0.11 | -0.22 | -1.02 | -0.73 | -0.1 | -0.46 | -0.34 | -0.32 | -0.39 |
| 肉类加工产品 | 0.22 | 0.45 | 0.1 | 0.7 | 0.52 | -0.86 | -0.37 | -0.51 | 0.75 | 0.35 | -0.3 | -0.18 | -2.66 | -0.27 | 0.98 | -0.47 | -0.36 | -0.34 | -0.42 |
| 渔业 | 0.8 | 0.71 | 0.8 | 2.44 | 0.34 | -0.88 | -0.56 | -0.48 | 0.95 | 1.49 | -0.39 | 0.37 | 0.88 | 0.32 | 1.35 | -0.02 | -0.38 | -0.4 | -0.43 |
| 乳制品 | 0.18 | 0.57 | 0.1 | 1.03 | -0.76 | -0.49 | -0.41 | -0.48 | 0.3 | 0.76 | -0.68 | -0.21 | -1.53 | -0.58 | -0.03 | -0.43 | -0.34 | -0.33 | -0.37 |
| 羊毛及丝制品 | -3.15 | 0.51 | -0.47 | -0.26 | 0.08 | -0.72 | -0.66 | -0.43 | 2.77 | -1.99 | -0.53 | 0.85 | -0.05 | -0.76 | 3.17 | -0.41 | -2.09 | -0.33 | -0.57 |
| 其他食品 | 0.27 | 0.33 | 0.06 | 0.98 | -0.85 | -0.53 | -0.27 | -0.44 | 0.03 | 0.31 | -0.57 | -0.22 | -1.16 | -0.55 | -0.22 | -0.47 | -0.33 | -0.32 | -0.36 |
| 林业 | 0.6 | 1.34 | 0.36 | 3.7 | 0.31 | -0.51 | -0.52 | -0.4 | 0.82 | 0.11 | -1.38 | -0.16 | -0.33 | -0.51 | -0.19 | -0.39 | -0.33 | -0.24 | -0.32 |
| 饮料和烟草 | 0.37 | 1.24 | 0.1 | 1.11 | -1.16 | -0.52 | -0.4 | -0.4 | -0.05 | 0.19 | -10.44 | -0.23 | -0.47 | -0.54 | -0.24 | -0.44 | -0.33 | -0.33 | -0.36 |
| 其他产品 | 0.39 | 1.4 | 0.15 | 1.2 | -0.26 | -0.44 | -0.42 | -0.37 | -0.18 | 0.14 | -0.46 | -0.23 | -0.41 | -0.55 | -0.28 | -0.47 | -0.32 | -0.33 | -0.35 |

数据来源：GTAP模拟结果。

价格下降，其他农产品的价格都上涨。越南除3种农产品价格下降外，其他农产品的价格均上涨。日本除小麦和油脂的价格下降外，其他农产品价格均上涨。秘鲁农产品的价格全部下跌。加拿大除6种农产品的价格上涨外，其他农产品的价格都下降了。墨西哥仅油料作物和渔业作物的价格上涨，其他农产品的价格都下降了。

## 四、农产品贸易平衡的影响

表7-19和表7-20体现了情境1与情境2时CPTPP对成员国与区域外经济体农产品贸易的效应。情境1时中国肉类加工产品、其他食品部门、饮料和烟草以及蔬菜水果坚果的贸易额分别减少了7.49亿美元、1.8571亿美元、2011万美元和1727万美元，油料作物、乳制品、羊毛及丝制品和油脂的贸易平衡增长。情境2时中国油料作物、其他作物、饮料烟草、稻米、小麦和谷物及其他相关产品的净出口额分别增加2.9186亿美元、2.0293亿美元、8571万美元、1397万美元、377万美元和373万美元，其他农产品贸易额降低。情境1中秘鲁的其他食品增加2891万美元，小麦减少了838万美元。

表7-21和表7-22体现了情境3与情境4时CPTPP对成员国与区域外经济体农产品贸易的效应。韩国畜产品受益最多，其他食品损失最大，情境4时畜产品贸易额增加了1557万美元。CPTPP成员国之间将出现农产品贸易的转移和创造。美国肉类加工产品贸易额分别增加5567.14万美元、5506.89万美元。此外，还要考虑中国和CPTPP成员国之间签订的FTA。

表7-19 模拟情境1时CPTPP成员国对农产品贸易平衡的影响

| | 中国 | 日本 | 新加坡 | 越南 | 马来西亚 | 非共体 | 韩国 | 印度 | 澳大利亚 | 新西兰 | 文莱 | 美国 | 加拿大 | 墨西哥 | 智利 | 秘鲁 | 欧盟 | 俄罗斯 | 其他国家 |
|---|---|---|---|---|---|---|---|---|---|---|---|---|---|---|---|---|---|---|---|
| 稻米 | 1.77 | -119.96 | -1.32 | 197.13 | -137.31 | -50.82 | -0.38 | -6.68 | 159.34 | -0.37 | 1.09 | -32.97 | -1.64 | -0.77 | -1.7 | -0.4 | -1.43 | -0.08 | -34.93 |
| 小麦 | 5.29 | 13.69 | -0.29 | -7.11 | -13.9 | -8.71 | -6.79 | 0.84 | 94.28 | -2.2 | 0 | -521.62 | 414.63 | -6.78 | -16.71 | -8.38 | 36.6 | -2.29 | 27.05 |
| 谷物及其他相关产品 | 2.75 | 22.08 | -0.04 | -0.93 | 2.38 | 4.68 | 6.22 | -2.22 | 72.4 | -0.61 | 0 | -120.98 | 57.51 | -20.23 | -12.81 | -0.43 | 1.7 | -0.54 | -8.41 |
| 蔬菜水果坚果 | -17.27 | -26.29 | -2.09 | -34.25 | -1.18 | -8.37 | -4.29 | 3.59 | 1.15 | 48.51 | 0 | 95.76 | 14.71 | -58.67 | -57.87 | 2.9 | 29.21 | 4.28 | 33.73 |
| 油料作物 | 48.88 | 13 | -0.13 | 10.18 | -2.17 | 5.88 | 1.94 | -2.46 | -24.4 | -0.08 | 0 | 70.54 | -103.9 | -8.67 | -1.79 | -0.23 | 18.23 | 0.5 | -27.11 |
| 油脂 | 24.86 | -14.96 | 0.39 | -26.81 | 68.46 | 49.45 | 1.89 | -27.51 | 9.7 | -3.16 | 0.01 | 49.76 | -35.09 | -3.51 | -12.25 | -1 | -2.59 | -0.92 | -83.86 |
| 糠料作物 | 4.4 | -7.28 | 14.63 | -6.18 | 2.74 | -6.94 | 0.3 | -0.5 | -8.11 | -0.71 | 0.01 | 3.11 | 21.07 | -9.92 | -11.28 | -0.39 | 2.03 | 0.88 | -0.55 |
| 植物纤维 | 10.2 | -0.31 | -0.06 | -1.69 | 1.32 | 1.22 | 0.58 | -2.95 | -24.99 | -0.09 | 0 | 26.38 | -0.25 | -1.62 | -0.02 | -0.37 | -0.12 | 0.08 | -7.89 |
| 其他作物 | 4.1 | 35.08 | -0.78 | -37.96 | -3.13 | 31.3 | 2.62 | 1.02 | -36.52 | -7.03 | 0.19 | 67.36 | -46.46 | -32.89 | -11.4 | 11.52 | 32.01 | 1.5 | -4.75 |
| 畜产品 | 23.07 | -1431.35 | -0.47 | -5.33 | -2.65 | 19.48 | 9.82 | 7.74 | 1692.55 | 86.01 | -0.08 | -736.37 | 163.44 | 46.34 | -12.22 | -0.29 | 49.02 | 7.01 | 28.87 |
| 肉类加工产品 | -749.18 | 340.1 | -5.18 | -23.38 | 0.05 | -465.01 | -5.59 | -6.43 | -54.26 | -27.01 | 0.06 | -1026.52 | 2049.58 | 728.86 | 552.95 | 2.78 | -555.35 | -0.92 | -666.57 |
| 渔业 | 6.27 | -20.29 | -0.63 | -2.84 | -0.88 | 5.07 | 0.73 | 0.9 | 3.16 | -0.44 | 0 | 7.57 | -9.6 | 1.96 | -3.74 | 0.24 | 7 | 0.29 | 5.28 |
| 乳制品 | 40.16 | -833.02 | -17.97 | -25.78 | -1.02 | 20.26 | -3.19 | 2.49 | 608.88 | 832.78 | 0.01 | -351.88 | -47.22 | -182.38 | 94.2 | 1.7 | -231.67 | 2.9 | 25.72 |
| 羊毛及丝制品 | 31.8 | 0.3 | -0.03 | -0.02 | -0.1 | 0.13 | 0.06 | 3.35 | -36 | -12.9 | 0 | 0.76 | -0.2 | 0 | -0.58 | -0.15 | 3.62 | 0.1 | 11.22 |
| 其他食品 | -185.71 | -355.08 | 13.69 | 54.06 | 196.35 | -58.62 | -17.79 | -30.76 | 291.24 | 96.61 | 0.19 | -37.93 | -15.1 | 22.38 | 113.5 | 28.91 | -47.67 | -25.12 | -81.49 |
| 林业 | 11.83 | -11.15 | -3.95 | -7.82 | -5.95 | 4 | 0.41 | 3.46 | -2.87 | -8.69 | -0.01 | 9.18 | 1.05 | -0.57 | 0.05 | 0.68 | 2.85 | 0.98 | 6.18 |
| 饮料和烟草 | -20.11 | -78.66 | 82.9 | -52.5 | -19.29 | -21.54 | -6 | -2.03 | 101.32 | 0.24 | -2.36 | -0.71 | 33.09 | 3.77 | 23.33 | -0.9 | -56.41 | 0.15 | -12.58 |
| 其他产品 | 1384.73 | -805.74 | 169.44 | -1137.77 | -2005.82 | 779.22 | 299.21 | 273.07 | -4823.8 | -1044.41 | -46.13 | 6632.17 | -2808.23 | -688.56 | -674.82 | -103.74 | 2820.1 | 177.72 | 1714.58 |

数据来源：GTAP模拟结果。

表7-20 模拟情境2时CPTPP成员国对农产品贸易平衡的影响

| 产品 | 中国 | 日本 | 新加坡 | 越南 | 马来西亚 | 非共体 | 韩国 | 印度 | 澳大利亚 | 新西兰 | 文莱 | 美国 | 加拿大 | 墨西哥 | 智利 | 秘鲁 | 欧盟 | 俄罗斯 | 其他国家 |
|---|---|---|---|---|---|---|---|---|---|---|---|---|---|---|---|---|---|---|---|
| 稻米 | 13.97 | -119.2 | -4.72 | 159.44 | -147.34 | -18.5 | -0.15 | -6.99 | 155.37 | -0.49 | 1.09 | -34.11 | -1.45 | -0.67 | -1.98 | -0.86 | -1.34 | -0.12 | -24.78 |
| 小麦 | 3.77 | 13.16 | -0.85 | -7.5 | -15.48 | -17.26 | -9.8 | 1.96 | -64.54 | -2.27 | 0 | -457.78 | 440.87 | -6.16 | -18.4 | -12.77 | 61.09 | 2.89 | 88.36 |
| 谷物及其他相关产品 | 3.73 | 24.01 | -0.05 | -1.55 | 0.75 | 6.9 | 8.47 | -2.46 | 69.85 | -0.52 | -0.02 | -130.61 | 57.65 | -18.74 | -14.52 | -2.21 | 2.68 | -0.69 | 0.47 |
| 蔬菜水果坚果 | -68.05 | -25.24 | -3.83 | -51.38 | -10.73 | -33.82 | -5.16 | 9.76 | -37.04 | 110.59 | -0.08 | 96.95 | 13.35 | -60.5 | -19.39 | 4.08 | 44.71 | 7.36 | 46.09 |
| 油料作物 | 291.86 | 5.49 | -0.12 | 13.84 | -54.99 | 16.24 | 3.67 | -0.71 | -27.84 | 0.04 | 0 | 7.69 | -99.04 | -8.95 | -1.73 | -0.63 | 24.05 | -0.14 | -137.51 |
| 油脂 | -990.16 | -1.71 | -4.09 | -41.02 | 846.25 | 21.81 | 4.93 | -48.89 | 16.5 | -4.25 | -0.08 | 78.82 | -93.82 | -0.68 | -13.31 | -0.84 | 51.81 | 9.91 | 108.99 |
| 糖料作物 | -34.73 | -6.78 | 12.28 | -7.54 | -0.64 | 2 | -0.97 | 0.1 | 43.89 | -0.26 | 0.01 | 5.66 | 21.32 | -10.87 | -12.69 | -0.7 | 2.64 | 1.62 | -21.33 |
| 植物纤维 | -74.3 | -0.29 | -0.07 | -2.96 | -1.49 | 1.08 | 0.69 | -53.14 | 235.04 | -0.1 | 0.18 | -37.27 | -0.27 | -4.08 | -0.02 | -1.34 | -2.63 | 0.17 | -64.76 |
| 其他作物 | 202.93 | 42.33 | -11.1 | -45.85 | -32.2 | -29.16 | 2.87 | -25.93 | -71.16 | -10.59 | -0.13 | 72.98 | -46.96 | -32.72 | -13.81 | 2.69 | 50.82 | 2.7 | -59.41 |
| 畜产品 | -242.76 | -1415.83 | -0.79 | -6.61 | -5.1 | 30.5 | 17.06 | 19.31 | 1800.14 | 228.39 | 0.16 | -768.58 | 163.43 | 51.39 | -11.46 | -0.42 | 22.95 | 11.1 | 34.11 |
| 肉类加工产品 | -888.17 | 343.86 | -9.61 | -36.75 | -14.64 | -453.21 | -4.18 | -6.08 | 199.73 | -6.09 | -0.03 | -1086.77 | 2035.25 | 728.43 | 551.26 | 16.74 | -609.11 | -0.19 | -686.55 |
| 渔业 | -25.35 | -18.82 | -1.4 | -4.06 | -0.6 | 5.12 | 1.83 | 1.13 | 20.56 | 0.6 | 0.27 | 8.02 | -10.27 | 1.5 | 0.45 | 5.61 | 9.27 | 0.76 | 4.07 |
| 乳制品 | -449.09 | -826.53 | -28.23 | -30.63 | -1.3 | 30.37 | 1.03 | 0.58 | 677.4 | 1313.09 | 0.01 | -387.21 | -47.62 | -181.82 | 95.16 | 1.71 | -298.81 | 3.63 | 43.55 |
| 羊毛及丝制品 | -1860.25 | -0.69 | -0.08 | -0.2 | -0.24 | -0.16 | -1.13 | 10.68 | 2751.3 | -296.41 | 0 | -8.68 | -3.88 | -0.05 | 12.78 | -1.95 | -173.21 | -1.15 | -490.45 |
| 其他食品 | -267.25 | -359.24 | 97.61 | 31.18 | 183.35 | -91.79 | -28.59 | -57.2 | 327.49 | 124.98 | 0.27 | -75.79 | -26.74 | 17.06 | 176.87 | 151.98 | -98.38 | -50.96 | -141.34 |
| 林业 | -27.8 | -9.6 | -4.58 | -20.07 | -9.34 | 9.83 | 1.03 | 6.34 | -10.08 | -4.74 | -0.01 | 17.47 | 3.73 | -0.48 | 2.36 | 0.78 | 7.56 | 8.36 | 25.14 |
| 饮料和烟草 | 85.71 | -81.67 | 87.15 | -108.04 | -23.44 | -31.15 | -13.91 | -3.67 | 146.9 | 0.19 | -2.38 | -25.52 | 33.11 | 2.21 | 36.7 | -0.81 | -121.21 | 0.03 | -15.39 |
| 其他产品 | 1773.15 | 146.89 | 404.39 | -3297.32 | -3816.12 | 1202.99 | 617.23 | 550.41 | -9618.6 | -1568.1 | -61.45 | 9715.46 | -2592.4 | -605.9 | -898.5 | -389.8 | 5161.9 | 360.97 | 3248.2 |

数据来源：GTAP模拟结果。

表7-21 模拟情境3时CPTPP成员国对农产品贸易平衡的影响

| | 中国 | 日本 | 新加坡 | 越南 | 马来西亚 | 非共体 | 韩国 | 印度 | 澳大利亚 | 新西兰 | 文莱 | 美国 | 加拿大 | 墨西哥 | 智利 | 秘鲁 | 欧盟 | 俄罗斯 | 其他国家 |
|---|---|---|---|---|---|---|---|---|---|---|---|---|---|---|---|---|---|---|---|
| 稻米 | -24.66 | -963.98 | -0.48 | 73.13 | -134.41 | -92.82 | 0.15 | -6.07 | 114.66 | -0.38 | 1.18 | 899.57 | 6.49 | 0.53 | -1.3 | 0.21 | -2.06 | -0.11 | -14.39 |
| 小麦 | 18.21 | -115.41 | -0.17 | 13.05 | -14.6 | 14.46 | 2.91 | 1.04 | -125.94 | -0.72 | 0 | -227.93 | 262.16 | -1.47 | -30.14 | -15.77 | 79.75 | 5.66 | 137.48 |
| 谷物及其他相关产品 | 6.45 | -33.75 | -0.03 | -5.23 | 1.36 | 14.46 | 3.71 | -3.22 | 40.71 | -0.81 | 0 | -6.64 | 54.84 | -8.69 | -6.45 | 0.59 | 10.71 | -0.67 | -60.02 |
| 蔬菜水果坚果 | -54.56 | -105.82 | -0.65 | -64.02 | -1 | -16.47 | -5.96 | 7.78 | 11.02 | 27.39 | 0.04 | 25.18 | 39.52 | -18.07 | -31.21 | 6.46 | 63.56 | 14.48 | 59.51 |
| 油料作物 | 97.1 | 8.1 | -0.07 | 19.89 | 1.87 | 30.52 | 3.2 | -2.29 | -16.99 | 0.1 | 0 | -130.55 | -81.21 | 2.35 | -1.19 | 0 | 44.08 | 1.3 | 51.73 |
| 油脂 | 41.16 | 10.68 | 1.44 | -82.6 | 44.09 | 113.39 | 4.11 | -20.56 | 12.26 | -2.49 | 0.02 | 22.86 | -53 | -3.68 | -9.01 | 4.34 | -21.97 | -1.59 | -86.11 |
| 糖料作物 | 9.93 | -5.55 | 15.15 | -19.35 | 3.53 | -0.31 | 1.21 | -2.99 | 51.49 | -0.68 | 0.02 | -59.45 | 51.1 | -32.38 | -6.58 | 24.62 | 2.16 | 2.54 | -38.32 |
| 植物纤维 | 29.34 | -0.1 | -0.05 | -16.77 | 1.08 | -1.04 | 0.23 | 10.26 | -3.87 | -0.09 | 0 | -44.83 | -0.02 | 0.48 | -0.01 | -14.41 | 2.95 | 0.21 | 38.28 |
| 其他作物 | -19.96 | 216.83 | 2.49 | -110.79 | 233.4 | -33.23 | 3.06 | -43.73 | -30.4 | -6.61 | 0.22 | -39.15 | -20.82 | -20.87 | -8.82 | 22.14 | 49.1 | 4.21 | -160.64 |
| 畜产品 | 26.64 | -1983.47 | -0.43 | -2.33 | -3.05 | 23.33 | 8.33 | -5.66 | 1358.29 | 126.05 | -0.03 | 213.73 | 161.93 | -6.88 | -11.62 | -6.58 | 5.04 | 5.16 | -20.88 |
| 肉类加工产品 | -2126.4 | 501.77 | -5.44 | -105.13 | -4.2 | -1282.1 | -30.68 | -24.84 | -143.72 | -101.06 | 0.08 | 5567.14 | 918.73 | 527.85 | 382.93 | -70.76 | -1875.46 | -16.95 | -2006.82 |
| 渔业 | 14.87 | -34.32 | -0.3 | -4.88 | -2.12 | 8.99 | 2.95 | 0.97 | 3.23 | -0.11 | -0.01 | -19.09 | 0.91 | 2.96 | -2.22 | 0.27 | 15.31 | 1.31 | 4.89 |
| 乳制品 | 409 | -1115.84 | -36.8 | -62.58 | 6.15 | 26.25 | -10.12 | -5.53 | 440.33 | 864.96 | 0.08 | 1013.29 | -415.86 | -173.19 | 102.64 | 6.49 | -717.15 | 1.72 | -107.93 |
| 羊毛及丝制品 | 34.93 | 2.93 | -0.01 | -0.18 | -0.11 | 0.29 | 0.06 | 2.59 | -28.8 | -15.15 | 0 | -0.9 | -0.12 | 0.05 | -0.54 | 0.07 | 2.43 | 0 | 3.82 |
| 其他食品 | -738.57 | -503.45 | -2.51 | -223.1 | 207.58 | -344.09 | -99.21 | -123.23 | 288.19 | 85.52 | 0.32 | 2443.78 | -210.2 | -170.53 | 48.48 | 11.93 | -456 | -74.33 | -422.07 |
| 林业 | 19.51 | -15.36 | -3.49 | -31.81 | -10 | 9.62 | 1.03 | 5.91 | -1.53 | -7.75 | -0.01 | 4.34 | 4.61 | -3.14 | 0.13 | 0.61 | 5.99 | 1.53 | 18.02 |
| 饮料和烟草 | -19.83 | -120.96 | 82.22 | -108.03 | -20.95 | -22.65 | -8.77 | -2.37 | 120.93 | 9 | -2.36 | 225.57 | -54.68 | 1.69 | 28.76 | -3.24 | -130.43 | 0.71 | -20.66 |
| 其他产品 | 4149.76 | -7.57 | 175.73 | -2566.21 | -2686.66 | 2029.73 | 706.26 | 772.38 | -3899.87 | -1030.74 | -57.11 | -10859.68 | -640.65 | -103.42 | -451.5 | -68.52 | 8958.14 | 574.96 | 5631.24 |

数据来源：GTAP模拟结果。

表7-22 模拟情境4时CPTPP成员国对农产品贸易平衡的影响

| | 中国 | 日本 | 新加坡 | 越南 | 马来西亚 | 非共体 | 韩国 | 印度 | 澳大利亚 | 新西兰 | 文莱 | 美国 | 加拿大 | 墨西哥 | 智利 | 秘鲁 | 欧盟 | 俄罗斯 | 其他国家 |
|---|---|---|---|---|---|---|---|---|---|---|---|---|---|---|---|---|---|---|---|
| 稻米 | -12.46 | -963.23 | -3.87 | 35.43 | -144.43 | -60.5 | 0.37 | -6.38 | 110.69 | -0.5 | 1.18 | 898.42 | 6.69 | 0.64 | -1.58 | -0.25 | -1.98 | -0.16 | -4.24 |
| 小麦 | 16.68 | -115.94 | -0.72 | 12.66 | -16.19 | 5.91 | -0.09 | 2.16 | -284.76 | -0.8 | 0 | -164.1 | 288.4 | -0.85 | -31.83 | -20.16 | 104.23 | 10.85 | 198.79 |
| 谷物及其他相关产品 | 7.43 | -31.82 | -0.03 | -5.85 | -0.28 | 16.68 | 5.95 | -3.47 | 38.15 | -0.72 | -0.01 | -16.28 | 54.98 | -7.21 | -8.16 | -1.19 | 11.69 | -0.81 | -51.14 |
| 蔬菜水果坚果 | -105.34 | -104.77 | -2.39 | -81.14 | -10.56 | -41.92 | -6.83 | 13.96 | -27.17 | 89.46 | -0.04 | 26.37 | 38.16 | -19.9 | 7.26 | 7.64 | 79.06 | 17.56 | 71.88 |
| 油料作物 | 340.08 | 0.6 | -0.06 | 23.54 | -50.95 | 40.89 | 4.93 | -0.54 | -20.43 | 0.22 | 0 | -193.41 | -76.35 | 2.07 | -1.13 | -0.4 | 49.9 | 0.65 | -58.68 |
| 油脂 | -973.86 | 23.93 | -3.04 | -96.81 | 821.88 | 85.75 | 7.15 | -41.94 | 19.06 | -3.58 | -0.07 | 51.92 | -111.74 | -0.85 | -10.08 | 4.5 | 32.43 | 9.24 | 106.75 |
| 糖料作物 | -29.21 | -5.05 | 12.81 | -20.71 | 0.14 | 8.62 | -0.06 | -2.4 | 103.49 | -0.23 | 0.02 | -56.9 | 51.35 | -33.33 | -7.99 | 24.31 | 2.77 | 3.28 | -59.1 |
| 植物纤维 | -55.16 | -0.08 | -0.05 | -18.04 | -1.73 | -1.18 | 0.33 | -39.94 | 256.16 | -0.1 | 0 | -108.48 | -0.03 | -1.99 | -0.02 | -15.38 | 0.44 | 0.3 | -18.59 |
| 其他作物 | 178.87 | 224.07 | -7.83 | -118.68 | 204.34 | -93.69 | 3.31 | -70.68 | -65.04 | -10.16 | 0.21 | -33.53 | -21.32 | -20.7 | -11.22 | 13.31 | 67.91 | 5.4 | -215.31 |
| 畜产品 | -239.19 | -1967.95 | -0.76 | -3.61 | -5.51 | 34.36 | 15.57 | 5.91 | 1465.87 | 268.42 | -0.08 | 181.52 | 161.92 | -1.83 | -10.86 | -6.71 | -21.02 | 9.25 | -15.63 |
| 肉类加工产品 | -2265.38 | 505.53 | -9.87 | -118.49 | -18.89 | -1270.31 | -29.27 | -24.49 | 110.27 | -80.15 | 0.17 | 5506.89 | 904.4 | 527.42 | 381.23 | -56.8 | -1929.23 | -16.21 | -2026.79 |
| 渔业 | -16.75 | -32.85 | -1.08 | -6.1 | -1.85 | 9.04 | 4.05 | 1.2 | 20.63 | 0.93 | -0.04 | -18.63 | 0.24 | 2.5 | 1.96 | 5.63 | 17.58 | 1.79 | 3.68 |
| 乳制品 | -448.36 | -1109.35 | -47.05 | -67.44 | 5.88 | 36.36 | -8.45 | -7.44 | 508.85 | 1345.27 | 0.08 | 977.8 | -416.26 | -172.63 | 103.6 | 6.5 | -784.29 | 2.46 | -90.1 |
| 羊毛及丝制品 | -1857.13 | 1.95 | -0.07 | -0.35 | -0.25 | -0.01 | -1.12 | 9.91 | 2758.5 | -298.65 | 0 | -10.34 | -3.8 | 0 | 12.81 | -1.73 | -174.4 | -1.25 | -497.86 |
| 其他食品 | -820.11 | -507.6 | 81.41 | -245.98 | 194.57 | -377.27 | -110.01 | -149.67 | 324.44 | 113.89 | 0.4 | 2405.92 | -221.85 | -175.86 | 111.85 | 135.01 | -506.72 | -100.18 | -481.92 |
| 林业 | -20.11 | -13.81 | -4.12 | -44.05 | -13.39 | 15.46 | 1.65 | 8.79 | -8.75 | -3.8 | -0.01 | 12.63 | 7.29 | -3.05 | 2.44 | 0.71 | 10.7 | 8.92 | 36.98 |
| 饮料和烟草 | 85.99 | -123.97 | 86.47 | -163.56 | -25.1 | -32.26 | -16.68 | -4.02 | 166.51 | 8.96 | -2.37 | 200.76 | -54.66 | 0.14 | 42.13 | -3.14 | -195.23 | 0.59 | -23.47 |
| 其他产品 | 4538.17 | 945.08 | 410.69 | -4725.76 | -4496.97 | 2453.5 | 1024.29 | 1049.72 | -8694.7 | -1554.5 | -72.43 | -7776.4 | -424.88 | -20.76 | -675.15 | -354.55 | 11299.93 | 758.21 | 7164.88 |

数据来源：GTAP模拟结果。

表7-23 模拟情境5时CPTPP成员国对农产品贸易平衡的影响

| | 中国 | 日本 | 新加坡 | 越南 | 马来西亚 | 非共体 | 韩国 | 印度 | 澳大利亚 | 新西兰 | 文莱 | 美国 | 加拿大 | 墨西哥 | 智利 | 秘鲁 | 欧盟 | 俄罗斯 | 其他国家 |
|---|---|---|---|---|---|---|---|---|---|---|---|---|---|---|---|---|---|---|---|
| 稻米 | 116.44 | -220.63 | -3.78 | 156.83 | -145.05 | -15.19 | 3.31 | -18.85 | 153.32 | -0.39 | 1.19 | -54.23 | -1.1 | 0.04 | -1.65 | -0.34 | -1.08 | -0.23 | -13.48 |
| 小麦 | -15.65 | 18.65 | -0.67 | -3.99 | -13.78 | -5.9 | -5.44 | 1.74 | -70.2 | -1.67 | 0 | -442.3 | 390.79 | -1.12 | -16.31 | -10.69 | 45.27 | -5.6 | 137.99 |
| 谷物及其他相关产品 | -7.24 | 59.09 | -0.03 | -0.47 | 2.76 | 11.51 | 16.14 | -5.57 | 68.46 | -0.49 | -0.01 | -164.99 | 47.47 | -7.3 | -12.83 | -0.74 | 2.4 | -1.44 | -1.67 |
| 蔬菜水果坚果 | 149.01 | -208.32 | -3.26 | -48.19 | -9.5 | -64.9 | -7.9 | 13.18 | -40.17 | 90.47 | -0.06 | 91.69 | 22.29 | -87.09 | -25.89 | 1.02 | 62.47 | 22.18 | 25.37 |
| 油料作物 | 399.26 | 179.2 | -0.11 | 15.94 | -52.03 | 29.88 | 5.86 | -3.71 | -34.55 | 0.04 | 0 | -129.08 | -117.93 | -1.02 | -1.29 | -0.46 | 39.53 | 1.06 | -280.9 |
| 油脂 | -1308.13 | 41.41 | -3.77 | -33.31 | 788.8 | -24.46 | 9 | -56.32 | 17.42 | -3.3 | -0.05 | 108.63 | 286.42 | 0.23 | -9.94 | 2.26 | 41.05 | 8.54 | 46.44 |
| 糖料作物 | -47.86 | -14.52 | 12.7 | -6.36 | 2.38 | 7.12 | 0.69 | -3.16 | 44.7 | -0.22 | 0.02 | 15.45 | 21.12 | -15.09 | -10.31 | -0.18 | 2.81 | 4.89 | -21.24 |
| 植物纤维 | -108.13 | -1.5 | -0.05 | -0.18 | -0.4 | 5.63 | 2.22 | -54.81 | 235.48 | -0.1 | 0 | -37.57 | -0.17 | 20.22 | -0.02 | -0.78 | -2.55 | 0.47 | -66.41 |
| 其他作物 | 240.48 | -105.5 | -9.2 | -44.73 | -27.45 | -9.36 | 6.41 | -24.9 | -69.53 | -10.41 | 0.19 | 108.79 | -49.96 | -35.96 | -12.61 | 4.35 | 77.91 | 6.79 | -56.75 |
| 畜产品 | -332.58 | -1504.79 | -0.27 | -3.7 | -3.33 | 35.22 | 23.26 | 12.67 | 1835.76 | 218.5 | -0.1 | -719.92 | 244.37 | 52.71 | -7.47 | -0.13 | 8.21 | 16.91 | 37.15 |
| 肉类加工产品 | -297.08 | -44.02 | -7.08 | -34.56 | -12.22 | -512.25 | 3.66 | -6.86 | 192.92 | -13 | 0.17 | -1222.28 | 2178.52 | 710.85 | 542.9 | 16.7 | -714.35 | 4.98 | -776.49 |
| 渔业 | -25.76 | -63.9 | -0.79 | -2.14 | -0.18 | 3.55 | 0.78 | 0.84 | 18.43 | 0.21 | 0.01 | 12.58 | 4.91 | 14.67 | 0.77 | 5.61 | 14.19 | 1.09 | -4.84 |
| 乳制品 | -465.27 | -895.63 | -23.74 | -28.56 | 0.88 | 39.29 | 2.35 | 1.31 | 697.56 | 1312.91 | 0.05 | -361.41 | -52.1 | -182.5 | 96.63 | 2.47 | -313.79 | 7.26 | 69.94 |
| 羊毛及丝制品 | -1901.91 | -3.67 | -0.07 | -0.16 | -0.2 | -0.09 | -0.92 | 11.81 | 2775.97 | -294.89 | 0 | -8.35 | 3.19 | -0.03 | 12.95 | -1.83 | -170.95 | -1.14 | -484.82 |
| 其他食品 | 2009.72 | -1835.34 | 83.53 | -6.24 | 172.01 | -254.65 | -57.53 | -93.24 | 314.16 | 108.21 | 0.47 | -252.6 | -17.57 | -84.62 | 105.58 | 135.65 | -227.69 | -94.97 | -232.21 |
| 林业 | -59.85 | -39.22 | -4.39 | -18.5 | -6.07 | 11.95 | 3.36 | 9.92 | -9.04 | -2.74 | -0.01 | 34.03 | 8.48 | -1.01 | 2.57 | 0.87 | 10.96 | 13.31 | 33.7 |
| 饮料和烟草 | -31.83 | 43.88 | 86.65 | -107.22 | -25.81 | -29.21 | -8.31 | -4.1 | 144.24 | -1.82 | -2.32 | 15.51 | 36.64 | -1.65 | 35.64 | -0.35 | -206.92 | 2.84 | 10.97 |
| 其他产品 | -7385.77 | -7568.81 | 284.02 | -3059.95 | -3560.43 | 2102.35 | 1384.84 | 1102.86 | -9010.29 | -1489.31 | -62.87 | 18212.13 | -3836.41 | -1275.71 | -768.4 | -321.71 | 9631.03 | 681.43 | 5600.4 |

数据来源：GTAP模拟结果。

表7-24 模拟情境6时CPTPP成员国对农产品贸易平衡的影响

| | 中国 | 日本 | 新加坡 | 非共体 | 韩国 | 印度 | 澳大利亚 | 新西兰 | 文莱 | 美国 | 加拿大 | 墨西哥 | 智利 | 秘鲁 | 欧盟 | 俄罗斯 | 其他国家 |
|---|---|---|---|---|---|---|---|---|---|---|---|---|---|---|---|---|---|
| 稻米 | 108.83 | -220.12 | -3.18 | 47.04 | 6.52 | -13.91 | 153.87 | -0.39 | 1.23 | -87.17 | 7.02 | 1.97 | -1.59 | 0.71 | 1.78 | -0.09 | 52.3 |
| 小麦 | -127.63 | 19.45 | -0.58 | 4.48 | -0.85 | 2.7 | -94.69 | -0.83 | 0 | -576.42 | 475.84 | 5.59 | -32.65 | -17.63 | 78.34 | -1.41 | 275.45 |
| 谷物及其他相关产品 | -17.49 | 44.16 | -0.01 | 17.63 | 14.53 | -4.85 | 71.47 | -0.49 | 0 | -207.18 | 61.08 | 2.49 | -10.47 | 1.25 | 11.85 | -1.74 | 32.78 |
| 蔬菜水果坚果 | -97.47 | -207.98 | -2.85 | -82.15 | -4.79 | 30.84 | -43.5 | 88.54 | -0.03 | 147.43 | 33.41 | -63.02 | -20.02 | 3.89 | 115.28 | 37.75 | 77.87 |
| 油料作物 | 212.21 | 182.36 | -0.06 | 51.84 | 6.59 | -2.92 | -39.66 | 0.12 | 0 | 394.44 | -68.45 | 7.48 | -0.96 | -0.14 | 72.15 | 2.15 | -753.31 |
| 油脂 | -1464.9 | 37.86 | -3.34 | -57.12 | 9.55 | -22.06 | 17.75 | -2.68 | -0.03 | 249.84 | 267.08 | 0.51 | -8.61 | 9.21 | 24.96 | 8.18 | 137.75 |
| 糖料作物 | -56.02 | -14.29 | 13 | 8.84 | 2.27 | -4.98 | 102.16 | -0.27 | 0.03 | -43.33 | 50.6 | -37.45 | -7.47 | 24.8 | 3 | 7.98 | -43.61 |
| 植物纤维 | -306.31 | -1.87 | -0.03 | 2.15 | 0.67 | -119.32 | 188.59 | -0.11 | 0 | 315.54 | 0.12 | 19.73 | -0.01 | -14.36 | -2.22 | 0.81 | -84.58 |
| 其他作物 | 182.11 | -113.52 | -7.03 | -106.55 | 3.93 | -54.53 | -70.91 | -10.8 | 0.21 | 154.12 | -35.13 | -23.82 | -12.27 | 16.92 | 112.7 | 11.17 | -142.79 |
| 畜产品 | -675.53 | -1509.75 | 0.23 | 40.47 | 27.51 | 6.92 | 2008.85 | 267.26 | -0.07 | -605.31 | 312.45 | 34.71 | -5.61 | -6.22 | -66.34 | 21.17 | 0.62 |
| 肉类加工产品 | -1109.25 | -9.55 | -5.94 | -582.62 | -6.72 | -13.23 | 107.53 | -54.37 | 0.19 | 1145.95 | 1601.73 | 736.91 | 515.68 | -47.28 | -1197.45 | -2.83 | -1074.9 |
| 渔业 | -56.82 | -63.63 | -0.26 | 5.56 | 3.18 | 1.23 | 17.74 | 0.31 | 0.01 | 13.75 | 11.88 | 15.89 | 0.45 | 5.68 | 24.85 | 2.87 | -5.17 |
| 乳制品 | -580.06 | -896.61 | -21.8 | 47.95 | 2.15 | -4.22 | 686.92 | 1411.16 | 0.13 | 318.74 | -413.11 | -157.87 | 103.87 | 7.93 | -609.96 | 8.85 | 6.85 |
| 羊毛及丝制品 | -1941.06 | -3.67 | -0.06 | -0.01 | -0.81 | 15.69 | 2782.25 | -296.37 | 0 | 10.02 | 3.33 | 0.06 | 13 | -1.45 | -168.52 | -1.11 | -476.9 |
| 其他食品 | 1461.23 | -1807.15 | 71.72 | -496.38 | -90.77 | -170.69 | 324.61 | 95.35 | 0.65 | 1586.92 | -211.36 | -252.91 | 76.58 | 101.69 | -535.84 | -117.01 | -451.18 |
| 林业 | -133.54 | -39.31 | -4.2 | 19.92 | 4.9 | 16.92 | -6.97 | 2.46 | -0.01 | 27.38 | 22.39 | -2.54 | 2.76 | 0.9 | 21.05 | 26.4 | 68.46 |
| 饮料和烟草 | -97.47 | 47.9 | 86.76 | -30.03 | -7.56 | -4.25 | 160.43 | 5.25 | -2.29 | 214.54 | -35.35 | 4.45 | 39.63 | -2.4 | -287.11 | 5.29 | 29.91 |
| 其他产品 | -6294.04 | -5376.93 | 206.15 | 3235.86 | 2197.67 | 2047.19 | -8514.37 | -1572.14 | -73.08 | -4115.17 | -1792.13 | -609.36 | -633.88 | -226.15 | 18960.61 | 1380.8 | 10835.5 |

数据来源：GTAP模拟结果。

## 第四节 研究结果及讨论

结合前面的图表分析，在不同情境下模拟分析CPTPP对国家地区的宏观经济和农业产生的影响。研究结果显示：

情境1与情境3中，中国宏观经济各项指标总体下降；情境2、情境4、情境5和情境6时，中国宏观经济趋于改善。情境1和情境3中，CPTPP将对中国产生最显著的负面影响。情境2与情境4考虑了中国与CPTPP成员国之间已签署了FTA。另外，通过和CPTPP成员国签署FTA，建立自由贸易区，能弥补CPTPP对我国经济和贸易发展的负面效应。

不同模拟情境下CPTPP使得中国农业部门生产减少以及贸易转移。从整体来看，情境1下中国农产品的产出增加，而其他5种情境下，中国农产品的产出都减少了，其中情境6时中国农产品的产出减少最多。中国17种农产品中：情境1时油料作物、植物纤维和其他作物等7种增加了，其他10种农产品产出减少；情境2时其他作物和饮料烟草增加了，其他15种农产品的产出减少；情境3时油料作物、植物纤维和畜产品等6种农产品增加了，其他11种农产品的产出减少；情境4时3种农产品的增加了，其他14种农产品的产出减少；情境5和情境6时，蔬菜水果坚果、渔业和饮料烟草等5种农产品增加了，其他12种农产品的产出减少。

不同模拟情境下CPTPP对中国农产品的价格影响不同。从整体来看，情境6时中国农产品的价格上升，其他5种情境下中国农产品的价格整体下降。具体来看中国农产品：情境1和情境3时全下降；情境2时其他作物、渔业、林业和饮料烟草4种农产品的价格上升，其他13种农产品价格下降；情境4时其他作物和林业农产品的价格上升，其他15种农产品价格下降；情境5时小麦、油料作物、油脂、植物纤维和羊毛丝绸价格下降，其他12种农产品的价格上升；情境6时油料、油脂和羊毛丝绸价格下降，其他14种农产品的价格上升。

不同模拟情境下CPTPP对中国农产品贸易平衡的影响不同。从整体来看，净出口增加的是情境1和情境3，其中情境3中国净出口增加最多。情境6中国净出口减少最多。具体来看：情境1，中国的蔬菜水果坚果等4种农产品的净出口减少，其他13种农产品的净出口增加；情境2，中国的稻米、小麦、谷物及其他相关产品、油料作物、其他作物和饮料烟草6种农产品的净出口增加，其他11种农产品的净出口减少。情境3，中国的稻米、肉类加工产品等6种农产品的净出口减少，其他11种农产品的净出口增加。情境4，中国的小麦、其他作物和其他食品等5种农产品的净出口增加，其他12种农产品的净出口减少。情境5，中国的稻米、其他作物和其他食品等5种农产品的净出口增加，其他12种农产品的净出口减少。情境6，中国的稻米等4种农产品的净出口增加，其他13种农产品的净出口减少。

由11个国家组成的CPTPP对中国的农产品贸易必然会产生一定的负面影响，如果CPTPP范围进一步扩大甚至将美国纳入其中，中国的农产品贸易受到的负面影响会进一步扩大。因此，中国除了进一步发展与CPTPP成员国的贸易关系，尽快签署双边自由贸易协定，还有必要深入研究加入CPTPP的利弊，如果利大于弊，可以表达加入的意愿，并按照CPTPP协议相关标准对国内相关经济制度和规则进行改革，为最终加入CPTPP创造良好条件。

# 第八章

# 中国与CPTPP成员国和美国的农产品贸易额预测

## 第一节　模型构建

前面的章节介绍了GTAP模型的分析框架、GTAP模型区域设定，以及GTAP模拟部门和要素设定并进行模拟方案设计，模拟分析不同情境下CPTPP对中国农产品贸易的影响。如果能提前预测中国与CPTPP成员国农产品贸易未来变动的相关信息，则具有更大的现实意义。中国与CPTPP成员国农产品贸易未来会有怎样的变动趋势？对该问题的实证分析和思考能为及早应对将来形势提供参考。

预测常用的是时间序列ARMA模型。该模型最大的挑战是确定阶数和估计参数。为了解决这一问题，学者们开始尝试借助人工智能的方法，例如PSO算法。

本章首先梳理了国内外关于贸易预测分析研究的进展，在此基础上提出了所要研究的问题，根据改进PSO算法确定ARMA（r, m）的阶数，容易操作和实现，根据1992—2018年的贸易数据，进行模型实例验证并短期预测，最后总结了本章所得出的主要研究结论。

### 一、ARMA（r, m）模型

ARMA模型常用于贸易预测中。石自忠根据ARMA模型预测我国牧草进出口贸易。王丽娜、肖冬荣根据ARMA模型和某商品月度销售额做预测分析。汪艳涛、王记志利用ARMA模型预测2009—2012年中国农产品进出口量。孟懿靖根据ARMA模型预测中国东盟贸易差额趋势。刘鑫在介绍时间序列模型基础上对我国2002—2008年一般贸易进出口额进行平稳性分析以及模型检验、模型预测与分析。赵杰利用ARMA模型和1978—2010年中国进出口数据做预测分析。王允介绍了中印农产品贸易发展趋势并预测中印农产品贸易总额。

ARMA（r，m）模型是一个固定的时间序列$x(t)$。

设$\{X_t, t=0, \pm 1, \pm 2, \cdots\}$是零均值平稳序列，满足下列模型：

$$Xt - \varphi X_{t-1} - \cdots, \varphi r X_{t-r} = \varepsilon_t - \theta_1 \varepsilon_{t-1} - \cdots - \theta_m \varepsilon_{t-m}$$

其中$\varepsilon_t$是作为零均值、方差为$\sigma^2 \varepsilon$的平稳白噪声，$X_t$是阶数为$r$、$m$的自回归滑动平均序列。

## 二、标准粒子群优化算法

为了解决ARMA模型确定阶数和估计参数计算过程冗长的问题，学者们开始尝试借助人工智能的方法如PSO算法。PSO实现简单并且能够快速地为科学和工程中的许多问题聚集到一个合理的、可接受的解决方案。在粒子群算法中，每个粒子根据新的速度，从之前的位置移动到一个新的位置。将其与之前的粒子在代价函数中产生的最佳位置进行比较后保留最佳解。首先随机生成第一个种群，然后根据给定的更新速度将每个粒子移动到下一个步骤。

标准粒子群优化算法的数学公式表述如下：

$$V_{ij}(k+1) = V_{ij}(k) + c_1 r_1 (\text{pBest}_{ij}(k) - x_{ij}(k)) + c_2 r_2 (\text{gBest}_{ij}(k) - x_{ij}(k))$$

$$X_{ij}(k+1) = x_{ij}(k) + v_{ij}(k+1)$$

式中，下标$i$表示第$i$个粒子，下标$j$表示$j$的速度，$k$表示迭代的代数。$c_1$和$c_2$代表学习因子。

## 三、改进的粒子群算法（PSO）

改进的PSO能提升去除局部极小值的能力，全局收敛性和稳定性好。罗航等研究认为改进的粒子群算法定阶ARMA模型显示了其优良特性。见图8-1。孙汝儒、肖迪提出改进的粒子群算法定阶ARMA模型。李怀俊等提出了改进粒子群算法估计方法。

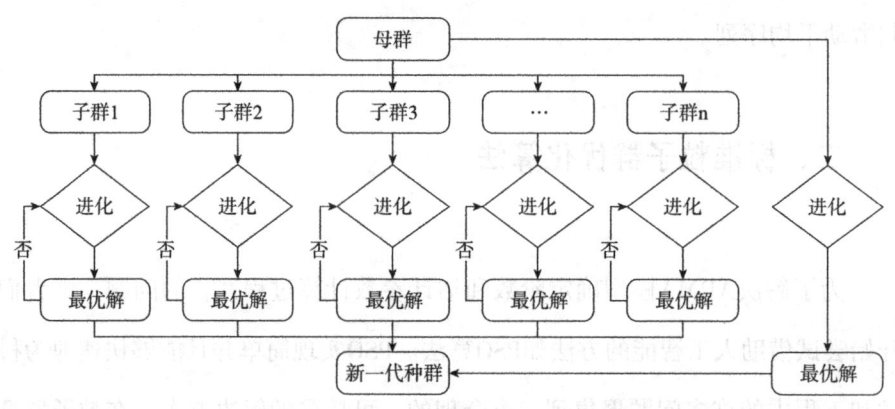

图8-1　结构模型图

过程如下：

（1）最开始要把粒子初始化。

（2）将每一个粒子进行解码，对样本进行学习，计算每个粒子的适应情况。适应情况与最佳解的距离直接有关，不断更新$pbest$和$gbest$。$y_i$和$i$分别表示实际值和预测值，$l$表示样本量。

$$f = -\frac{1}{l}\sum_{i=1}^{l}|y_i - \hat{y}_i|$$

（3）更新粒子的位置和速度。

$$V_{ij}^{1(2)}(t+1) = wV_{ij}^{1(2)}(t) + \text{rand}(0,1) \times c_1(pbest_{ij}^{1(2)} - p_{ij}^{1(2)}(t)) + \text{rand}(0,1) \times c_2(gbest - p_{ij}^{1(2)}(t))$$

其中，$t$ 表示当前迭代数，$c_1$ 和 $c_2$ 表示加速常数。

（4）更新粒子。

$$V_{ij}^{3}(t+1) = w\left[\frac{fV_{ij}^{1}}{f_1} + \frac{fV_{ij}^{2}(t+1)}{f_2} + V_{ij}^{3}(t)\right] + \text{rand}(0,1) \times c_1(pbest_{ij}^{3} - p_{ij}^{3}(t)) +$$
$$\text{rand}(0,1) \times c_2(gbest_{ij} - p^{3}_{ij})p_{ij}^{3}(t)$$

$$p_{ij}^{3}(t+1) = p_{ij}^{3}(t) + V_{ij}^{3}(t+1)$$

其中 $f_1$ 和 $f_2$ 分别表示群1和群2的适应值总和。

（5）更新每一个粒子的速度和位置。

$$V_{ij}^{4}(t+1) = V_{ij}^{1}(t+1) + V_{ij}^{2}(t+1) - V_{ij}^{3}(t+1)$$

$$p_{ij}^{4}(t+1) = \alpha_1 p_{ij}^{4}(t) + \alpha_2 pbest_{ij}^{4} + \alpha_3 gbest + V_{ij}^{4}(t+1)$$

式中，$\alpha_1$，$\alpha_2$ 和 $\alpha_3$ 表示影响因子。

（6）若没达到结束条件，就回步骤2，若达到了说明已获得最佳参变量。

## 四、基于改进PSO算法定阶ARMA（r，m）模型

定阶步骤如图8-2所示。

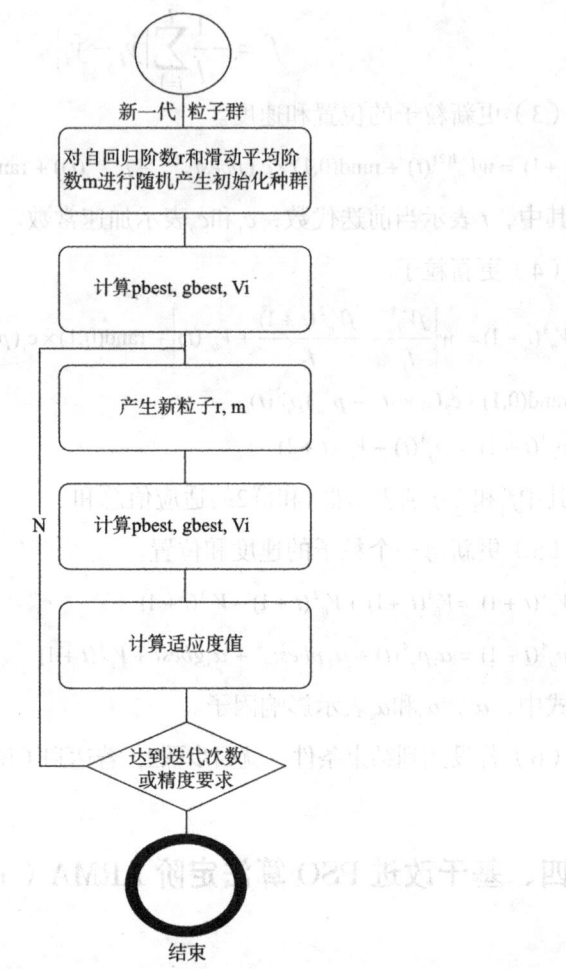

图8-2 改进的PSO算法定阶ARMA模型的流程图

（1）学习因子$c_1$和$c_2$，$w$为惯性权重。

（2）适应度函数确定：

$$Z = \sum_{i=1}^{n}(\hat{y}(i) - y(i))^2$$

$n$粒子数量，$\hat{y}(i)$预测值，$y(i)$实际值。

构造适应度函数：

$$f(x) = 1/Z$$

（3）运用计算机MATLAB软件编写子群算法，初始化种群粒子。

$$r = x(1) \qquad m = x(2)$$

计算预测数值，并将预测值和实际指标进行比较，得出$f(x)$值并修正粒子位置，直到得到最优解。

## 第二节 中国进口CPTPP成员国和美国的农产品贸易额的模型验证

为了研究的便利,本节按区域将研究国家划分为五大类。

## 一、中国进口美国、加拿大和墨西哥的农产品贸易额分析

### 1. 农产品贸易额序列图

如图8-3所示,从第一大类农产品来看,中国进口美国的农产品贸易额逐年增长,2018年达到峰值;中国进口墨西哥的农产品贸易额波动上升,2010年激增,2011年达到峰值,之后有所下滑,自2012年开始缓慢增长;中国进口加拿大的农产品贸易额历年来增长平缓,2013年达到峰值后下滑,至2015年之后缓慢增长。

从第二大类的农产品来看,中国进口美国农产品的贸易额从2006年开始高速增长,2013年达到峰值,之后回落,2014年开始平稳增长;中国进口墨西哥的农产品贸易额呈现波动上行态势,2013年达到峰值,之后回落,2014

年开始平稳增长；中国进口加拿大的农产品贸易额历年来保持平稳增长态势，2013年达到峰值后有所回落。

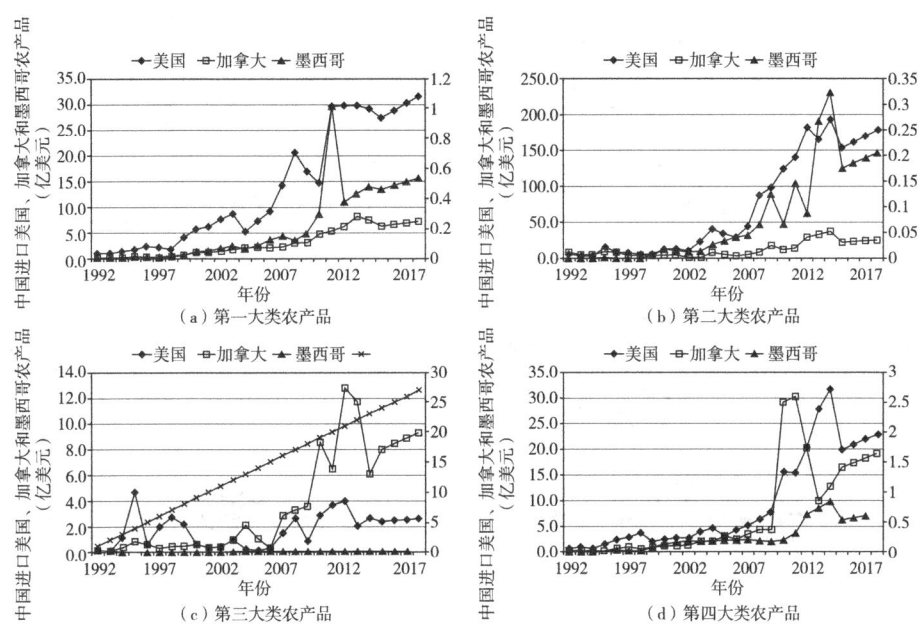

图8-3　农产品贸易额序列图

数据来源：作者整理所得。

从第三大类农产品来看，中国进口美国的农产品贸易额窄幅波动；中国历年来进口墨西哥的农产品贸易额较少；中国进口加拿大的农产品贸易额呈波动上行态势，2012年达到峰值，之后回落，从2014年开始重回上升趋势。

从第四大类农产品来看，中国进口美国的农产品贸易额从2009年开始激增到2013年达到峰值，之后回落，2014年开始缓慢增长；中国进口墨西哥农产品的贸易额呈波动状态；中国进口加拿大的农产品贸易额从2009年开始激增，到2011年达到峰值，之后快速回落，从2013年开始重回上升趋势。

## 2. 农产品贸易额预测序列图

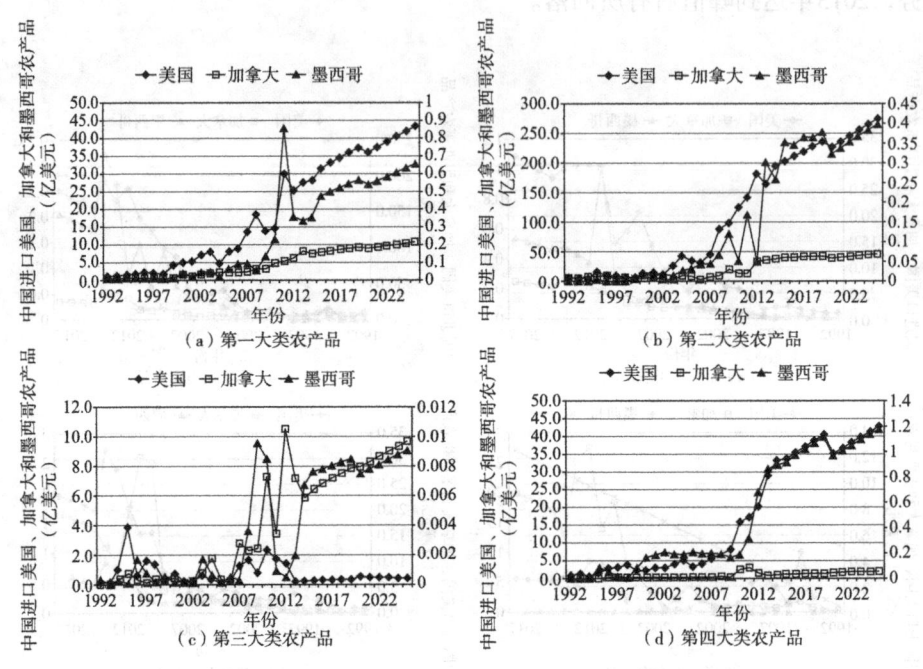

图8-4 农产品贸易额预测序列图

数据来源：作者整理所得。

如图8-4所示，从第一大类农产品来看，中国进口美国的农产品贸易额预测值最大；中国进口墨西哥的农产品贸易额预测值次之；中国进口加拿大的农产品贸易额预测值最少；总体呈现波动上行趋势。从第二大类农产品来看，中国进口美国的农产品贸易额预测值最大；中国进口墨西哥的农产品贸易额预测值次之；中国进口加拿大的农产品贸易额预测值最少；总体呈现波动上行趋势。从第三大类农产品来看，中国进口加拿大的农产品贸易额预测值最大，呈现稳步增长态势；中国进口美国的农产品贸易额预测值次之，并保持相对稳定；中国进口墨西哥的农产品贸易额预测值最少，而且保持相对稳定。从第四大类农产品来看，中国进口美国的农产品贸易额预测值最大，

2020—2022年保持稳定增长态势；中国进口加拿大的农产品贸易额预测值次之，2019—2022年保持增长态势；中国进口墨西哥的农产品贸易额预测值最少，2020—2022年保持增长态势。

## 二、中国进口智利和秘鲁的农产品贸易额分析

### 1. 农产品贸易额序列图

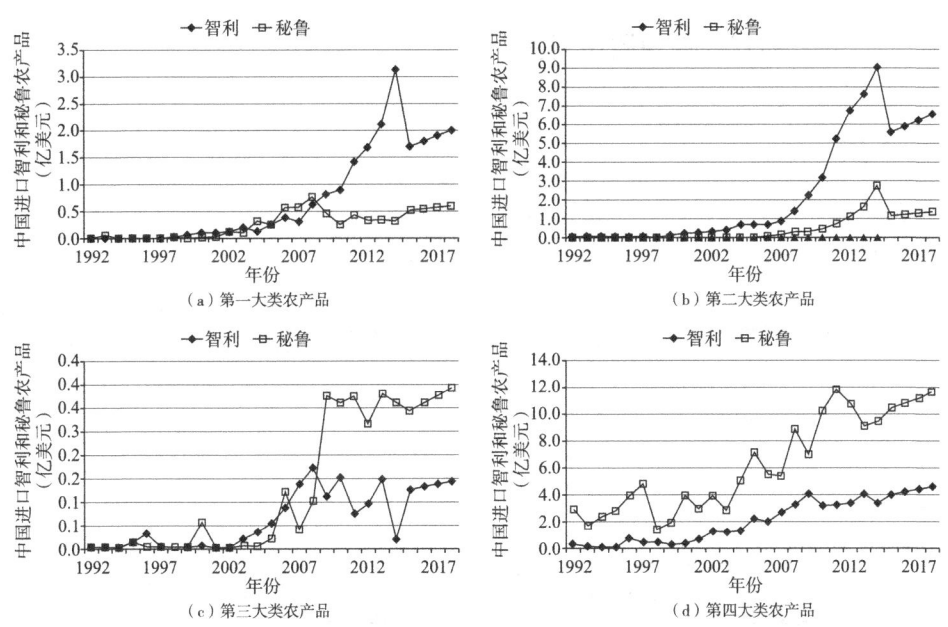

图8-5　农产品贸易额序列图

数据来源：作者整理所得。

如图8-5所示，从第一大类农产品来看，中国进口智利的农产品贸易额自2009年开始激增至2013年达到峰值，之后回落，从2014年开始低速增长；中国进口秘鲁的农产品贸易额自1992—2008年保持平稳增长之后出现下滑，自2011年开始基本保持平稳。从第二大类农产品来看，中国进口智利的农

产品贸易额自2008年开始激增至2014年达到峰值，2015年大幅回落，之后平稳增长；中国进口秘鲁农产品贸易额自1992年稳步增长至2014年达到峰值，2015年大幅回落，随后保持稳定态势。从第三大类农产品来看，中国进口智利的农产品贸易额自1992—2008年稳步增长，之后便呈现震荡下行态势，到2014年达到谷底，随后有所恢复；中国进口秘鲁的农产品贸易额自2008年开始激增，2009年之后保持稳定。从第四大类农产品来看，中国进口智利的农产品贸易额自1992年保持小幅增长态势；中国进口秘鲁的农产品贸易额从1992年开始保持震荡上行态势，2013年之后增速趋缓。

### 2. 农产品贸易额预测序列图

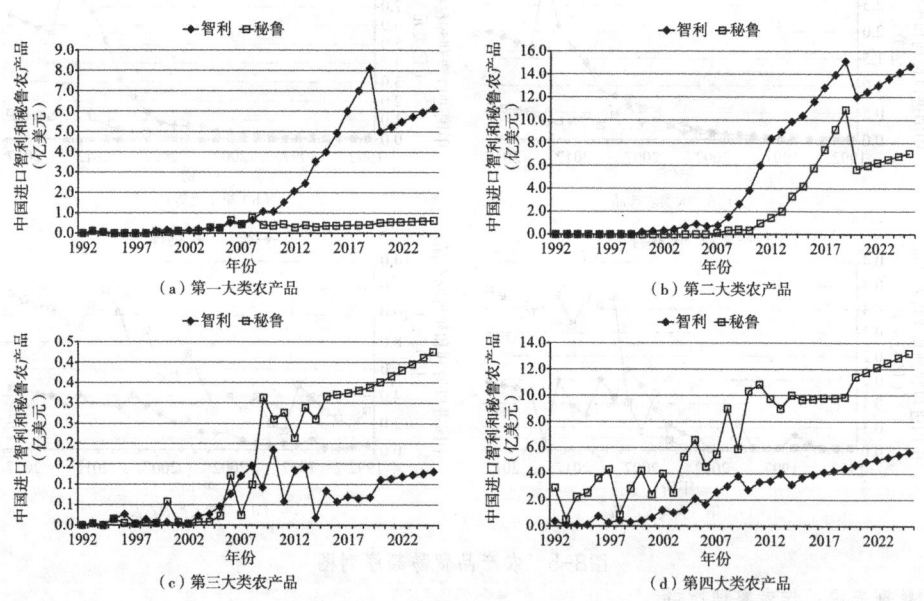

图8-6　农产品贸易额预测序列图

数据来源：作者整理所得。

如图8-6所示,从第一大类农产品来看,中国进口智利的农产品贸易额预测值最高,2019年达到峰值,之后有所回落,随后保持低速增长;中国进口秘鲁的农产品贸易额预测值最低,保持稳定增长。从第二大类农产品来看,中国进口智利和秘鲁的农产品贸易额预测值,2019年达到峰值,之后有所回落,随后保持低速增长。从第三大类农产品和第四大类农产品来看,中国进口智利和秘鲁的农产品贸易额预测值自2019年开始保持稳步增长。

## 三、中国进口新加坡、文莱、马来西亚和越南的农产品贸易额分析

### 1. 农产品贸易额序列图

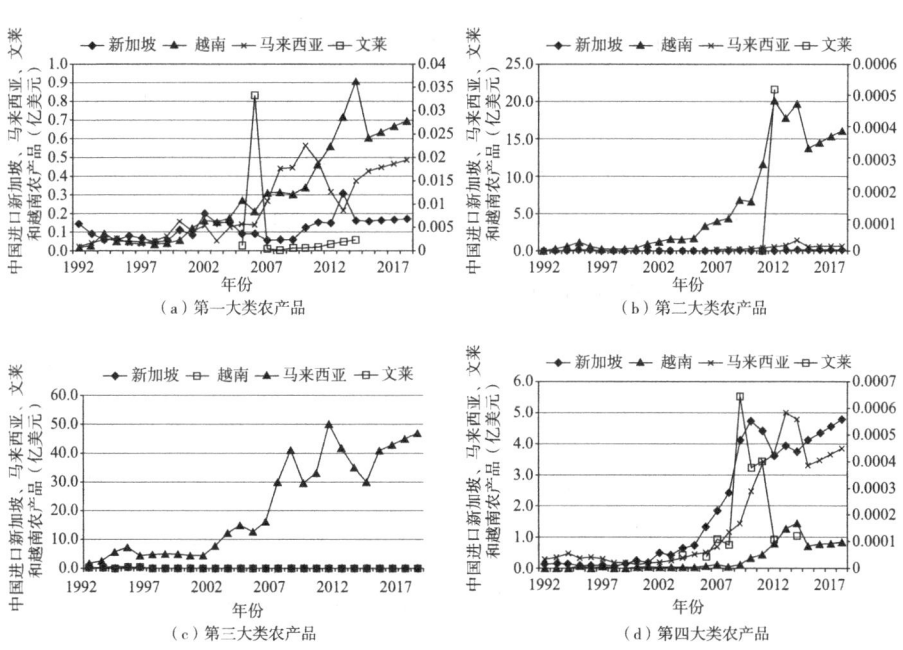

图8-7 农产品贸易额序列图

数据来源:作者整理所得。

如图8-7所示，从第一大类农产品来看，中国进口文莱的农产品贸易额于2006年出现峰值，之后维持在较低水平；中国进口越南的农产品贸易额于2014年达到峰值，之后短期回落，维持低速增长；中国进口马来西亚的农产品贸易额于2010年达到峰值，之后回落至2013年，随后开始恢复增长；中国进口新加坡的农产品贸易额于2013年达到峰值，之后自2014年开始保持稳定。从第二大类农产品来看，中国进口文莱的农产品贸易额于2012年达到峰值；中国进口越南的农产品贸易额于2012年达到峰值，2015年开始止跌回升；中国进口马来西亚和新加坡的农产品贸易额较少，且保持稳定。从第三大类农产品贸易额来看，中国进口马来西亚的农产品贸易额于2011年达到峰值，自2014年开始止跌回升，并保持稳定增长态势；中国进口越南和新加坡的农产品贸易额较少，并保持稳定。从第四大类农产品来看，中国进口文莱的农产品贸易额于2009年达到峰值，之后下跌至2012年一直保持稳定；中国进口新加坡的农产品贸易额于2004年开始激增的并于2010年达到峰值，短期回落后，自2012年开始缓慢增长。中国进口马来西亚的农产品贸易额自2006年开始激增，并于2013年达到峰值，自2015年开始恢复增长态势。

### 2. 农产品贸易额预测序列图

如图8-8所示，从第一大类农产品来看，4个国家中，只有马来西亚的农产品贸易额预测值总体呈现增长态势，而新加坡、文莱和越南的农产品贸易额预测值总体呈现波动状态。从第二大类农产品来看，新加坡、越南和马来西亚的农产品贸易额预测值都呈现增长态势。从第三大类农产品来看，只有越南的农产品贸易额预测值呈现不断增长态势，而新加坡和马来西亚的农产品贸易额预测值呈现减少趋势，文莱的农产品贸易额自2020年之后保持小幅增长。从第四大类农产品来看，中国进口新加坡的农产品贸易额预测值自

2019年开始一直保持增长,中国进口越南和马来西亚的农产品贸易额预测值从2020年开始呈现增长态势。

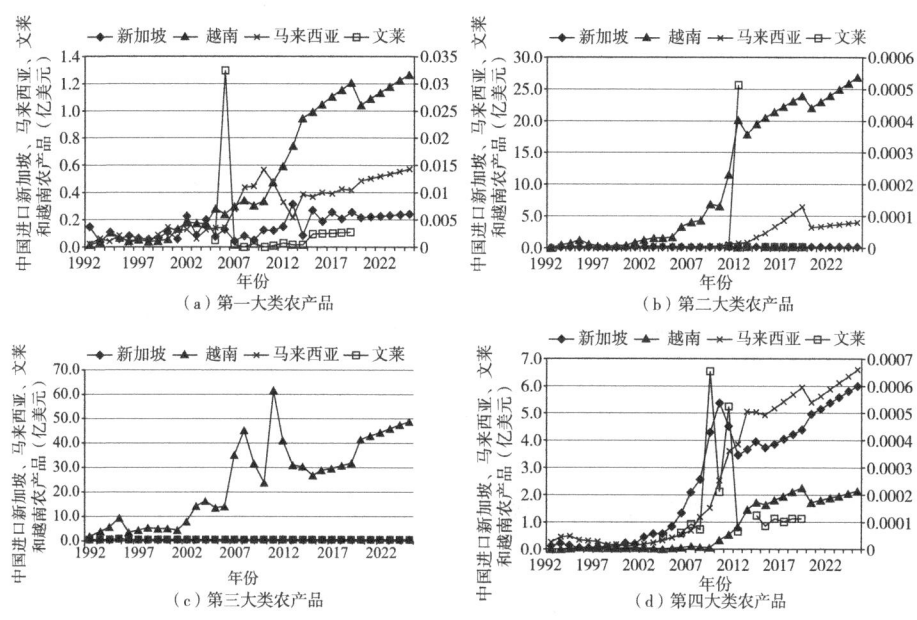

图8-8 农产品贸易额预测序列图

数据来源:作者整理所得。

## 四、中国进口日本的农产品贸易额分析

### 1. 农产品贸易额序列图

如图8-9所示,中国进口日本第一大类农产品、第二大类农产品、第三大类农产品和第四大类农产品的贸易额历年来呈现震荡上行态势,分别于2010年、2014年、2012年和2010年达到峰值。

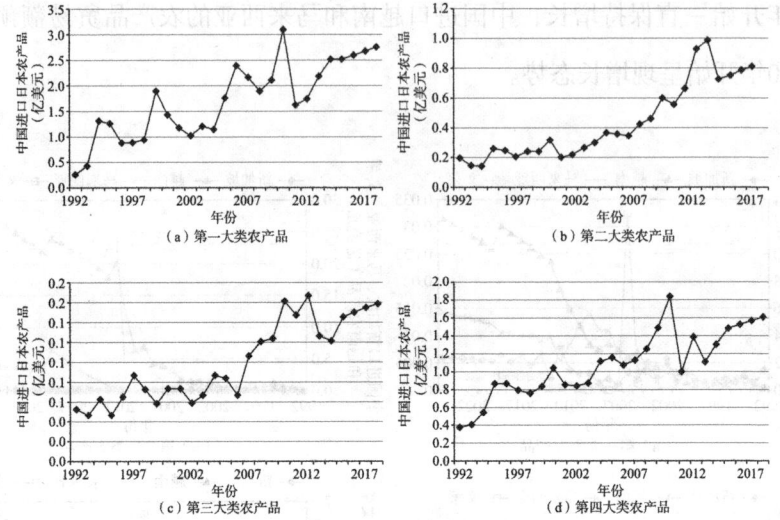

图8-9 农产品贸易额预测序列图

数据来源：作者整理所得。

## 2. 农产品贸易额预测序列图

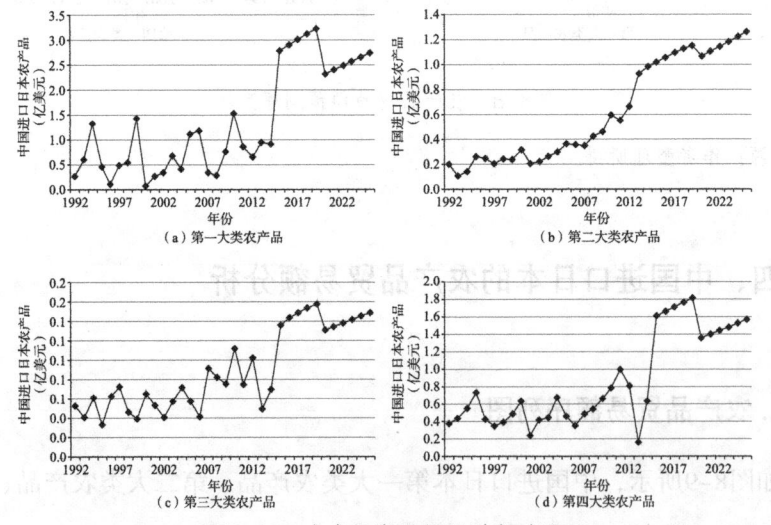

图8-10 农产品贸易额预测序列图

数据来源：作者整理所得。

如图8-10所示，中国进口日本第一大类农产品、第二大类农产品、第三大类农产品和第四大类农产品的贸易额预测值均保持增长态势。

## 五、中国进口澳大利亚和新西兰的农产品贸易额分析

### 1.农产品贸易额序列图

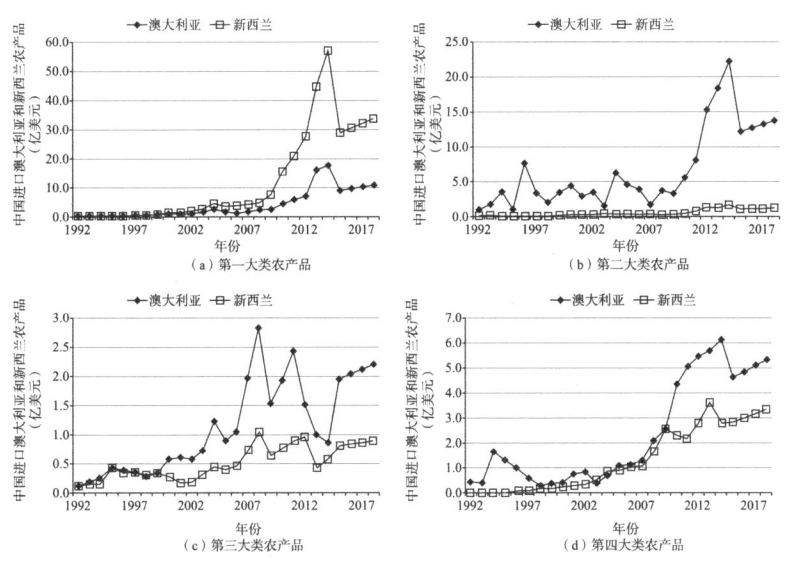

图8-11 农产品贸易额序列图

数据来源：作者整理所得。

如图8-11所示，从第一大类农产品来看，中国进口澳大利亚和新西兰的农产品贸易额经过长期增长后于2014年达到峰值，2015年短期回落后呈现出缓慢增长态势。从第二大类农产品来看，中国进口澳大利亚的农产品贸易额从2007年开始激增，2014年达到峰值后快速回落，自2015年开始呈现出低速增长态势。中国进口新西兰的农产品贸易额保持稳定。从第三大类农产品

来看，中国进口澳大利亚的农产品贸易额自1992年开始增长，并于2008年达到峰值，2015年达到低点，经过1年的快速增长后呈现低速增长态势。中国进口新西兰的农产品贸易额自1992年开始增长，并于2008年达到峰值，并保持相对稳定态势。从第四大类农产品来看，中国进口澳大利亚的农产品贸易额于1994年达到高点后回落，自1998年开始重回增长态势，于2014年达到峰值，之后回落并保持小幅增长。中国进口新西兰的农产品贸易额自1992年开始呈现波动增长，2013年达到峰值，自2014年重回低速增长态势。

## 2.农产品贸易额预测序列图

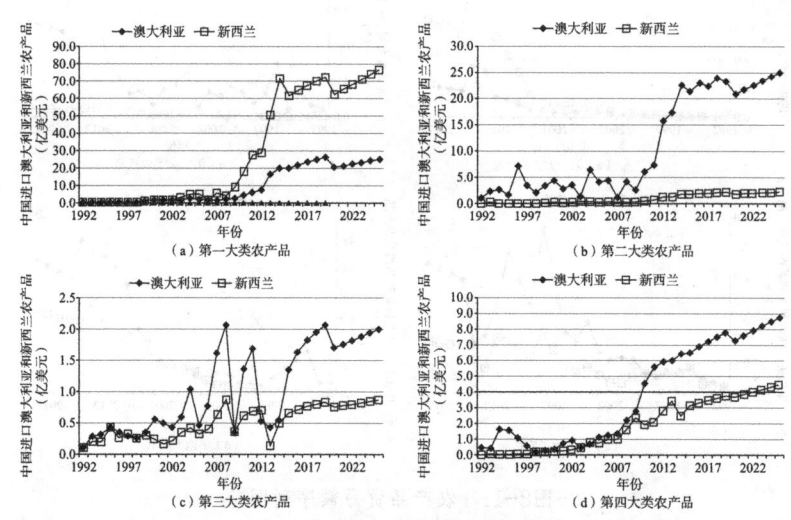

图8-12　农产品贸易额预测序列图

数据来源：UN comtrade数据库（联合国商品贸易统计数据库）。

如图8-12所示，从第一大类农产品、第二大类农产品和第三大类农产品来看，中国进口澳大利亚和新西兰的农产品贸易额预测值于2019年达到峰值，并自2020年开始小幅增长。从第四大类农产品来看，中国进口澳大利亚和新西兰的农产品贸易额预测值自2020年开始稳步增长。

## 第三节　中国出口CPTPP成员国和美国的农产品贸易额的模型验证

### 一、中国出口美国、加拿大和墨西哥的农产品贸易额分析

#### 1. 农产品贸易额序列图

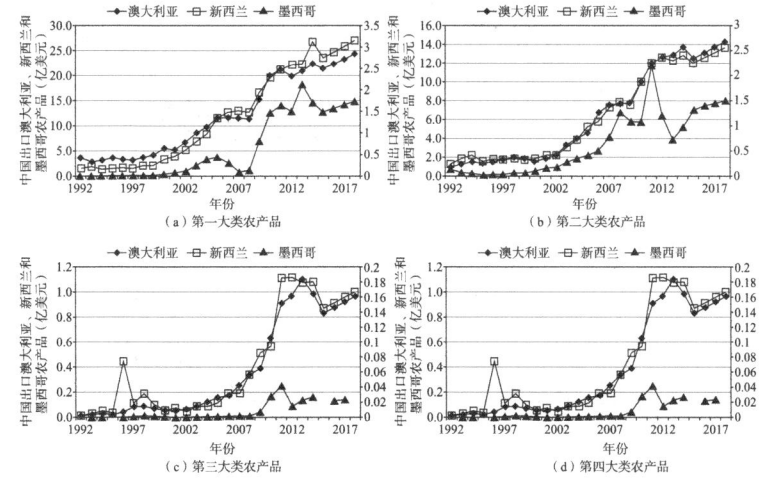

图8-13　农产品贸易额序列图

数据来源：作者整理所得。

如图8-13所示，从第一大类农产品来看，中国出口美国的农产品贸易额呈现稳步增长态势；中国出口墨西哥和加拿大的农产品贸易额呈现波动上行态势，并分别于2012年和2013年达到峰值。从第二大类农产品来看，中国出口美国和加拿大的农产品贸易额经过高速增长之后，保持缓慢增长趋势；中国出口墨西哥的农产品贸易额于2010年达到峰值，之后快速下滑，自2012年开始恢复增长。从第三大类农产品来看，中国出口美国和加拿大的农产品贸易额分别于2012年和2010年达到峰值，经过短期回落后，近几年保持稳步增长；中国出口墨西哥的农产品贸易额于2010年达到峰值，之后几年保持稳定。从第四大类农产品来看，中国出口美国和加拿大的农产品贸易额分别于2012年和2011年达到峰值，经过短期回落后，又保持稳步增长；中国出口墨西哥的农产品贸易额于2010年达到峰值，之后几年保持稳定。

## 2. 农产品贸易额预测序列图

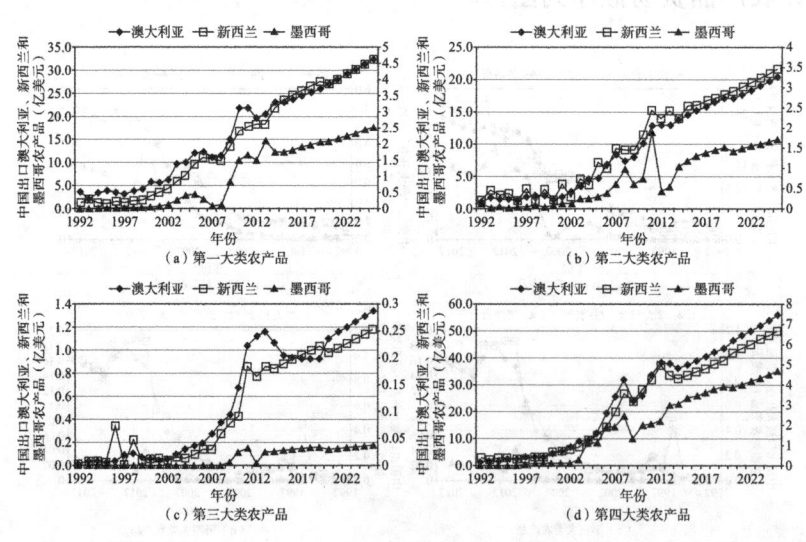

图8-14　农产品贸易额预测序列图

数据来源：作者整理所得。

如图8-14所示，从第一大类农产品来看，中国出口美国和墨西哥的农产品贸易额预测值都稳步增长；中国出口加拿大的农产品贸易额预测值于2020年小幅下滑，之后恢复增长态势。从第二大类农产品来看，中国出口美国和墨西哥的农产品贸易额预测值于2020年开始小幅下滑，随后恢复增长态势；中国出口加拿大的农产品贸易额预测值一直保持增长态势。从第三大类农产品来看，中国出口美国的农产品贸易额预测值一直保持增长态势；中国出口墨西哥和加拿大的农产品贸易额预测值于2020年回落，随后又恢复增长。从第四大类农产品来看，中国出口美国的农产品贸易额预测值和中国出口加拿大的农产品贸易额预测值一直保持增长态势；中国出口墨西哥的农产品贸易额预测值自2020年开始下跌，随后恢复增长态势。

## 二、中国出口智利和秘鲁的农产品贸易额分析

### 1. 农产品贸易额序列图

如图8-15所示，从第一大类农产品来看，中国出口智利和秘鲁的农产品贸易额于2013年达到峰值，之后短期回落后开始缓慢增长。从第二大类农产品来看，中国出口智利和秘鲁的农产品贸易额分别于2013年和2011年达到峰值，短期回落后开始缓慢增长。从第三大类农产品来看，中国出口智利的农产品贸易额于2014年达到峰值，快速下跌后保持稳定增长态势；中国出口秘鲁的农产品贸易额较少，几乎可以忽略不计。从第四大类农产品来看，中国出口智利和秘鲁的农产品贸易额于2014年达到峰值，短期回落后保持小幅增长。

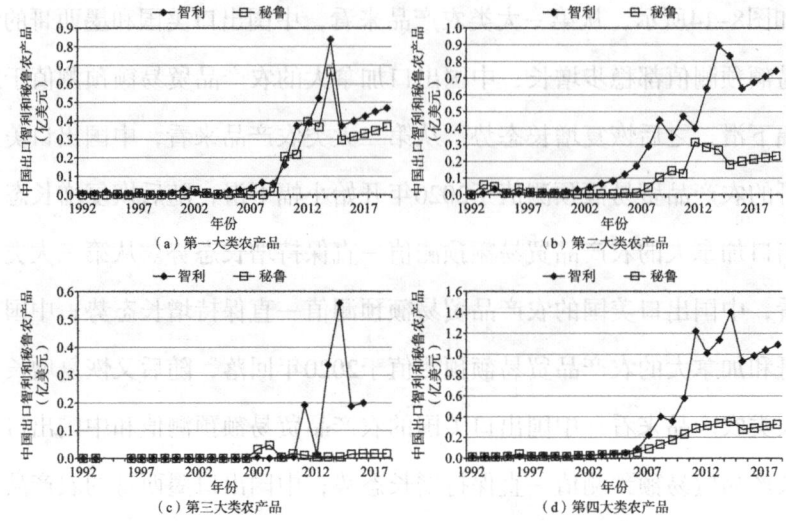

图8-15 农产品贸易额序列图

数据来源：作者整理所得。

## 2. 农产品贸易额预测序列图

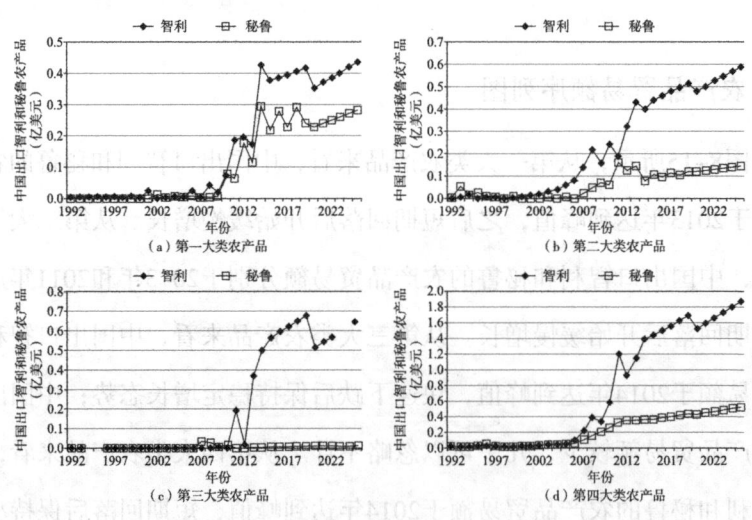

图8-16 农产品贸易额预测序列图

数据来源：作者整理所得。

如图8-16所示,从四大类农产品来看,中国出口智利的农产品贸易额预测值自2020年出现下滑。从第二大类农产品和第三大类农产品来看,中国出口秘鲁的农产品贸易额预测值一直稳步增长。从第一大类和第四大类农产品来看,中国出口秘鲁的农产品贸易额预测值自2020年开始下滑。

## 三、中国出口新加坡、文莱、马来西亚和越南的农产品贸易额分析

### 1. 农产品贸易额序列图

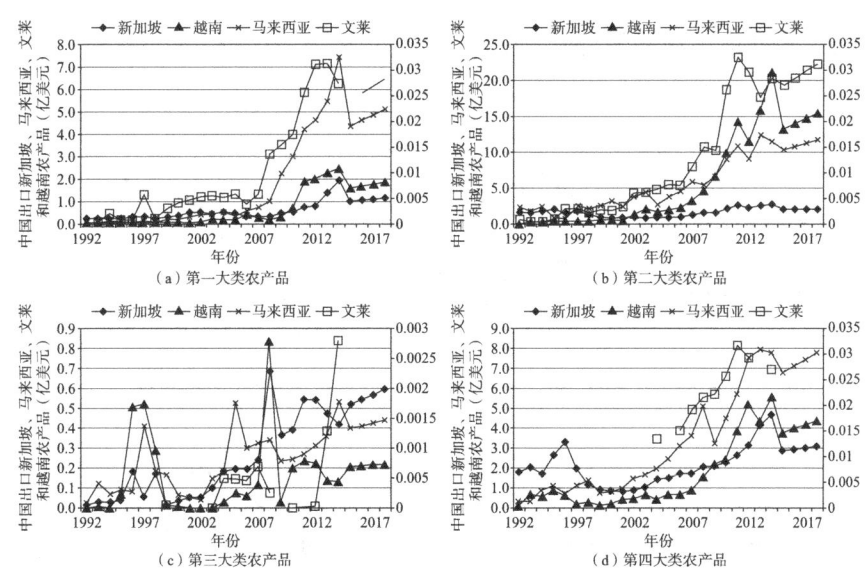

图8-17 农产品贸易额序列图

数据来源:作者整理所得。

如图8-17所示,从第一大类农产品、第二大类农产品和第四大类农产品来看,中国出口文莱的农产品贸易额自2006年开始激增,2011年达到峰值,随后下滑,之后稳步增长。从第三大类农产品来看,中国出口文莱的农产品

贸易额整体来看波动较大。中国出口马来西亚的第一大类农产品于2014年达到峰值，随后经过下滑转入稳定增长态势；第二大类农产品也一直保持稳步增长态势；第三大类农产品波动较大；第四大类农产品呈震荡上行态势。新加坡第一大类农产品和第二大类农产品贸易额保持稳定；第三大类农产品贸易额波动较大；第四大类农产品于1996年和2014年出现过两个峰值，近年来保持稳定态势。越南第一大类农产品自2010年后呈现稳步增长态势；第二大类农产品自2005年后呈现稳步增长态势，并于2014年达到峰值，经过短期回落后呈现缓慢增长态势；第三大类农产品贸易额保持波动态势；第四大类农产品贸易额自2007年之后呈现快速增长态势，并于2014年达到峰值，经过短期回落后呈现低速增长态势。

### 2. 农产品贸易额预测序列图

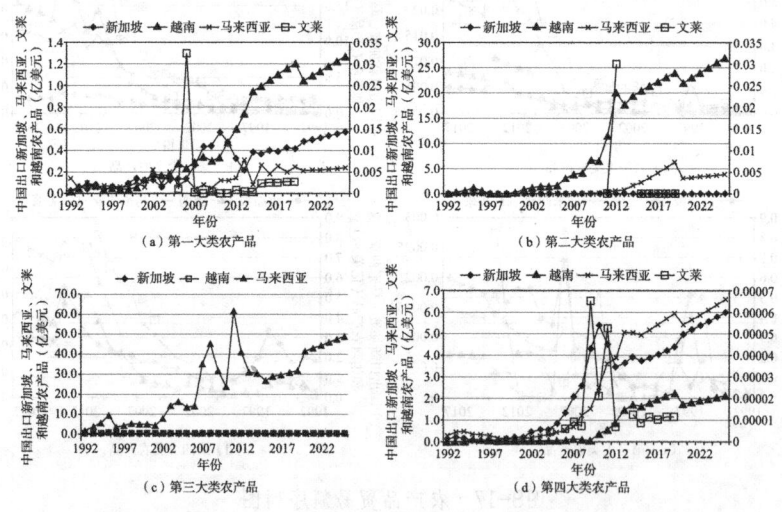

图8-18　农产品贸易额预测序列图

数据来源：作者整理所得。

如图8-18所示，中国出口新加坡的第一大类、第二大类和第三大类农产品贸易额预测值都是于2019年达到最高值，经过回落后开始低速增长；第四大类农产品贸易额预测值自2019年开始呈现稳步增长态势。中国出口文莱的第一大类农产品贸易额预测值保持稳定态势；第三大类农产品贸易额预测值于2019年达到最高值，2020年开始下滑，随后稳步增长。中国出口越南的第一大类、第二大类和第四大类农产品贸易额预测值都是2019年达到最高值，2020年开始下滑，随后稳步增长；第三大类农产品贸易额预测值自2019年开始一直保持增长态势。中国出口马来西亚的第二大类、第三大类和第四大类农产品贸易额预测值都是2019年达到最高值，2020年出现下滑，随后稳步增长；第一大类农产品贸易额预测值自2019年开始一直保持增长态势。

## 四、中国出口日本的农产品贸易额分析

### 1. 农产品贸易额序列图

如图8-19所示，中国出口日本的第一大类农产品贸易额于2011年出现峰值，第三大类农产品贸易额分别于2008年和2013年出现峰值，近几年保持增长，但未能突破前期高点。中国出口日本的第二大类农产品和第四大类农产品贸易额呈现震荡上行态势，但第四大类农产品的贸易额增速更快。

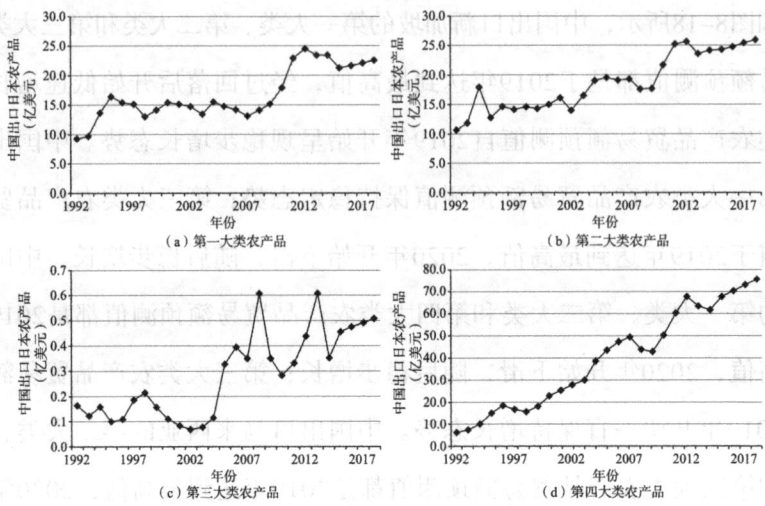

图8-19 农产品贸易额序列图

数据来源：作者整理所得。

## 2. 农产品贸易额预测序列图

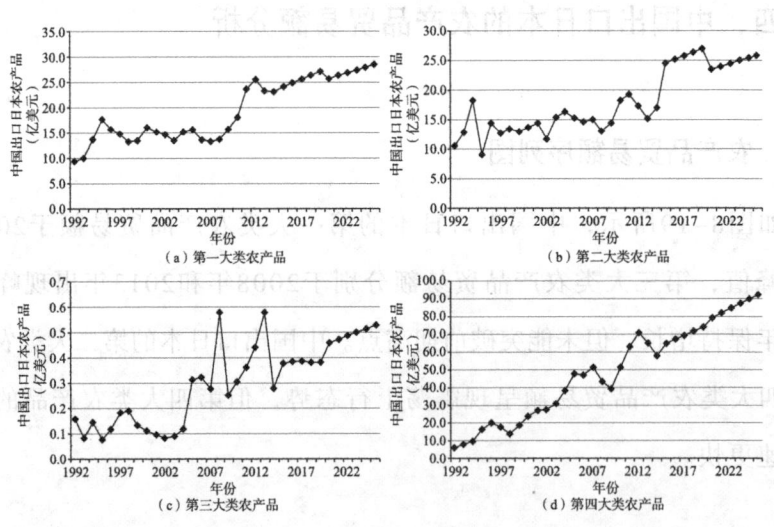

图8-20 农产品贸易额预测序列图

数据来源：作者整理所得。

如图8-20所示，中国出口日本的第一大类和第二大类农产品贸易额预测值都在2019年达到峰值，2020年出现下滑，随后出现稳步增长。中国出口日本的第三大类和第四大类农产品贸易额预测值都呈现稳步增长态势。

## 五、中国出口澳大利亚和新西兰的农产品贸易额分析

### 1. 农产品贸易额序列图

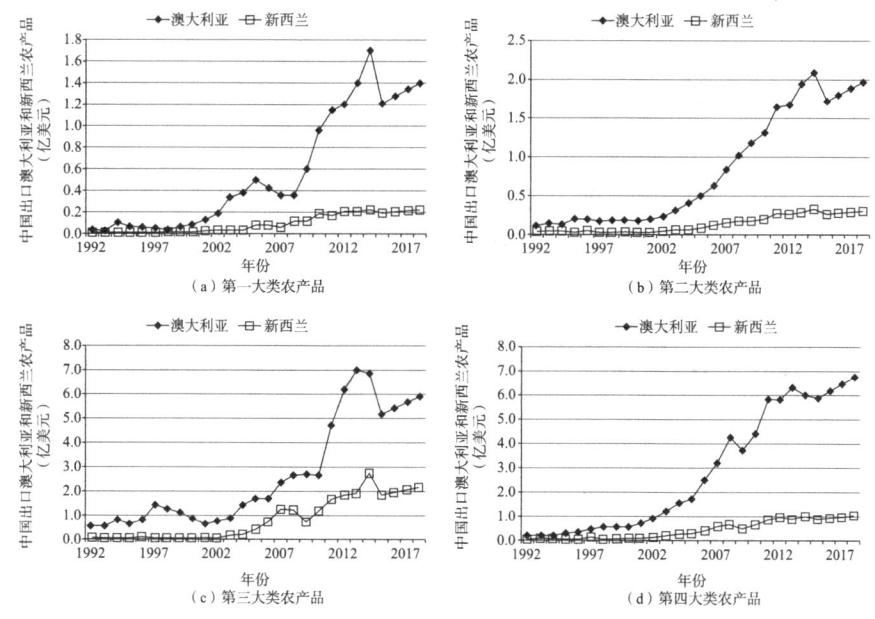

图8-21　农产品贸易额序列图

数据来源：作者整理所得。

如图8-21所示，从第一大类农产品、第二大类农产品和第三大类农产品来看，中国出口澳大利亚的农产品贸易额于2013年达到峰值，经过短期下滑又重新恢复增长，但都没有突破前期的峰值；从第四大类农产品来看，中国

出口澳大利亚的农产品贸易额分别于2008年和2012年出现短期回落，但随后稳步增长创出新高。从第一大类农产品、第二大类农产品和第四大类农产品来看，中国出口新西兰的农产品贸易额近十年来保持稳定，第三大类农产品贸易额于2014年达到峰值，之后经过短期下滑后保持稳定。

### 2. 农产品贸易额预测序列图

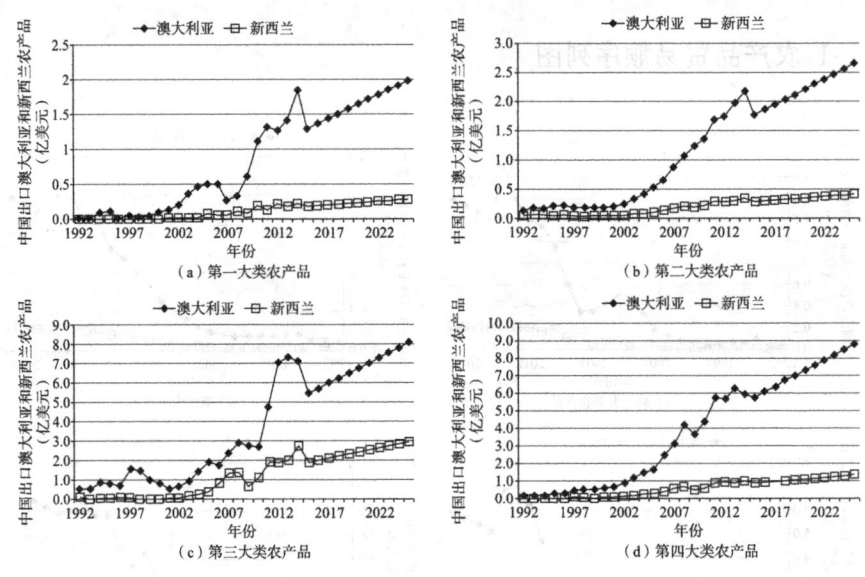

图8-22 农产品贸易额预测序列图

数据来源：作者整理所得。

如图8-22所示，从第一大类农产品、第二大类农产品、第三大类农产品和第四大类农产品来看，中国出口澳大利亚和新西兰的农产品贸易额预测值都呈现稳步增长态势，但是出口澳大利亚的农产品贸易额预测值是出口新西兰的农产品贸易额预测值的3—7倍。

## 第四节　研究结果及讨论

1. 提出运用改进PSO算法定阶ARMA（r，m）模型，该算法通过种群的局部历史和全局通信来寻找最优目标，从而避免了常规方法过程中的大量计算和探索。

2. 对2019—2022年中国与CPTPP成员国和美国的农产品贸易进出口额进行短期预测。根据中国进口CPTPP成员国和美国的农产品贸易额预测值可知：文莱先增后减，而其他10个成员国及美国都有增长趋势。根据中国出口CPTPP成员国和美国的农产品贸易额预测值可知：除了文莱先下降后增长再下降，其他10个成员国及美国都有增长趋势。

3. 若中国加入CPTPP，一定会接受协议的条款，以便开放其国内农产品市场。换言之，中国将面临其他成员国逐渐减少的农产品关税税率。为了确保数据的可比性，通过粒子群算法模拟得到2019—2022年中国进口CPTPP成员国和美国的农产品贸易额预测值，以及中国出口CPTPP成员国及美国的农产品贸易额预测值，得出2019—2022年中国与CPTPP成员国和美国的农产品贸易额呈现增长态势，有利于扩大中国农产品对外出口规模。因为CPTPP协议要求更高标准地开放每个成员国的农产品市场，贸易成本降低，国民福利提高，各国的国民经济增长、收入增加、贸易自由化加剧，对于扩大我国农产品贸易规模有积极的影响，但幅度较小，主要原因是CPTPP成员国的经济发展水平和开放程度差异很大，贸易便利化的水平不够高。

目前来看，由11个国家组成的CPTPP内部发展不平衡，经济发展水平和开放程度差异很大，中国与CPTPP国家短期内贸易增长潜力有限，但如果CPTPP范围进一步扩大甚至将美国纳入其中，那么中国与CPTPP国家的贸易增长潜力将是巨大的。当然潜力发挥出来的重要条件是中国与CPTPP国家必须加强合作，不排除中国在适当的时候加入CPTPP。

第九章

# 研究结论及政策建议

## 第一节 主要研究结论

首先，分析中国与CPTPP成员国农产品贸易的发展现状和结构变化趋势，使用G-L指数分析中国和CPTPP成员国之间的农产品贸易形式；然后，分析中国与CPTPP成员国农产品贸易的波动状况，运用恒定市场份额模型（CMS）分析贸易波动因素；之后，选取测算指标来分析中国与CPTPP成员国农产品贸易的竞争性与互补性关系；接着，构建修正引力模型，就CPTPP对中国出口、进口和进出口CPTPP成员国农产品贸易额的影响因素进行分析；接着，基于GTAP模型模拟和分析美国退出、美国重新加入、美国退出后中国加入（CPTPP成员国、CPTPP成员国+美国、CPTPP成员国+中国、CPTPP成员国+中国+美国）等不同方案下，CPTPP对中国农产品贸易的影响；随后，引入ARMA，基于改进PSO算法定阶ARMA（r，m）模型，优化r与m，并预测中国与CPTPP成员国和美国的农产品进出口贸易额。

1. 中国和CPTPP成员国的农产品贸易规模和演变、中国进出口CPTPP成员国的农产品贸易状况，以及中国与CPTPP成员国的农产品贸易结构和变化趋势；使用G-L指数分析中国与CPTPP成员国的农产品产业内贸易水平。

CPTPP成立距今不足一年半的时间，国内外的学者对中国与CPTPP成员国的农产品贸易发展的研究不够丰富。本书首先介绍中国农产品的贸易现状，然后从"中国和CPTPP成员国的农产品贸易规模和演变"和"中国进出口CPTPP成员国的农产品贸易状况"两个角度对中国与CPTPP成员国的农产品进出口贸易的现状进行描述，接着从三个方面探讨中国与CPTPP成员国的农产品贸易结构及变化趋势，尝试运用G-L指数分析中国与CPTPP成员国的双边农产品产业内的贸易水平及农产品贸易形式。研究结果显示：

第一，中国农产品的贸易逆差规模不断增长，贸易产品和贸易市场的结构都相对集中。中国与CPTPP成员国的农产品贸易关系紧密，且中国农产品的贸易总体对CPTPP成员国呈扩大逆差态势。日本是CPTPP成员国中与中国农产品贸易最多的国家。2018年，中国农产品贸易出口额最大的CPTPP成员国是日本；中国农产品贸易进口额最大的CPTPP成员国是加拿大。

研究发现，中国出口CPTPP成员国最主要的农产品有初级农产品HS03（资源密集型农产品）以及加工农产品HS16和HS20。中国进口CPTPP成员国最主要的农产品有初级农产品HS03（资源密集型农产品）、HS12（土地密集型农产品）和HS08（劳动密集型农产品）。

第二，从中国出口CPTPP成员国的农产品类别上来看，第四、第二、第一大类和其他类比例大而第三大类比例小。可以看出，第四大类农产品是CPTPP成员国最大的进口量。第二大类、第一大类农产品和其他类农产品对CPTPP成员国的出口也展示出强大的发展潜力，中国应集中精力发展此类产品的生产。中国从CPTPP成员国进口的第二大类农产品最多，约占中国进口的50%。从贸易产品结构看，中国与CPTPP成员国的农产品贸易主要是高集中度的农产品，中国出口CPTPP成员国的农产品最多的是劳动密集型农产品，中国进口CPTPP成员国最多的是土地密集型农产品，双边贸易结构充分体现了各自的资源比较优势。

第三，中国与CPTPP成员国的农产品贸易资源禀赋基础较弱，产业内贸易额相对较低，农产品贸易增长更多地取决于产业间贸易。

2. 测算并评价中国出口和进口CPTPP成员国的农产品贸易额；测算并评价中国与CPTPP成员国的农产品进口需求变化。

国内外学者利用CMS模型进行农产品的贸易波动研究主要集中在某种具体的农产品出口影响因素和双边农产品的出口贸易影响因素等方面，这些研究成果为农产品贸易波动的相关研究奠定了基础，但是对中国与CPTPP成员国的农产品贸易波动问题的研究不多。根据相关数据分析，影响中国出口CPTPP成员国的农产品贸易额和中国进口CPTPP成员国的农产品贸易额的波动因素。中国出口和进口CPTPP成员国的农产品贸易额呈现出不同变化态势。中国农产品进口需求和CPTPP成员国农产品进口需求呈现不同变化态势。

3. 计算中国与CPTPP成员国的MS、RCA、TSC、TCI、ESI和TII指数来分析中国与CPTPP成员国的农产品贸易的竞争与互补关系。

本书尝试使用6种相关测定指标及2006—2018年的相关数据进行分析。研究结果显示：

2018年CPTPP成员国中农产品的国际竞争力最强的是加拿大，最弱的是文莱。对"2018年中国和CPTPP成员国的农产品贸易专业指数"进行分析时不难发现，澳大利亚、加拿大、智利和新西兰的农产品拥有绝对优势，因为这些国家的气候条件优越而且拥有地理优势，并一直致力于推动贸易自由化，它们的农产品市场开放程度高。2006—2018年期间，CPTPP成员国的TSC值出现了较大波动情况比较常见。新西兰农产品的贸易竞争优势极强并能保持稳定性。中国出口与CPTPP成员国进口存在互补性的农产品种类较多的国家是马来西亚、澳大利亚、加拿大、日本和新加坡。中国进口和CPTPP成员国出口存在互补农产品种类最多的国家是澳大利亚。中国与日本、越南农产品出口相似度高的有鱼、肉和甲壳动物。中国与日本、越南、秘鲁和智利的农产品贸易竞争较为激烈，与其他7个CPTPP成员的国农产品贸易竞争较为平缓。

4. 构建修正引力模型，样本国家选择中国和11个CPTPP成员国，以2001—2018年的数据构造面板数据，就CPTPP对中国出口、进口和进出口CPTPP成员国农产品贸易额的影响因素进行分析。

以往的研究中，学者们大多利用引力模型分析TPP影响，而分析CPTPP影响的研究鲜见。基于此，本部分将构建修正引力模型实证分析中国与CPTPP成员国贸易额的影响因素，重点关注CPTPP对中国出口、进口和进出口CPTPP成员国农产品贸易额的影响因素。研究结果显示：

第一，研究CPTPP对中国出口CPTPP成员国农产品贸易额的影响。GDP的符号为正，GNI的符号为正，表明这两个变量能明显地促进农产品贸易出口额的变化，但它们的显著性不高。如果两国之间存在优惠贸易协定，将对中国出口CPTPP成员国的农产品贸易额产生正影响，即如果两国之间存在优惠贸易协定，中国出口CPTPP成员国的农产品贸易额将会增长。如果是RCEP成员国，将对中国出口CPTPP成员国的农产品贸易额产生负面影响，说明如果是RCEP成员国，中国出口CPTPP成员国的农产品贸易额将会减少。综合各变量的回归结果来看，"中国是不是CPTPP成员国"对中国出口CPTPP成员国的农产品贸易额的影响程度最大。

第二，研究CPTPP对中国进口CPTPP成员国农产品贸易额的影响。GDP的符号为负，在其他条件一定的情况下，一国的国内生产总值增长可引起中国进口CPTPP成员国的农产品贸易额减少。CPTPP的发展、两国之间存在优惠贸易协定，以及是RCEP成员国，都将对中国进口CPTPP成员国的农产品贸易额产生正影响。综合各变量的回归结果来看，对中国进口CPTPP成员国的农产品贸易额影响最大的是"中国是不是CPTPP成员国"，影响次之的是"两国之间是否存在优惠贸易协定"，影响最小的是"该国是不是RCEP成员国"。

第三，研究CPTPP对中国进出口CPTPP成员国的农产品贸易总额的影响。GDP的符号为负，表明GDP变量与被解释变量负相关。GNI的符号为正，表明它能明显促进中国进出口CPTPP成员国的农产品贸易总额的变化。GNI与中国进出口CPTPP成员国的农产品贸易总额呈正相关关系。如果是CPTPP的成员国，CPTPP的发展、两国之间存在优惠贸易协定，以及该国是RCEP成员国，都将对中国进出口CPTPP成员国的农产品贸易总额产生负面影响。综合各变量的回归结果来看，对中国进出口CPTPP成员国的农产品贸易总额影响程度最大的是"两国之间是否存在优惠贸易协定"，影响次之的是"该国是不是RCEP成员国"，影响最小的是"该国是不是CPTPP成员国"。

5. 基于GTAP模拟分析不同方案，即"CPTPP成员国""CPTPP成员国+美国""CPTPP成员国+中国""CPTPP成员国+中国+美国"的情境下，CPTPP对中国农产品贸易的影响。

以往的研究中，大多数学者利用GTAP模型研究TPP相关问题，但是如今TPP已经演变成CPTPP，因为CPTPP的成立时间距今也就一年多的时间，目前来看，利用GTAP模型分析CPTPP影响的研究明显不足，相关文献资料甚少。基于此，本书介绍GTAP模型的分析框架、GTAP模型区域设定和GTAP模拟部门和要素设定并进行模拟方案设计。研究模拟结果显示：

第一，现实中，中国与一部分CPTPP成员国都签署了FTA。情境2与情境4考虑了中国与CPTPP成员国之间已签署的FTA。不同模拟方案下CPTPP使得中国农业部门的生产减少以及发生贸易转移。从整体来看，情境1下中国农业部门产出增加而其他5种情境下中国农业部门的产出都减少，其中情境6时中国农业部门的产出减少最多。中国17种农产品中：情境1时油料作物和植物纤维等7种农产品增加了，其他10种农产品产出减少；情境2时其他作物和饮料烟草2种增加了，其他15种农产品产出减少；情境3时油料作物和植物纤维等6种农产品增加了，其他11种农产品产出减少；情境4时3种农产品增加了，其他14种农产品产出减少；情境5和情境6时，蔬菜水果坚果等5种农产品增加了，其他12种农产品产出减少。

第二，不同模拟方案下CPTPP对中国农产品的价格影响不同。从整体来看，情境6时，中国农产品的价格上升，其他5种情境下中国的农产品价格整体下降。具体来看中国农产品：情境1和情境3时全下降；情境2时其他作物、渔业、林业和饮料烟草4种农产品价格上升，其他13种农产品价格下降；情境4时其他作物和林业2种农产品价格上升，其他15种农产品的价格下降；情境5时小麦、油料作物、油脂、植物纤维和羊毛丝绸5种农产品的价格下降，其他12种农产品的价格上升；情境6时油料、油脂和羊毛丝绸3种农产品的价格下降，其他14种农产品的价格上升。

第三，不同模拟方案下CPTPP对中国农产品贸易平衡的影响不同。从整体来看，净出口增加的是情境1和情境3，其中情境3时中国净出口增加最多。情境6时中国净出口减少最多。具体来看：情境1，中国的蔬菜、水果、坚果等4种农产品的净出口减少，其他13种农产品的净出口增加；情境2，中国的稻米、小麦、谷物及其他相关产品、油料作物、其他作物和饮料烟草6种农产品的净出口增加，其他11种农产品的净出口减少。情境3，中国的稻米、肉类加工产品等6种农产品的净出口减少，其他11种农产品的净出口增加。情境4，中国的小麦和其他食品等5种农产品的净出口增加，其他12种农产品的净出口减少。情境5，中国的稻米和其他食品等5种农产品的净出口增加，其他12种农产品的净出口减少。情境6，中国4种农产品的净出口增加，其他13种农产品的净出口减少。

6. 引入ARMA和PSO算法，基于改进PSO算法定阶ARMA（r，m）模型优化r与m，预测中国与CPTPP成员国和美国的农产品进出口贸易额。

以往的研究中学者们常用时间序列ARMA模型来进行预测研究，该模型最大的挑战是确定阶数和估计参数，为此许多学者开始尝试借助人工智能的方法，例如PSO算法来解决该问题。基于此，本书介绍了标准PSO优化算法、改进PSO算法并根据改进PSO的算法确定ARMA（r，m）的阶数，根据1992—2018年的贸易数据进行模型实例验证，并预测2019—2022年中国进口和出口CPTPP成员国和美国的农产品贸易额。研究表明：

第一，基于PSO算法对ARMA（r，m）模型建模。根据1993—2018年中国与CPTPP成员国和美国的农产品进出口贸易额进行粒子群优化ARMA模型算法的验证，并对中国与CPTPP成员国和美国的农产品贸易进出口额进行2019—2022年的短期预测。

第二，根据中国进口CPTPP成员国和美国的农产品贸易额预测值可知，文莱先增长后减少，而其他10个成员国及美国都有增长趋势。根据中国出口CPTPP成员国和美国的农产品贸易额预测值可知，除了文莱表现为先下降再增长，最后再下降的波形曲线形式以外，其他10个成员国及美国都有增长趋势。

第三，预测表明，中国与CPTPP成员国和美国的双边农产品贸易额总体呈增长趋势，因为CPTPP要求每个成员国的农产品市场开放标准更高，农产品价格更低，促进国民经济的增长和收入的增加，对扩大中国农产品的贸易规模有一定的积极作用，但整体增长幅度较小，主要原因是CPTPP成员国之间贸易发展不均衡，贸易便利化水平还不够高。

## 第二节 政策建议

### 一、扩大农产品贸易的开放程度,并致力于提高农产品的国际竞争力

研究结论反映出中国与CPTPP成员国之间的农产品产业内贸易相对较低,农产品贸易的增长更多地取决于产业间贸易。为了促进中国与CPTPP成员国产业内贸易水平的提升,需要扩大农产品贸易的开放程度并加强合作,尽可能形成相似的农产品喜好和需求结构。

近年来,由于受到关税歧视及人工成本提升等因素的影响,中国传统农产品出口的竞争力呈现逐步下降的趋势,中国与CPTPP成员国之间的农产品贸易逆差逐渐拉大。因此,中国应重点关注生产成本低的农产品在CPTPP谈判中的贸易规制,不断提高农产品的生产效率和竞争力,重视零关税或关税减让所造成的贸易转移问题。

第一,调整优化农业产业结构。农业加工水平不高是我国农业现代化水平低下的主要表现。根据CPTPP的贸易规则,部分敏感农产品会实施零关

税,这样的结果必然会使我国的农产品贸易面临着一定的挑战和压力。因而,我国首先要从调整和优化农业产业结构入手,由过去的低端、低效、低质农业升级为高端、高效、高质农业。农业的产业结构调整必须以国内外市场需求为指引,要满足国内外消费者对农产品日益增长的品质和品种需求;必须以国内农业自然资源和经济资源为依托,发挥各个地区农业生产的区域比较优势;必须以农业科技创新为动力,改进传统产品并不断创新新产品。同时,中国要努力探索农产品走向国际化的有效路径,使我国农产品的发展方向呈现出多样性、高质量、科技化、营养安全等特征。

第二,加强农业产业化经营。美国、日本等发达国家的经验证明,农业完全可以通过产业化经营成为具有竞争力的优势产业,我国作为一个农业发展水平落后的发展中国家,应该充分发挥政府作用,确保政策环境有利于加强农业产业化经营。经合组织的研究表明,一个国家的政策组合很重要,提高政策一致性和透明度对提高农业产业化有效性和效率至关重要,而且政府的政策战略应该涵盖整个农产品产业链。改善政策环境,首先是取消使农民从事无竞争力和低收入活动的政策,农业政策应侧重于提高农业部门的长期生产率和可持续性的措施,以便帮助农民建立专业合作社和发展农产品运销组织,并建立农民与投入和产出市场的联系,其次是加强农业产业链创新,使产业链各个环节更加紧密地合作以及积极响应市场需求,实现农业产业链由低端向中高端的转化,这将增加农业公共支出和补贴的使用效率与影响。此外,还须大力宣传从农场到餐桌的典型商业案例,以鼓励生产者进行产品创新和技术创新,而健全的监管和政策环境是驾驭这些市场机会的关键。

第三,强化出口农产品的质量管理。农产品的国际竞争力主要由质量、价格和营销三个要素决定,其中质量最基础。与国外对进口农产品的高标准相比,我国农产品相关的标准制度相对滞后,例如产品外观、包装、成分、重金属农药残留等,因此,我国强化出口农产品质量管理要从两个方面着手,一方面要抓农产品的生产环节,提高农业企业的内控能力,熟悉和了解出口国对进口农产品的相关标准和要求,鼓励农业企业按照国际标准生产加工有机农产品。国家应制定严格的农产品出口标准,对农产品从生产、加工、运输到出口各个环节进行监督和检测,例如,中国应积极改善农产品生产环境、注重加强农产品安全保鲜工艺、努力改进农产品运输通路、不断规范农产品生产过程,深入强化农产品包装标识设计和创新等。

第四,合理范围内加强对重点农业部门的保护和预警机制。GTAP模拟中,不同方案下,CPTPP对我国农业部门的产出和农产品价格有不同影响。从整体来看,情境1时中国农业部门的产出增加而其他5种情境下中国农业部门产出都减少,其中情境6,中国农业部门的产出减少最多。情境1,10种农产品的产出减少,情境2,15种农产品的产出减少,情境3,11种农产品的产出减少,情境4,14种农产品的产出减少,情境5和情境6,12种农产品的产出减少。因此,中国一方面应在合理范围内加强对重点农业部门的保护,通过建立预警机制强化进口监管,有效监控农产品价格,另一方面,中国可以借鉴发达国家的成熟经验(如美国),对进口产品实行高水平关税。

## 二、推进与CPTPP成员国多/双边经济合作框架下的农业合作发展

第一,建立常态化的农产品投资与合作机制。中国可以将贸易交流密切的成员国视为多元化战略的重要合作伙伴,拟定合理的农业投资与合作协议,构建与CPTPP成员国的农产品产业合作联盟,定期举办国际农产品交易大会,同时建立中国农业投资合作基金,加大对经济欠发达CPTPP成员国的

农业投资力度，实现与CPTPP成员国农业经济合作共赢。

第二，积极开拓农产品贸易新市场。中国不仅应和经济发达的CPTPP成员国保持密切贸易往来，还要关注越南、墨西哥等具有农产品贸易发展潜力的成员国，还可以积极洽谈，开拓双方的农业合作潜力，与之成为友好合作的贸易伙伴。中国可以与农产品贸易高度互补的成员国签订农产品自贸协定，降低或免除进口关税，增加农产品贸易额。日本、加拿大和墨西哥未与中国签订自贸协定，中国应与之积极展开贸易谈判，争取签订自贸协定，从而充分利用市场优势来弱化CPTPP的冲击。

第三，适当增加CPTPP成员国农产品的进口。中国与CPTPP成员国的农产品贸易存在很强的互补性，在当前国内农产品供给还不充分、不平衡的条件下，适当增加CPTPP成员国优势农产品的进口，不仅有利于满足国内多元化的消费需求，提高人民的生活水平，而且有利于优化国内农业资源配置，推动农业产业升级。

## 三、完善中国—东盟自贸区建设和积极推动RCEP，促进区域经济一体化

从GTAP模型模拟结果来看CPTPP正式生效会对中国农产品贸易发展产生负面影响。基于引力模型的实证研究，如果中国与CPTPP成员国签署自由贸易协定或者中国成为其成员国，将对中国进出口CPTPP成员国和美国农产品贸易总额产生正面影响。因此我国应坚持区域经济一体化的发展战略，以包容开放的态度推进区域经济一体化，从而弱化CPTPP对我国农产品出口贸易的冲击和影响。具体而言，可以通过进一步完善中国—东盟自贸区建设和积极推动RCEP促进区域经济一体化。

第一，进一步完善中国—东盟自贸区建设。目前越南、马来西亚、新加坡和文莱4国加入CPTPP，泰国也在研究是否加入CPTPP，其余5国由于经济发展水平较低还不具备加入的条件，这样来看CPTPP有可能造成东盟的分化，与东盟+N的各种一体化形式形成了强烈的对比。2019年10月22日，中国—东盟自贸协定全面升级，标志着中国—东盟自贸区建设已经达到了一个较高的发展水平，但当前从中国—东盟自贸区建设来看还存在一些不足，迫切需要根据双边经贸合作的实际需要和国际形势的变化，进一步完善中国—东盟自贸区相关贸易和投资规则。中国在稳步扩大双边贸易规模的同时、也应该促进双边贸易的均衡性和可持续性，因此政府除了帮助国内企业充分利用中国—东盟自贸协定拓展国际市场之外，还要进一步提升中国国际进口博览会等平台的作用，继续增加东盟国家优质水果、特色咖啡、渔牧产品等优势特色农产品的进口，加强与东盟国家的投资合作，以投资来带动农产品贸易，实现更加均衡的发展。

第二，积极推进建立RCEP。RCEP是一个由东盟10个国家加上中、澳、印、日、韩、新西兰共计16个国家构成的贸易协定，RCEP16国的人口占比全球总人口约为46%，GDP占比全球GDP总量的约24%，一旦RCEP建立，它无疑将成为全球最大的贸易集团。相比之下，没有美国参与的CPTPP成员国GDP占全球GDP总量的13.5%，人口占全球总人口的14%。不难发现，RCEP和CPTPP两者涉及的国家有较大的重合，11个CPTPP成员国中有7个也是RCEP成员国。虽然RCEP在消除关税和确保商品和服务贸易全面覆盖方面做得不如CPTPP，但它留给发展中国家过渡的时间较长，且不会提出更多的要求，将有利于大幅开放那些贸易壁垒相对较高的国家的市场准入。CPTPP与RCEP并非相互排斥的关系，研究发现，CPTPP和RCEP的替代效应并不存在，两者结合起来效果更好。加入这两个项目的国家将获得更大的经济利益，而不是单独参与这两个项目。如果RCEP能顺利建立，将有助于协调发达成员国和欠发达成员国之间的利益，为区域经济发展注入新鲜活力，换言之，有中国参与的RCEP一旦达成谈判，从某种程度上来说可以弱化CPTPP对我国的负面影响。目前来看，RCEP已进行了多轮谈判和领导人会议，中国参加了所有的部级谈判和28轮的技术谈判并发挥了建设性的作用。2019年11月4日，在泰国召开的RCEP会谈发布联合声明。印度存在的主要问题是对减税条款有异议，印度认为同意降低关税会损害印度的农业发展。为确保RCEP能够在2020年达成，中国可以联合其他国家对印度施加压力，必要时可以放宽服务领域的条件以换取印度在最终文本上签字。此外，中国还将尽快促成其他少数遗留问题的磋商，加快完成国内相关程序为RCEP协议的签署准备好完整的法律文本。

## 四、持续密切关注CPTPP并对加入CPTPP持积极开放的态度

综合GTAP模型6个研究方案的模拟结果可以发现，CPTPP将对中国农产品贸易产生一定的负面影响，负面影响大小与CPTPP成员国数量和质量正相关。从粒子群算法的预测模型来看，中国与CPTPP成员国和美国的农产品贸易将会稳步增长。没有美国加入的CPTPP虽然影响力有所下滑，但我国不能因此轻视或者忽视它的存在。从规模上看，CPTPP是世界第三大自贸协定，将来还有进一步扩容的空间，美国也可能重新加入CPTPP；从规则上看，CPTPP代表着当前国际自贸协定的最新和最高标准。因此，中国需要继续密切关注CPTPP的发展动向和趋势，评估CPTPP对中国的影响和加入CPTPP的利弊。

CPTPP包含了最初TPP的大部分内容，除了降低95%的关税外，CPTPP还建立了高标准的非关税措施，包括竞争中立规则、劳工和环保的条款等。CPTPP生效后，成员国间90%的农产品和工业品的关税立刻得到削减，未来将进一步削减至95%。根据汇丰银行的一项经济预测，全面实施《跨太平洋伙伴关系协定》将使成员国之间的出口到2030年增加6%。相对而言，被排除在CPTPP之外的中国商品在出口到CPTPP市场时将被征收更高的关税。由于贸易转移效应，中国农产品及其他产品的出口竞争力显然会降低。尽管澳大利亚和智利已邀请中国加入CPTPP，但由于CPTPP高标准的贸易规则与中国当前的经济政策存在着矛盾，特别是由于我国农业领域的发展程度较低，我国农产品在国际市场上没有很强的竞争优势。加入CPTPP意味着我国农业市场需要全面开放，这将给国内农业带来巨大的冲击和挑战，并进一步威胁我国的农业安全。中国是否加入CPTPP还需要国内专家学者的进一步深入研究，也有待国内制度环境的进一步完善和国际政治经济环境的改善。

总之，CPTPP作为全球20年来最大的自贸协定，其最大意义在于改写了国际贸易规则，CPTPP新规则将使中国面临严峻的关税和非关税壁垒的挑战，中国不能轻视CPTPP未来的影响，一定要未雨绸缪、居安思危、早做准备。

# 参考文献

## 一、中文文献

1. [美]克斯特·巴雷特. 合作的动力：为何提供全球公共产品[M]. 黄智虎译. 上海：上海人民出版社，2012.

2. [美]肯尼思·奥耶. 无政府状态下的合作[M]. 田野，辛平译. 上海：上海人民出版社，2010.

3. [美]罗伯特·吉尔平. 国际关系政治经济学[M]. 杨宇光译. 上海：上海人民出版社，2011.

4. [美]斯蒂芬·M. 沃尔特. 驯服美国权力：对美国首要地位的全球回应[M]. 郭盛，王颖译. 上海：上海人民出版社，2008.

5. [美]约瑟夫·奈. 硬权力与软权力[M]. 门洪华译. 北京：北京大学出版社，2005.

6. 陈勇. 新区域主义与东亚经济一体化[M]. 北京：社会科学文献出版社，2006.

7. 彭述华. 东亚经济一体化主导问题研究[M]. 北京：人民出版社，2011.

8. 秦亚青. 霸权体系与国际冲突——美国在国际武装冲突中的支持行为(1945—1988).[M]. 上海：上海人民出版社，2008.

9. 杨叔子，吴雅. 时间序列分析的工程应用[M]. 武汉：华中理工大学出版社，1991.

10. [美]兹比格纽·布热津斯基. 大棋局：美国的首要地位及其地缘战略[M]. 中国国际问题研究所译. 上海：上海人民出版社，2007.

11. 白洁，苏庆义.CPTPP的规则、影响及中国对策：基于和TPP对比的分析[J]. 国际经济评论，2019(1)：68—67.

12. 蔡海龙，刘艺卓. 跨太平洋伙伴关系协议(TPP)对中国农业的影响[J]. 农业技术经济，2013(9)：13—19.

13. 蔡鹏鸿. 亚太自由贸易区对APEC机制化进程的影响[J]. 世界经济研究，2005(2)：9—13.

14. 蔡彤娟，郭小静. TPP到CPTPP：中国面临的新挑战与对策[J]. 区域与全球发展，2019(2)：17—23.

15. 陈淑梅，全毅. TPP、RCEP谈判与亚太经济一体化进程[J]. 亚太经济，2013(2)：45—49.

16. 陈淑梅. 世界经济多极化、贸易红利与经济增长——以美国力主TPP和TAP谈判为例[J]. 现代经济探讨，2013(10)：25—29.

17. 陈雅莉. 美国的"再平衡"战略：现实评估和中国的应对[J]. 世界经济与政治，2012，11—13.

18. 曹晓燕. 基于改进PSO算法的测试数据自动生成研究[J]. 计算机工程与设计，2011，32(7)：2472—2475.

19. 曹广伟. 亚太经济一体化视域下CPTPP的生成机理及其后续影响[J]. 亚

太经济，2018(12)：90—96.

20. 程永明. 日本利益团体在加入TPP谈判中的博弈[J]. 东北亚学刊，2012(2)：38—44.

21. 丑则静. 美国重返亚太背景下的TPP战略与中国的应对之策[J]. 理论导刊，2013(3)：51—58.

22. 戴仁荣. TPP的演变逻辑及中国的策略选择[J]. 对外经贸实务，2013(12)：44—47.

23. 东艳. 全球贸易规则的发展趋势与中国的机遇[J]. 国际经济评论，2014(1)：45—64.

24. 杜兰. 美国力推跨太平洋伙伴关系战略论析[J]. 国际问题研究，2011(1)：45—51.

25. 杜兴荣. TPP影响下的中国区域发展战略选择[J]. 经济论坛，2013(2)：4—8.

26. 方笑君，孙宇. 新时期亚太经济一体化进程分析[J]. 国际贸易，2012(4)：56—59.

27. 樊莹. CPTPP的特点、影响及中国的应对之策[J]. 当代世界，2018(9)：8—12.

28. 高慧峰. "跨太平洋伙伴关系协议(TPP)"视角下的大国博弈[J]. 经济视角，2012(3)：66—68.

29. 高兰. 日本TPP战略的发展特征及其影响[J]. 世界经济研究，2011(6)：75—80.

30. 关兵. 中国应该加入CPTPP吗——基于一般均衡模型GTAP的评估[J]. 经济问题探索，2019(8)：92—103.

31. 关权. 东亚经济一体化和TPP——中日之间的博弈[J]. 东北亚论坛，

2012 (2): 3—10.

32. 郭霞. 浅析跨太平洋伙伴关系[J]. 对外经贸, 2012(8): 4—6.

33. 韩春花. 从农业视角探析韩国加入TPP的可行性[J]. 世界农业, 2013(10): 27—30.

34. 何力. TPP与中国的经济一体化法动向和对策[J]. 政法论丛, 2011(3): 7—15.

35. 贺平. 日本参加TPP谈判的战略意图与政策论争[J]. 日本学刊, 2012(4): 16—20.

36. 胡麦秀. 美国主导TPP的战略动因及其对中国的启示[J]. 情报杂志, 2012(9): 81—86.

37. 胡晓雨. 中国与巴基斯坦农产品贸易的竞争性与互补性研究[J]. 世界农业, 2017(8): 58—66.

38. 姜鸿, 张艺影, 彭剑君. 中国—印度自由贸易协定农产品关税减让策略—基于产业安全与贸易平衡协调模型的分析[J]. 农业经济问题, 2010(6): 8—12.

39. 姜文学. TPP在美国重塑国际贸易秩序中的双重功能[J]. 财经问题研究, 2012(12): 81—89.

40. 姜跃春. 日本参加"跨太平洋战略经济伙伴协定"谈判的主要考虑及其影响[J]. 国际展望, 2012(1): 6—14.

41. 焦方太, 刘江英. "跨太平洋伙伴关系协定"TPP对APEC的影响分析[J]. 广东外语外贸大学学报, 2014(1): 24—27.

42. 杰里夫·J.史科特, 李想. 跨太平洋伙伴关系协议: 中国往何处去？[J]. 国际经济评论, 2012(6): 166—167.

43. 亢梅玲, 陈安筠. TPP中知识产权强保护与中国的策应[J]. 亚太经济,

2013(6)：56—59.

44. 李大伟. 跨太平洋战略伙伴关系协议(TPP)中非传统领域条款对我国经济的影响[J]. 中国经贸导报，2014(3)：47—50.

45. 李慧，祁春节. 跨太平洋伙伴关系协议的发展及中国应对之策[J]. 世界农业，2014(3):101—106.

46. 李慧，祁春节. 中国与TPP12国农产品贸易竞争性与互补性研究[J]. 统计与决策，2016(1): 110—112.

47. 李文韬. 东盟参与"11PP轨道"合作面临的机遇、挑战及战略选择[J]. 亚太经济，2012(4)：27—32.

48. 李文韬. 美国推进亚太自由贸易区战略构想的政治经济分析[J]. 亚太经济，2009(1)：38—42.

49. 李向阳. 跨太平洋伙伴关系协定：中国崛起过程中的重大挑战[J]. 国际经济评论，2012(2)：17—27.

50. 李杨，黄宁. 东盟四国加入TPP的动因及中国的策略选择[J]. 当代亚太，2013(1)：10—18.

51. 李颖. 加入TPP对日本农业发展路径的影响研究[J]. 中国物价，2013(9)：78—80.

52. 梁立俊. 跨太平洋伙伴关系协议(TPP)与中美关系的深层问题[J]. 理论视野，2012(10)：65—69.

53. 刘昌黎. TPP的内容、特点与日本参加的难题[J]. 东北亚论坛，2011(3)：12—19.

54. 刘昌黎. 泛太平洋战略经济伙伴关系协定的发展与困境[J]. 国际贸易，2011(1)：38—43.

55. 刘昌黎. 日本参加TPP谈判的动因、制约因素与政策措施[J]. 日本学刊，2011(1)：65—78.

56. 刘昌黎. 亚太自由贸易区的提出、新动向与前景[J]. 国际贸易，2010(9)：44—49.

57. 刘晨阳."跨太平洋战略经济伙伴协定"与美国的亚太区域合作新战略[J]. 国际贸易，2010(6)：56—59.

58. 刘晨阳. 跨太平洋战略经济伙伴协定发展及影响的政治经济分析[J]. 亚太经济，2010(3)：10—14.

59. 刘晨阳. 日本参与TPP的政治经济分析[J]. 亚太经济，2012(4)：22—26.

60. 刘乐. 美国强推TPP的政治、经济动因及中国的对策[J]. 贵州师范学院学报，2012，28(10)：36—40.

61. 刘李峰，武拉平. 中国与新西兰签署自由贸易协定对双边农产品贸易的影响研究[J]. 当代亚太，2006(7)：55—62.

62. 刘朋春. TPP背景下中韩自由贸易区的经济效应——基于GTAP模型的模拟分析[J]. 亚太经济，2014(5)：16—24.

63. 刘欣. TPP国家经济的比较性分析及影响研究[J]. 世界贸易组织动态与研究，2013(3)：20—28.

64. 刘雪凤，高兴，刘鹏. 跨太平洋伙伴关系协定(TPP)知识产权条款对中国的影响及其对策研究[J]. 中国科技论坛，2014(2)：111—117.

65. 刘中伟，沈家文. 跨太平洋伙伴关系协议(TPP)：研究前沿与架构[J]. 当代亚太，2012(1)：35—59.

66. 刘重力，杨宏. 美国重返亚洲对中国东亚地区FTA战略的影响——基于TPP合作视角的分析[J]. 东北亚论坛，2012(5)：12—17.

67. 刘欣悦，尤宏兵. CPTPP和RCEP背景下中国应对区域经济一体化策略研究[J]. 江苏第二师范学院学报，2019(2)：64—71.

68. 刘斌，于济民. 中国加入CPTPP的可行性与路径选择[J]. 亚太经济，2019(5)：5—13.

69. 卢孔标，王守贞，丁攀. 跨太平洋伙伴关系协议：主要分歧与前景分析[J]. 东南亚研究，2012(5)：66—72.

70. 卢秀清. 美国加入TPP的动因分析及中国的策略选择[J]. 理论月刊，2013(11)：137—139.

71. 陆建人. 美国加入TPP的动因分析[J]. 国际贸易问题，2011(1)：43—52.

72. 吕娟. 论美国主导下的跨太平洋伙伴关系协议及其对中国的影响[J]. 东南大学学报，2012(3)：89—92.

73. 孟夏，宋丽丽. 美国TPP战略解析：经济视角的分析[J]. 亚太经济，2012(6)：3—8.

74. 倪月菊. 日本的自由贸易区战略选择——中日韩TFA还是TPP？[J]. 当代亚太，2013(1)：15—21.

75. 庞德良，吕铀. 泛太平洋战略性经济合作协定(TPP)与中国的选择[J]. 东北师大学报，2013(2)：203—205.

76. 裴长洪. 全球治理视野的新一轮开放尺度：自上海自贸区观察[J]. 改革，2013(12)：30—40.

77. 彭支伟，张伯伟. TPP和亚太自由贸易区的经济效应及中国的对策[J]. 国际贸易问题，2013(4)：83—95.

78. 齐洪华，崔日明. TPP时代，我国的机遇、挑战及对策[J]. 世界经济与政治论坛，2013(6)：131—139.

79. 曲凤杰，朱梦曳，牛桐. 美国加入TPP的动因、挑战和影响：从美国视角分析[J]. 国际贸易，2012(9)：31—38.

80. 全毅. TPP对东亚区域经济合作的影响：中美对话语权的争夺[J]. 亚太

经济，2012(5)：20—30.

81. 沈铭辉. 东亚合作中的美国因素——以"泛太平洋伙伴关系协定"为例[J]. 太平洋学报，2010，18(6)：57—64.

82. 沈铭辉. 跨太平洋伙伴关系协议(TPP)的成本收益分析：中国的视角[J]. 当代亚太，2012(1)：5—34.

83. 盛斌，廖明中. 中国贸易流量与出口潜力：引力模型的研究[J]. 世界经济，2004(2)：3—12.

84. 盛斌. 美国视角下的亚太区域一体化新战略与中国的对策选择——透视"泛太平洋战略经济伙伴关系协议"的发展[J]. 南开学报：哲学社会科学版，2010(4)：76—86.

85. 盛斌. 亚太自由贸易区的政治经济分析：中国视角[J]. 世界经济与政治，2007(3)：62—71.

86. 宋静. 美国因素影响下的亚太、东亚合作机制之争[J]. 世界经济与政治论坛，2011(1)：49—57.

87. 宋颖慧. 试析TPP谈判进展及其趋势[J]. 现代国际关系，2013(3)：42—48.

88. 孙汝儒，肖迪. 基于改进PSO算法对ARMA模型定阶新方法[J]. 计算机应用与软件，2013(12)：140—143.

89. 汤碧，林桂军. 跨太平洋伙伴关系协定对中国战略的影响与中国的对策[J]. 社会科学研究，2012(6)：16—20.

90. 汤婧. 中国参与亚太区域整合的战略选择——RCEP对TPP的替代效应[J]. 中国经贸导刊，2013(16)：39—41.

91. 唐奇芳. 东盟国家TPP政策探析[J]. 和平与发展，2012(4)：42—48.

92. 田海. TPP背景下的中国选择策略思考——基于与APEC比较的分析[J].

亚太经济, 2012(4): 16—21.

93. 田凯, 邵建国. 美国TPP经贸战略中的日本要素[J]. 国际论坛, 2013(1): 18—22.

94. 万璐. 美国TPP战略的经济效应研究——基于GTAP模拟的分析[J]. 亚太经济, 2011(4): 59—73.

95. 王碧珺. 中国参与全球投资治理的机遇与挑战[J]. 国际经济评论, 2014(1): 94—109.

96. 王鸿刚. "大变革时代"与美国全球战略的重塑[J]. 亚非纵横, 2012(2): 18—26.

97. 王丽红, 田志宏. 秘鲁农产品的国际竞争力及与中国双边贸易分析[J]. 世界农业, 2008(11): 41—44.

98. 王霞. 美国TPP战略的主要特点——基于美国"巧实力"战略的解析[J]. 世界经济与政治论坛, 2011(6): 13—24.

99. 王晓蓉. 中国应对TPP的对策: 研究前沿与论争焦点[J]. 广东财经大学学报, 2013, 28(6): 11—17.

100. 王岩, 高鹤. FTA框架下中国——新西兰农产品产业内贸易的实证研究[J]. 世界农业, 2013(3): 22—30.

101. 王玉清. 积极应对美国主导的亚太区域一体化[J]. 开放导报, 2013(5): 14—18.

102. 魏磊, 张汉林. 美国主导跨太阳伙伴关系协议谈判的意图及中国对策[J]. 国际贸易, 2010(9): 54—58.

103. 魏方, 朱文佳. RCEP对中国制造业经济影响的评估——基于GTAP模型的模拟分析[J]. 东北财经大学学报, 2018(1): 23—32.

104. 吴润生, 曲凤杰. 跨太平洋伙伴关系协定(TPP)趋势、影响及战略对策[J]. 国际经济评论，2014(1)：65—76.

105. 吴心伯. 美国与东亚一体化[J]. 国际问题研究，2007(5)：47—52.

106. 吴天博，张滨. "一带一路"建设视域下的中国木质林产品贸易——基于比较优势与引力模型的实证研究[J]. 经济问题探索，2018(6)：32—38.

107. 肖冰，陈瑶. 跨太平洋伙伴关系协议(TPP)挑战WTO现象透视[J]. 南京大学学报，2012，49(5)：29—37.

108. 邢小军，孙利娟. TPP组织特点及其对中国的影响分析[J]. 经济问题探索，2013(10)：109—113.

109. 熊李力，龙丝露. 日本加入TPP谈判的动机及其影响[J]. 现代国际关系，2013(9)：44—51.

110. 徐长文. TPP的发展及中国应对之策[J]. 国际贸易，2011(3)：36—40.

111. 徐梅. 中日韩FTA的进展、影响及前景探析[J]. 日本学刊，2012(5)：109—124.

112. 徐秀军. TPP谈判，各方揣着小算盘[J]. 世界知识，2013(22)：24—25.

113. 薛荣久，杨凤鸣. 跨太平洋伙伴关系协定的特点、困境与结局[J]. 国际贸易，2013(5)：49—53.

114. 尹宗华，李文帽. 东盟FTP战略构想的政治经济分析[J]. 国际经济合作，2008(11)：44—47.

115. 于明，陈富节，江凯，李函晟，王守贞. 中国应对TPP的对策建议[J]. 时代经贸，2013(20)：277.

116. 杨立强，余稳策. 从TPP到CPTPP：参与各方谈判动机与贸易利得变化分析[J]. 亚太经济，2018(5)：63—64.

117. 袁波. CPTPP的主要特点、影响建议[J]. 国际经济合作，2018(12)：20—23.

118. 曾文革，陈晓芳. 构建中日韩自贸区农产品市场准入谈判分析[J]. 东北亚论坛，2012，21(1)：12—19.

119. 曾霞. 参与TPP谈判对日本的冲击及其应对措施探析[J]. 现代日本经济，2013(6)：49—56.

120. 张海琦，李光辉. TPP背景下中国参与东亚区域经济合作的建议[J]. 国际经济合作，2013(3)：24—27.

121. 张慧智. 中日韩自由贸易协定中的农产品贸易问题分析[J]. 现代日本经济，2006(4)：28—33.

122. 张磊，徐昕，夏玮.《跨太平洋伙伴关系协议》(TPP)草案之知识产权规则研究[J]. WTO经济导报，2013(5)：85—88.

123. 张猛. 知识产权国际保护的体制转换及其推进政策——多边体制、双边体制、复边体制？[J]. 知识产权，2012(10)：80—89.

124. 张天桂. TPP-CPTPP、RCEP和FTAAP：中国的角色与作用[J]. 商业经济，2018(10)：116—118.

125. 张微微，邵冰. 日本加入TPP谈判进程的政治考量及中国的对策[J]. 现代日本经济，2012(5)：33—40.

126. 张振江. 亚太自由贸易区：美国战略与中国应对[J]. 世界经济与政治，2009(4)：50—56.

127. 张珺，展金永. CPTPP和RCEP对亚太主要经济体的经济效应差异研究——基于GTAP模型的比较分析[J]. 亚太经济，2018(3)：12—20.

128．赵金龙. 韩国的自由贸易区战略及其动机[J]. 韩国研究论丛，2011(1)：88—101.

129. 赵金龙. 美国TPP战略动机及其对东北亚经济一体化的影响研究[J]. 东北亚论坛，2012(6)：18—26.

130. 赵晋平. 泛太平洋伙伴关系协定与中国的自贸区战略[J]. 国际贸易，2011(4)：44—47.

131. 赵灵翡，郎丽华. 从TPP到CPTPP：我国制造业国际化发展模拟研究——基于GTAP模型的分析[J]. 对外经济贸易大学学报，2018(5)：61—72.

132. 郑丽珍. TPP谈判中的劳动标准问题[J]. 国际经贸探索，2013，29(9)：107—118.

133. 郑建成，王卓. CPTPP、美日贸易协定及中国的应对——基于日本与CPTPP10国及美国贸易投资面板数据的分析[J]. 东北亚经济研究 2019(12)：76—92.

134. 周茂荣. 跨大西洋贸易与投资伙伴关系协定(TTIP)谈判及其对全球贸易格局的影响. 国际经济评论，2014(1)：77—93.

135. 周忠菲. 从APEC到TPP——美国区域政策新动向[J]. 中国经贸，2010(23)：30—31.

136. 朱锋. 奥巴马政府亚太战略调整及影响[J]. 现代国际关系，2012(1)：8—10.

137. 朱润东. TPP扩张过程中的福利收益分配趋势分析——基于时空数列模型的探讨[J]. 经济评论，2012(6)：92—99.

138. 朱廷珺，董雅洁. TPP：通向亚太自贸区的可行途径？[J]. 兰州大学学报(社会科学版)，2014(1)：144—149.

139. 赵婷. TPP与中国农产品贸易：现状、影响[D]. 山东农业大学，2016.

140. 毕小芬. TPP框架下农产品贸易研究[D]. 武汉：武汉理工大学，2014.

141. 陈兰. 中国与中亚四国农产品贸易的竞争性和互补性研究[D]. 武汉：华中科技大学，2018.

142. 陈祥新. TPP协议对我国农业贸易的影响研究[D]. 北京：中国农业科

学院，2018.

143. 贾丽娜. 跨太平洋伙伴关系(TPP)及其影响与对策研究[D]. 北京：北京理工大学，2015.

144. 雷博. 新西兰自由贸易区的经济效应研究[D]. 南京：南京大学，2017.

145. 李木禾. 跨太平洋伙伴关系协定(TPP)对中国经济影响的研究[D]. 南京：南京财经大学，2017.

146. 李克山. 论TPP的发展趋势及中国的应对措施[D]. 北京：外交学院，2012.

147. 司伟. FTA背景下中国与潜在自由贸易伙伴国家间农产品贸易关系[D]. 北京：中国农业科学院，2012.

148. 孙林. 中国——东盟农产品贸易竞争与合作研究[D]. 南京：南京农业大学，2005.

149. 孙致陆. 中国农产品出口结构及其比较优势研究[D]. 北京：中国农业科学院，2015.

150. 万金. 中国农产品贸易比较优势动态研究[D]. 武汉：华中农业大学，2012.

151. 王炳元. 韩国FTA战略背景下中国对韩农产品出口问题研究[D]. 沈阳：沈阳工业大学，2011.

152. 王春玉. 中国与澳大利亚农产品贸易互补性与竞争性分析[D]. 武汉：华中农业大学，2008.

153. 王广涛. 论利益集团对日本贸易政策的影响[D]. 北京：中国社会科学院研究生院，2012.

154. 王丽娜. 中韩自由贸易区构建中的农产品贸易问题研究[D]. 长春：吉

林大学，2011.

155. 徐明峰. 全球农产品贸易与中国农产品国际竞争力研究[D]. 大连：东北财经大学，2012.

156. 徐星. 融合热运动机制的粒子群优化算法研究及其应用[D]. 武汉：武汉大学，2010.

157. 谢思娜. TPP对中国农业的影响预测及对策研究[D]. 北京：中国农业科学院，2014.

158. 薛坤. 加入RCEP对中国农产品贸易的影响[D]. 济南：山东农业大学，2017.

## 二、英文文献

1. Katrakilidis, Constantinos, Mardas, et al. Intra-industry Trade in Agricultural Products at intra-EC level:The Impact of the Common Agricultural Policy(CAP) Funds[J]. Agricultural Economics Review, 2011, 12(2).

2. Serrano, Pinilla. The terms of trade for agricultural and food products, 1951–2000[J]. Revista de Historia Económica/Journal of Iberian and Latin American Economic History , 2011, 29(2).

3. Akhmadjon, Luboš, Irena. Competitiveness of Uzbek agrarian foreign tradedifferent regional trade blocs and the most significant trade partners[J]. Journal of International Studies, 2019, 12(4).

4. Ishchukova, Smutka. Revealed comparative advantage of Russian agricultural exports[J]. Acta Universitatis Agriculturae et Silviculturae Mendelianae Brunensis, 2013, 61(4).

5. Ahmadi-Esfahani, Jensen. Impact of the US-EC price war on major wheat exporters' shares of the Chinese market[J]. Agricultural Economics, 1994, 10(1).

6. Kevin Chen, Yufeng Duan. Competitiveness of Canadian agri-food exports against competitors in Asia:1980-1997[J]. Journal of International Food &Agribusiness Marketing, 2000, 11(4).

7. Alexis Jacquemin, AndréSapir. International trade and integration of the European Community:An econometric analysis[J]. European Economic Review, 1988, 32(7).

8. Eric Peree, Alfred Steinherr. Exchange rate uncertainty and foreign trade[J]. European Economic Review, 1989, 33(6).

9. Milesi-Ferretti, Detragiache Matyas, Tweedie Ariccia, et al. La libéralisation des mouvements de capitaux: Aspects analytiques[J]. Economic Issues, 1999, 2005(002).

10. Bacchetta, Wincoop. Does Exchange-Rate Stability Increase Trade and Welfare?[J]. The American Economic Review, 2000, 90(5).

11. Lane, Maria Ferretti. External Wealth, the Trade Balance, and the Real Exchange Rate[R]International. Monetary Fund and CEPR, 2002-12-20.

12. Ghironi Frank, Melitz Bernanke. Trade Flow Dynamics with Heterogeneous Firms[J]. The American Economic Review, 2007, 97(2).

13. Örn Berg, Bodvarsson, et al. Measuring immigration's effects on labor demand:A reexamination of the Mariel Boatlift[J]. Labour Economics, 2008, 15(4).

14. Capling, Ravenhill. Multilateralising regionalism:what role for the Trans-Pacific Partnership Agreement?[J]. The Pacific Review, 2011, 24(5).

15. Lipsey, Viner. A Symposium on Monetary Theory:Monetary and Value

Theory:Further Comment[J]. The Review of Economic Studies, 1960, 28(1).

16. Hartono, et al. Optimization of Farming System Towards Sustainable Agriculture in North Coastal Plain Bali[J]. Jurnal Manusia dan Lingkungan, 2007, 14(3).

17. Karras. On the Optimal Government Size in Europe:Theory and Empirical Evidence[J]. The Manchester School, 1997, 65(3).

18. Venables. Agglomeration and Economic Development: Import Substitution vs. Trade Liberalisation[J]. The Economic Journal, 1999, 109(455).

19. Ajay Ghosh, et al. Frequency response characteristics of a birefringent lens with off-axis aberrations. [J]. Applied optics, 2004, 43(19).

# 致　谢

2012年的金秋时节，我开始了博士阶段的学习。转眼间8年的博士生活即将结束，回顾在华中农业大学经济管理学院的学习和生活，我的心中充满了无限欣慰与感慨！读博的这段经历是我人生中难得的历练，也是我生命中宝贵的财富，它让我不断成长，成为一个更好的自己，也收获了事业的成功和家庭的幸福！

8年来，我的导师祁春节教授在学习和生活方面给予了我许多关心和帮助。2013年年初，在设计论文选题的过程中，祁老师耐心指导，我确定了以TPP协议作为研究方向。2014年3月，我顺利完成论文的开题。2017年1月，我完成博士论文初稿之际，正是美国退出TPP之时，我曾一度对选题产生动摇，2017年5月，我的第二个孩子出生，生活上的琐碎和工作上的压力曾一度让我对完成博士论文失去信心，是祁老师的包容和鼓励让我一路坚持到现在，始终没有放弃！

国际局势风云变幻，TPP协议发展演变成CPTPP协议，并于2018年12月达成。和祁老师多次讨论后，他教我重新选择论文的切入视角。在论文写作过程中，祁老师提供了丰富翔实的资料，每当他看到有关TPP和CPTPP的文献资料或新闻报道，都会第一时间转发给我。他还时刻鞭策我，做学问一定要专注专心，细致踏实，不能浮躁，要沉下心！在我写作遇到困难时，祁老师不断给我鼓励和指导。师从祁老师的8年，是我不断提高和进步的8年，祁老师渊博的学识，严谨的治学态度对我影响深远。同时，祁老师在做人、做事、做学问上都为我树立了榜样，他的人生观、世界观和处世哲学给了我许多启发。博士论文是我求学道路上的阶段性成果，在成文之际，请允许我向恩师献上最衷心的敬意和感谢！

在学校求学期间，我也十分荣幸地得到了许多良师的指导和帮助，他们是青平教授、张俊飚教授、陶建平教授、王雅鹏教授、冯中朝教授、周德翼教授、刘颖教授、熊学萍教授、朱再清教授。感谢经济管理学院李晶老师和陈曙老师对我的帮助，感谢李老师每次耐心细致的答疑解惑，感谢她一直的陪伴和鼓励，给我力量，让我能坚持到最后，师恩永存心底！

在论文写作过程中，感谢对外经贸大学的展金永博士和华中科技大学林文文博士对我的指导和帮助，还要感谢师门大家庭里的师兄弟姐妹们，他们是宋金田博士、刘建芳博士、魏金义博士、向云博士、陈勇强博士、颜小挺博士、罗利平博士、岳森博士、肖娥芳博士、王伟新博士、龚梦博士、李秋萍博士等！感谢经管学院2012级博士班的全体同学！感谢吴丽丽博士、刘银成博士、张仲博士、曾志勇博士、贺亚琴博士、聂建亮博士等！感恩求学路上，一直都有你们的关心和鼓励！

我要感谢我的母亲、公公、婆婆和妹妹，他们是我在学习道路上坚持前行的支持者，每当我遇到困难、陷入迷茫的时候，他们都不断地激励我继续前进。我要特别感谢我的先生常城教授，在我求学的阶段，他不仅承担了照顾家庭的重任，在事业上也给了我极大的支持和帮助。在我论文写作遇到困难时给我鼓励，一直支持我追寻自己的梦想！我还要感谢我两个可爱的宝贝，我的女儿常崡煜和我的儿子常一路，他们让我的生命充满了惊喜，生活充满了乐趣和幸福！"路漫漫其修远兮，吾将上下而求索。"在未来的人生道路上，我将继续努力奋斗，争取良好的学术成绩和工作业绩。最后，谨以此文献给所有关心我、支持我的老师、亲人和朋友！

博士即将毕业，执念终于可以放下！考博、读博、开题、中期检查、发表期刊论文、做博士论文、学院内审、教育部盲评、预答辩……每一步都好难！数不清多少个日日夜夜，耗尽心力！求学的路再艰难也从未放弃！感谢恩师的指导和大家的帮助，终于心想事成！我的前半生，为了理想，为了改变命运，历经千辛万苦，一路披荆斩棘。原以为人生即将翻开新篇章，无奈造化弄人，让我堕入无底深渊，前路漫漫，险阻重重！怕吗？当然怕！痛吗？当然痛！当情绪低落的时候我也会哭，但笑得更多！命运虽坎坷，但幸运的是，无论是顺境还是在人生至暗时刻，一直有爱人、亲人和朋友们的关心和鼓励，还有组织的贴心关怀和温暖，带给我满满的爱和感动！

如果人生可以重来，懂我的人会知道我还是会选择这样的人生，保持善良，温暖有爱，坚强乐观，愿意努力和付出，懂得珍惜和感恩，生命不止，奋斗不息！每个人都有自己的命运轨迹，生命不在于长短，而在于是否有价值、是否有意义、是否精彩！我幸福，因为我是老师，我喜欢我的小可爱（学生们）——从2005级到2019级！我幸福，因为我被爱环绕，爱人，亲人，朋友，还有我的两个宝贝！我的后半生，我祈祷我们都能平安喜乐，幸福安康！为了爱我的人和我爱的人，我一定会好好活着，勇敢迎接挑战！无论何时，心向阳光，满怀希望！爱你们！

2020年7月16日星期四<br>
华中农业大学南湖